현대자동차 기아 생산직필기시험

한권으로 다잡는

자동차구조학 | 기계기능이해 | 언어 | 수리 | 추리 | 공간
기초영어 | 회사상식·일반상식

박문각 취업연구소 편저

필수이론 + 실전 모의고사 7회

2023 상반기 1·2차 채용 출제경향 완벽반영!
시험출제 전 영역 수록!

구성과 특징

❶ 필수이론

현대자동차 · 기아 필기시험 완벽 대비

- 시험에 출제되는 모든 유형을 소개하였고, 유형별 필수이론을 실었습니다.
- 출제되는 문제에 대한 이론을 학습하여 해당 유형에 대비할 수 있도록 하였습니다.

---

01 자동차구조학

01 자동차의 분류

1. 구조와 기능에 의한 분류

(1) 원동기 종류에 따른 자동차 분류

① 내연기관 자동차
  ㉠ 가솔린기관 자동차
  ㉡ 디젤기관 자동차
  ㉢ 액화가스 기관 자동차(LPG & LPI 기관, CNG 엔진 자동차)
  ㉣ 알코올 자동차
  ㉤ 로터리엔진 자동차
  ㉥ 가스터빈 기관 자동차

② 친환경 자동차
  ㉠ 하이브리드 자동차
  ㉡ 전기자동차
  ㉢ 수소연료전지 자동차(FCEV : Fuel Cell Electric Vehicle)
  ㉣ 태양광자동차

(2) 기관 위치 및 구동 방식에 따른 자동차 분류

---

❷ 유형별 확인학습

유형별 대표문제로 워밍업

- 필수이론으로 학습한 뒤 해당 이론 마지막 부분의 확인학습을 통해 출제 경향을 파악할 수 있도록 했습니다.
- 문제 하단의 해설을 통해 유형을 충분히 이해할 수 있도록 하였습니다.

확인학습

01 마트에서 민지, 하니, 해린이 구매한 사탕은 모두 30개이다. 민지와 하니가 구매한 사탕의 비는 2:3이고, 민지와 해린이 구매한 사탕의 비는 4:5일 때, 하니가 구매한 사탕의 개수를 구하면?

① 10개   ② 12개
③ 14개   ④ 16개

해설 민지 : 하니 : 해린 = 4 : 6 : 5이므로 하니가 구매한 사탕의 개수는 $30 \times \frac{6}{4+6+5} = 12$(개)이다.

02 가로, 세로, 높이가 각각 45cm, 30cm, 15cm인 직육면체 모양의 블록이 있다. 이 블록을 일정한 방향으로 빈틈없이 쌓아 가장 작은 정육면체를 만들려고 할 때, 필요한 블록의 개수는 몇 개인가?

① 24개   ② 30개
③ 36개   ④ 40개

해설 직육면체 모양의 블록의 가로, 세로, 높이에 해당하는 45, 30, 15의 최소공배수를 구해 보자.

| 5 | 45 | 30 | 15 |

❸ 현대자동차·기아 실전모의고사

출제 경향을 반영한 실전모의고사 7회 수록

• 실제 시험과 동일한 유형 및 문항수로 구성한 현대자동차 4회, 기아 3회의 모의고사를 풀어 봄으로써 실제 시험을 보듯 학습할 수 있도록 했습니다.

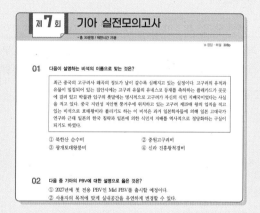

❹ 정답 및 해설

상세한 해설과 Tip 수록

• 상세한 해설뿐 아니라 해당 유형을 푸는 데 도움이 될 수 있는 '실력을 키우는 Tip'을 실어 학습에 대한 이해도를 높였습니다.
• 문제를 다 풀고 난 후 해설을 통해 풀이 방법을 다시 점검하고 이해하여, 동일한 문제가 출제되었을 경우 확실하게 해결할 수 있도록 구성하였습니다.

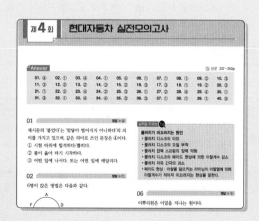

현대자동차 생산직 채용

1 직무소개

자동차 생산 직무는 우수한 품질의 차량을 적기에 양산하여 고객에 공급하기 위한, 생산활동 전반에 걸친 업무를 수행한다. 크게 직접생산부문(완성차 생산/파워트레인 생산)과 간접생산부문(설비관리/생산관리/품질관리)로 나뉜다. 완성차 생산의 경우 '프레스–차체–도장–의장'의 4개 공정으로 구성되며, 파워트레인 생산의 경우 '소재–엔진/변속기' 공정과 시트생산 공정으로 구성된다.

2 직무 상세

① 직접생산부문

• 완성차 생산 공정

프레스	차체	도장	의장
자동차를 만드는 첫 번째 과정으로 고압 프레스 기계에 금형을 장착 후 강한 압력으로 철판을 변형시켜 패널을 제작하는 공정	프레스 가공으로 만든 패널들을 조립, 용접하여 차의 모양을 만들며 높은 정밀도와 안정성을 확보하는 중요한 공정	부식으로부터 소재보호, 아름다운 색채로 외관 향상, 다른 차량과 구별하는 기능을 위한 페인팅 공정	차체와 실내·외 부품을 장착하고, 기계부품을 조립하며 전장부품과 배선, 배관 작업을 함으로써 차량을 완성하는 최종 공정

• 파워트레인/시트 생산 공정

소재	엔진/변속기	시트
완성차 엔진 및 변속기의 기초 재료가 되는 주물 소재(주철/경합금/단조)를 생산하는 공정	소재 공정에서 생산된 엔진/변속기 부품을 조립하여, 완성차의 엔진 및 변속기를 생산하는 공정 국내 최초 자체 개발 엔진인 알파엔진, 글로벌 기술 이전한 세타엔진, 세계 10대 엔진인 타우엔진 등 연간 엔진 119.6만 대, 변속기 100.3만 대 생산	완성차에 탑재되는 시트를 생산하는 공정

② 간접생산부문

- **설비관리**: 자동차 생산에 필요한, 자동차 설비의 최적상태 유지 및 보수를 통해 양산품질 및 가동률을 확보하고 최적화하는 업무를 수행한다. 주로 설비점검(예방/예지/계획보전), 고장조치(사후보전), 신설비 도입 시 최적사양 반영 등 일련의 제반업무를 통해 생산성 향상을 추구한다.
- **생산관리**: 차량의 제조과정에서 필요한 자재를 공정의 특성에 따라 적재적소에 공급하는 업무를 수행한다. 주로 자재 불출 및 자재 입고/보관/배치 등 자재 공급에 관련되어 있는 업무를 수행한다.
- **품질관리**: 차량의 제조과정에서 발생할 수 있는 각종 품질문제를 검출하는 업무를 수행한다. 주로 외관/작동/기능/사양/조립 상태 등을 점검하며, 생산 과정에서 발생하는 품질 문제를 조기에 식별하고 조치한다.

채용정보

1 지원자격

① 고등학교 졸업 이상 및 동등 학력 이수자
② 해외여행에 결격 사유가 없는 분
③ 남성의 경우, 병역을 마쳤거나 면제되신 분

2 우대사항

한국산업인력공단에서 주관하는 국가기술자격 항목 중 자동차 생산 직무와 관련된 자격증에 한해 우대

3 전형절차

지원서 접수 → 서류전형 → 1차 면접(+인적성 검사) → 2차 면접(+신체검사) → 최종합격

4 자기소개서 항목

① 자신이 '모빌리티 기술인력'이라고 생각하는 이유와 남들과 차별화된 본인만의 강점을 기술하시오. (700자 이내)
② 협업을 통해서 문제를 해결해 본 경험과, 그 과정에서 느꼈던 본인 성격의 단점, 이를 극복하기 위한 노력을 말하시오. (600자 이내)
③ 스스로 목표를 설정해서 달성해나가는 과정에서 겪은 어려움과 극복해낸 방법을 말하시오. (700자 이내)

※ 2023년 상반기 채용 기준

기아 생산직 채용

AutoLand(생산공장)

1 직무소개

AutoLand는 기아를 대표하는 자동차를 생산하는 곳이다. 국내에서는 광명, 화성, 광주 3곳에서 생산이 이루어지고 있으며 일반직, 연구직, 엔지니어 등 다양한 직군의 사람들이 모여 자동차 생산이라는 하나의 목표를 향해 달려가고 있다. 대표 직무로는 제조(프레스, 차체, 도장, 조립), 품질, 보전, 생산관리, 지원(인사/총무/노무) 업무가 있으며 각 부문의 협업을 통해 자동차를 생산한다. 공정관리, 신기술/공법 적용, 품질관리, 인적자원관리 등 수많은 생산요소들을 조율하고 개선해 나감으로써 생산성 및 품질을 향상시키는 역동적이고 중요한 비즈니스를 담당하고 있으며 국내에서의 경험을 바탕으로 각 해외 AutoLand 주재원 근무 기회도 가질 수 있다.

2 직무 상세

① **제조 부문**: AutoLand 제조 부문은 완성차를 생산하는 분야와 파워트레인을 생산하는 분야로 나눠볼 수 있다. 완성차의 생산은 프레스–차체–도장–의장(조립) 등의 4대 공정으로 구성되어 있고 파워트레인의 생산에는 소재–엔진–변속기 등의 공정들이 있다.

② **생산 관리**: 생산공장을 원활하게 가동하여 목표한 차량을 적기에 생산하도록 전 제조부서를 이끌어가는 역할을 한다. 신차 및 후속차 개발 시 필요한 작업을 수행하고 차량설계 변경을 관리하는 양산지원 파트, 생산계획에 맞추어 부품의 원활한 공급 및 정산이 이루어지도록 관리하는 자재 파트, 고객이 원하는 사양의 완성차를 실시간 생산현황을 체크하고 목표 생산량을 달성할 수 있도록 관리하는 생산관리 파트 등으로 구성되어 있다. 어느 시점에 어떤 차량을 생산할지 계획하고, 신차개발 일정 및 물류계획, 자재 관리 등 생산과 관련된 일련의 계획 수립을 통해 효율적이고 원활한 생산을 지원한다.

③ **품질 관리**: AutoLand 품질부문은 품질 개선, 불량 검출력 강화 이 두 가지를 목표로 다양한 업무를 수행하고 있다. 품질 개선 업무는 양산차의 불량 원인 분석 및 개선안을 수립하는 업무이다. 이 과정에서 각 제조 부문의 의견을 조율하고 지속 개선할 수 있도록 Follow up하는 컨트롤 타워 역할도 수행하고 있다. 또한, 신차 개발 시 연구소 부문과 협업하여 과거 차의 양산 문제점을 반영하고 양산에 품질 문제가 발생하지 않도록 예방하는 업무를 수행한다. 마지막으로, 불량 검출력 강화를 위해 검사 설비 관리 및 개선, 신기술 도입과 함께 검사원 역량 향상을 위한 제반 활동을 수행하여 불량 유출을 방지하고 있다.

④ **보전**: 조립, 차체, 도장, 엔진 등 전 제조부문의 생산설비 유지 보수를 통하여 설비 최적의 성능을 발휘하고 고장을 최소화함으로써 안정적인 가동률을 확보하는 등 원활한 생산을 지원하는 직무이다. 또한, 설비에 대한 다양한 개선활동으로 품질 및 제조경쟁력을 향상시키며 설비 트러블 발생 시 즉각적인 조치를 통해 라인 중단분 최소화를 이루어 생산공장 생산성 향상을 이루어낸다.

⑤ **공장 경영지원**: 기아 본사에는 회사의 경영 전반에 대해 지원역할을 하는 경영지원본부가 있으며, 각 AutoLand에는 공장경영지원부문(인사/총무/노무/조직문화)이 별도로 운영되고 있다. 성격은 유사하나 공장경영지원은 자동차 생산 부서를 직접 지원하고 회사 구성원 중 가장 많은 비율을 차지하고 있는 엔지니어 직군과 밀접한 업무를 주로 수행한다.

채용정보

1 지원자격

① 2022년 1월 입사 가능하신 분
② 해외여행 또는 비자 발급 요건에 결격 사유 없는 분
③ 남자의 경우 병역필 또는 면제자

2 채용 직무

부문	분야	근무지역
생산	자동자 제조	국내 AutoLand(공장): 광명, 화성, 광주

3 전형절차

지원서 접수 → 서류전형 → 면접전형(입사시험, 인성검사, 면접전형, 신체검사) → 최종 합격

4 자기소개서 항목

① 당사에 지원한 동기와 회사 선택 시 최우선으로 고려하는 요인에 대해서 서술하시오. (500자 이내)
② 실패했던 경험과 이를 극복한 사례가 있다면 서술하시오. (500자 이내)
③ 최근 자동차 산업 내 변화에 대해서 설명하고, 그 변화 속에서 본인은 어떤 역할을 해야 하는지 서술하시오. (500자 이내)

※ 2021년 하반기 채용 기준

CONTENTS

차례

Part 1
필수이론

Part 2
실전모의고사

한권으로 다잡는
현대자동차·기아
생산직 필기시험

Part 1

필수이론

자동차구조학

01 자동차의 분류

1. 구조와 기능에 의한 분류

(1) 원동기 종류에 따른 자동차 분류

① 내연기관 자동차
  ㉠ 가솔린기관 자동차
  ㉡ 디젤기관 자동차
  ㉢ 액화가스 기관 자동차(LPG & LPI 기관, CNG 엔진 자동차)
  ㉣ 알코올 자동차
  ㉤ 로터리엔진 자동차
  ㉥ 가스터빈 기관 자동차

② 친환경 자동차
  ㉠ 하이브리드 자동차
  ㉡ 전기자동차
  ㉢ 수소연료전지 자동차(FCEV : Fuel Cell Electric Vehicle)
  ㉣ 태양광자동차

(2) 기관 위치 및 구동 방식에 따른 자동차 분류

① FF 형식(Front Engine, Front wheel drive) : 앞 엔진 앞바퀴 구동 방식
② FR 형식(Front Engine, Rear wheel drive) : 앞 엔진 뒷바퀴 구동 방식
③ RR 형식(Rear Engine, Rear wheel drive) : 뒤 엔진 뒷바퀴 구동 방식
④ AW(4WD) 형식(All wheel drive) : 4륜 구동 = 총륜 구동차

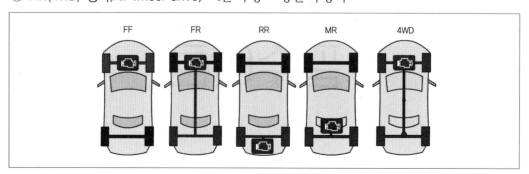

(3) 기관용도에 따른 자동차 분류

① 승용자동차 : 10인 이하를 운송하기에 적합하게 제작된 자동차

② 승합자동차 : 11인 이상을 운송하기에 적합하게 제작된 자동차를 말하며 특수한 설비로 인하여 승차인원이 10인 이하로 된 자동차 또는 국토교통부령으로 정하는 경형 자동차로서 전방조종자동차와 캠핑용 트레일러 등을 말한다.

③ 화물자동차 : 주로 화물을 운송하기에 적합하게 제작된 자동차 또는 화물을 운송하는 기능을 갖추고 자체 적하 및 기타 작업을 수행할 수 있는 설비를 함께 갖춘 자동차

④ 특수자동차 : 다른 자동차를 견인하거나 구난작업 또는 특수한 작업을 수행하기에 적합하게 제작된 자동차로서 승용자동차·승합자동차 또는 화물자동차가 아닌 자동차

⑤ 이륜자동차 : 1인 또는 2인의 사람을 운송하기에 적합하게 제작된 2륜의 자동차

(4) 자동차 차체 형상에 따른 분류

① 승용차

㉠ 세단(Sedan) : 고정된 지붕과 하나의 객실에 2열의 좌석을 설치한 4~6인용 승용차, 보통 4도어 승용차를 말한다.

㉡ 하드톱(Hardtop) : 일반적으로 센터 필러(Center Pillar)가 없는 세단형 승용차를 의미하며, 루프 부위를 탈부착할 수 있는 것도 있다.

㉢ 쿠페(Coupe) : 2도어 세단보다 약간 낮은 객실을 가졌고 차고가 낮다. 앞 1열의 주 좌석을 가진 승용차로서 앞좌석에 비중을 둔 승용차를 의미한다.

㉣ 해치백(Hatch Back) : 다목적용 승용차로서 하드톱, 쿠페 뒤에 게이트(백도어)를 가진 승용차이며, 뒤쪽에 위아래로 여닫을 수 있는 문이 있는 자동차를 말한다.

㉤ 컨버터블(Convertible) : 일반적으로 객실의 루프가 접히는 승용차를 말한다.

㉥ 리무진(Limousine) : 운전석과 뒷좌석 사이가 유리 칸막이로 차단된 구조이며 주로 VIP용으로 쓰이는 승용차이다.

㉦ 스테이션 왜건(Station Wagon) : 객실 좌석의 뒤쪽에 화물을 실을 수 있는 승용차로 세단의 변형이다. 좌석을 밀게 하여 그 뒷부분을 화물실로 하고 뒷면에 문을 설치한 승용차이다.

㉧ 라이트 밴(Light Van) : 운전실과 화물실이 일체로 된 객실을 가진 승용차로 화물차 개념의 승용차를 의미한다.

㉨ 원 박스 카(One Box Car) : 최근 레저용으로 많이 쓰이는 자동차로 미니버스라고도 불린다.

② 버스(Bus)

㉠ 보닛 버스(Bonnet Bus) : 운전석이 보닛의 후방에 있는 버스를 말한다.

㉡ 캡오버 버스(Cab Over Bus) : 운전석이 기관의 위에 위치한 버스를 말한다.

㉢ 상자형 버스(Coach Bus) : 차량 뒷부분에 엔진을 설치하여 돌기를 없앤 것으로 전체가 상자형 모양을 한 버스이다.

     ② 라이트 버스(Light Bus) : 승차정원이 30명 미만인 중형 버스를 말한다.

     ⑩ 마이크로버스(Microbus) : 승차정원이 10명 내외 정도의 소형 버스를 말한다.

③ 트럭

     ㉠ 보닛 트럭(Bonnet Truck) : 기관을 덮고 있는 보닛의 후방에 운전대가 위치하고 있는 트럭을 말한다.

     ㉡ 캡 오버 트럭(Cab Over Truck) : 운전대가 기관의 위에 위치하고 있는 트럭을 말한다.

     ㉢ 패널 밴(Panel Van) : 운전석과 화물실이 일체형이고, 화물실도 고정된 지부을 가지고 있는 상자형 트럭을 말한다.

     ㉣ 라이트 트럭(Light Truck) : 소형의 패널 밴의 트럭을 말한다.

     ㉤ 픽업 트럭(Pickup Truck) : 지붕이 없는 화물실을 운전실의 후방에 설치한 소형 트럭을 말한다.

④ 트레일러 트럭(Trailer Truck)

     ㉠ 풀 트레일러(Full Trailer) : 총 하중을 트레일러만으로 지탱되도록 설계되어 선단에 견인구 즉, 트랙터를 갖춘 트레일러이다.

     ㉡ 세미 트레일러(Semi-trailer) : 세미 트레일러용 트랙터에 연결하여, 총 하중의 일부분이 견인하는 자동차에 의해서 지탱되도록 설계된 트레일러이다.

     ㉢ 폴 트레일러(Pole Trailer) : 기둥, 통나무 등 장척의 적하물 자체가 트랙터와 트레일러의 연결 부분을 구성하는 트레일러로서, 거리는 적하물의 길이에 따라 조정할 수 있다.

     ㉣ 돌리(Dolly) : 세미 트레일러와 조합해서 풀 트레일러로 하기 위한 견인구를 갖춘 대차를 말한다.

2. 자동차 및 자동차부품의 성능과 기준에 관한 규칙

(1) 공차상태

자동차에 사람이 승차하지 아니하고 물품(예비부품 및 공구 기타 휴대물품을 포함한다)을 적재하지 아니한 상태로서 연료·냉각수 및 윤활유를 만재하고 예비타이어(예비타이어를 장착한 자동차만 해당한다)를 설치하여 운행할 수 있는 상태를 말한다.

(2) 적차상태

공차상태의 자동차에 승차정원의 인원이 승차하고 최대적재량의 물품이 적재된 상태를 말한다.

(3) 축중

자동차가 수평상태에 있을 때에 1개의 차축에 연결된 모든 바퀴의 윤중을 합한 것을 말한다.

(4) 윤중

자동차가 수평상태에 있을 때에 1개의 바퀴가 수직으로 지면을 누르는 중량을 말한다.

(5) **차량 중심선**

직진상태의 자동차가 수평상태에 있을 때에 가장 앞의 차축의 중심점과 가장 뒤의 차축의 중심점을 통과하는 직선을 말한다.

(6) **차량 중량**

공차상태의 자동차의 중량을 말한다.

(7) **차량 총 중량**

적차상태의 자동차의 중량을 말한다.

(8) **연결자동차**

견인자동차와 피견인자동차를 연결한 상태의 자동차를 말한다.

(9) **타이어공기압 경보장치**

자동차에 장착된 타이어 공기압의 저하를 감지하여 운전자에게 타이어 공기압의 상태를 알려주는 장치를 말한다.

(10) **연료전지 자동차**

수소를 사용하여 발생시킨 전기에너지를 동력원으로 사용하는 자동차를 말한다.

(11) **연료전지**

수소를 사용하여 전기에너지를 발생시키는 장치를 말한다.

(12) **차로이탈 경고시스템**

자동차가 주행하는 차로를 운전자의 의도와는 무관하게 벗어나는 것을 운전자에게 경고하는 장치를 말한다.

3. 자동차의 제원

(1) **치수**

① **전장(Overall Length)** : 자동차 앞의 돌출된 부분에서 자동차 뒤의 돌출된 부분까지의 거리

② **전폭(Overall Width)** : 자동차의 옆면에서 돌출된 부분 사이의 폭(단, 사이드미러는 포함하지 않는다.)

③ **전고(Overall Height)** : 자동차의 접지면으로부터 가장 높은 곳까지의 높이(단, 안테나는 포함하지 않는다.)

⑵ **차륜, 차축**

① **축간거리(Wheel Base)**: 직진 상태로 정차 중인 자동차의 1개의 차축에서 좌·우 타이어 접지면 중심 간의 거리를 말한다. 복륜인 경우에는 복륜 간격의 중심 사이의 거리를 말한다.

② **윤간거리(Tread)**: 자동차의 좌·우의 바퀴가 접하는 수평면에서 바퀴의 중심선과 직각인 바퀴 중심 간의 거리를 측정하며 복륜(復輪)자동차의 경우에는 복륜 중심 간의 거리를 측정한다.

③ **앞 오버행(Front Overhang)**: 트럭의 프런트 액슬의 중심선과 프런트 끝단 사이의 거리를 말한다.

④ **뒤 오버행(Rear Overhang)**: 트럭의 리어 액슬의 중심선과 리어 끝단 사이의 거리이다.

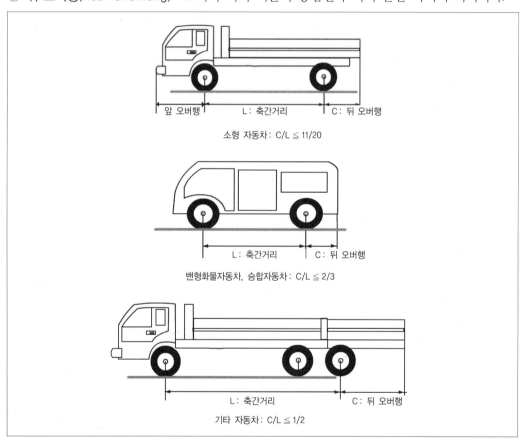

앞 오버행　　L: 축간거리　　C: 뒤 오버행

소형 자동차: C/L ≦ 11/20

L: 축간거리　　C: 뒤 오버행

밴형화물자동차, 승합자동차: C/L ≦ 2/3

L: 축간거리　　C: 뒤 오버행

기타 자동차: C/L ≦ 1/2

02 자동차 기관

1. 기관의 정의 및 분류

(I) 기관 정의

열에너지를 기계적 에너지로 변환하는 장치이고, 내연기관과 외연기관으로 나눌 수 있다.

(2) 내연기관의 분류

① 4행정 사이클 : 크랭크축 2회전에 흡입, 압축, 폭발, 배기의 4행정이 1사이클을 완성한다.

② 2행정 사이클 : 크랭크축 1회전에 흡입, 압축, 폭발, 배기가 2행정에 1사이클을 완성한다.

③ 행정(L)과 내경(D)에 따른 분류

    ㉠ 장행정 엔진(Under Square Engine) : 속도보다 힘을 필요로 하는 중저속형 엔진에 적합

    ㉡ 단행정 엔진(Over Square Engine) : 힘보다는 속도를 높이는 고속형 엔진에 적합

    ㉢ 정방행정 엔진(Square Engine) : 장행정 엔진과 단행정 엔진의 중간형 엔진

④ 냉각방식에 따른 분류

    ㉠ 수냉식 : 냉각 매개체를 물을 이용하여 냉각 → 강제 순환식, 자연 순환식

    ㉡ 공랭식 : 냉각 매개체가 공기 → 강제 통풍식, 자연 통풍식

⑤ 점화방식에 의한 분류

    ㉠ 불꽃점화방식 : 가솔린엔진 적용

    ㉡ 압축착화점화방식 : 디젤엔진 적용

⑥ 실린더 소와 배열에 따른 분류

    ㉠ 단기통 엔진 : 2륜 자동차나 농기계용 및 소형 발전기 등에 사용

    ㉡ 3기통 엔진 : 크랭크축 위상차는 120°, 점화순서는 1-3-2이며 800CC 경차에 사용

    ㉢ 4기통 엔진 : 크랭크축 위상차는 180°, 점화순서는 1-3-4-2 또는 1-2-4-3이다.

    ㉣ 6기통 엔진 : 크랭크축 위상차는 120°, 점화순서는 1-5-3-6-2-4 또는 1-4-2-6-3-5이다.

    ㉤ 6기통 V형 엔진 : 3기통 엔진을 90°각을 두고 V형으로 설치

    ㉥ 8기통 엔진 : 크랭크축 위상차는 90°, 점화순서는 1-6-2-5-8-3-7-4 또는 1-5-7-3-8-4 -2-6이다.

    ㉦ V-8기통 엔진 : 4기통 엔진을 90° 각을 두고 V형으로 설치

⑦ 가솔린, 디젤, LPG 기관 등 사용연료에 의해서도 분리할 수 있다.

2. 기관의 효율 및 성능 관련 용어

(1) 기관 효율

① 이론 열효율 : 기관에 공급된 총열량과 실제 일로 변환된 열량의 비율이다.

② 기계효율 : 실린더 내에서 실제 발생된 지시마력과 크랭크축 상에서 측정한 제동마력의 비율이다.

③ 체적효율 : 실린더 내로 들어갈 수 있는 이론상 공기량과 실제 흡입된 공기량의 비율이다. 체적효율을 증가시키는 가장 일반적인 방법은 과급기(터보차저)를 사용하는 것이다.

(2) 배기량, 압축비

① 배기량(행정체적) : 원통형 실린더의 부피를 말한다.

　㉠ 1기통일 때 배기량 : $V_c = \dfrac{\pi}{4}D^2 L(cc)$

　㉡ 총배기량 : $V_f = \dfrac{\pi}{4}D^2 L \times Z(cc)$

② 압축비 : 실린더 총체적을 연소실 체적으로 나눈 비를 말하여 기관의 출력에 큰 영향을 주는 요소이다. 압축비를 크게 하면 출력이 증가하지만 너무 높으면 노킹이 발생한다.

$$ 압축비 = \frac{실린더체적}{연소실체적} = \frac{연소실체적 + 행정체적}{연소실체적} = 1 + \frac{행정체적}{연소실체적} $$

(3) 관의 연료와 연소 이론

① 인화점 : 연료에 불을 가까이 하였을 때 연료가 연소되는 최저 온도

② 발화점 : 불꽃이 없는 상태에서 주변의 온도에 의해 연소가 시작되는 최저 온도

③ 발열량 : 연료를 연소시켰을 때 발생하는 열량을 발열량이라고 하며 고위발열량과 저위발열량이 있다. 일반적으로 저위발열량으로 표기한다.

3. 가솔린 기관 본체

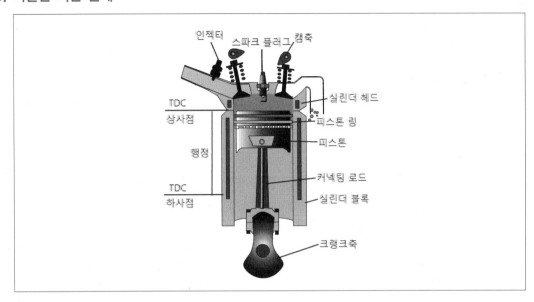

(1) 실린더 헤드(Cylinder Head)와 블록(Block)

실린더 블록 위쪽에 있는 부품이며 밸브장치가 부착되어 있고, 연소실 공간을 형성하며 실린더 헤드 개스킷을 사이에 두고 블록과 실린더 헤드 볼트로 체결되어 있다.

(2) 실린더 헤드 개스킷(Cylinder Head Gasket)

실린더 헤드와 블록 사이에서 압축과 폭발가스의 기밀 유지, 냉각수의 수밀 유지와 오일 누수를 방지한다.

(3) 실린더 블록(Cylinder Block)

위쪽은 실린더 헤드가 부착되고 가운데는 실린더 내부를 피스톤이 기밀 유지하면서 연료의 열에너지를 기계적 에너지로 변환하는 역할을 하며, 냉각수 통로, 오일 통로와 엔진의 각 부속품이 부착되어 있다.

① 실린더 블록의 행정과 내경의 비에 따른 분류
    ㉠ 단행정(오버 스퀘어 엔진) : 행정(L) < 내경(D)
      ✎ 행정/내경 비율이 1 이하인 기관
    ㉡ 정방행정(스퀘어 엔진) : 행정(L) = 내경(D)
      ✎ 행정/내경 비율이 1인 기관
    ㉢ 장행정(언더 스퀘어 엔진) : 행정(L) > 내경(D)
      ✎ 행정/내경 비율이 1 이상인 기관

② 실린더 라이너 : 실린더 라이너는 엔진의 재생성을 높이는 부품이며 실린더와는 별개로 사용할 수 있는 구조이다. 재질은 강재 또는 보통 주철이고, 건식 라이너, 습식 라이너, 일체식 라이너 등이 있다.

(4) 피스톤(Piston)

실린더를 왕복운동하면서 흡입 공기 및 혼합기를 압축하고 폭발 압력을 받아 출력을 발생하는 부품이다.

(5) 피스톤 링(Piston Ring)

피스톤 링 홈에 끼워져 피스톤과 함께 실린더를 왕복운동하며 실린더 벽에 밀착해 작동한다. 피스톤 링은 압축링 2개, 오일 링 1개가 있으며 기밀 유지, 오일 제거, 열전도의 3대 역할을 한다.

(6) 피스톤 핀(Piston Pin)

피스톤의 보스(Boss) 부위에 삽입되어 피스톤과 커넥팅 로드를 연결하고 연결방식에 따라 고정식, 반부동식, 전부동식 등이 있다.

(7) 커넥팅 로드(Connecting Rod)

피스톤과 크랭크축을 연결하는 부품이며 피스톤과 크랭크축 사이에서 압축, 인장, 굽힘 등의 하중을 받는다.

(8) 크랭크축(Crankshaft)

피스톤의 왕복운동을 회전운동으로 변환시키는 축을 말한다.

(9) 엔진 베어링의 종류

① 배빗메탈 : 주석(Sn 80~90%) + 안티몬(Sb 3~12%) + 구리(Cu 3~7%)가 주성분이고 미량의 납과 아연이 추가되며 윤활흡착성이 양호하고, 길들임성 및 매입성이 좋으나 고온 강도가 적고 피로강도 및 열전도율이 불량하다.

② 켈밋메탈 : 구리(Cu 60~70%) + 납(Pb 30~40%)이 주성분이고 열전도율이 좋고 고속에서 잘 견디지만 내식성, 매일성 길들임성은 나쁘다.

③ 트리메탈 : 배빗, 켈밋, 강 등의 3개 층으로 만들어서 배빗과 켈밋의 장·단점을 보안한 베어링이다.

(10) 캠축 및 밸브 구동 장치

흡배기 밸브는 피스톤의 행정과 위치에 따라 정확한 밸브 개폐 시기가 이루어져야 하며 밸브와 캠축의 설치 위치에 따라 오버헤드 밸브 및 캠축 방식과 사이드 밸브식이 있으며, 캠축의 구동 방식은 기어(Gear), 체인(Chain), 밸트(Velt) 방식이 있다.

① 오버헤드 캠축(Overhead Camshaft)

  ㉠ SOHC(Single Overhead Camshaft) : 실린더 헤드 위에 캠축이 한 개인 형식

  ㉡ DOHC(Double Overhead Camshaft) : 캠축이 두 개인 형식

  ㉢ 캠축이 밸브를 직접 개폐하는 방식을 다이렉트(Direct), 캠의 회전운동을 직선운동으로 변화시켜 밸브를 개폐하는 스윙 암(Swing Arm), 캠의 회전운동을 로커 암(Locker Arm)에 의해 밸브를 개폐시키는 로커 암 형식으로 분류된다.

② 밸브 간극이 클 때와 작을 때의 관계

    ㉠ 밸브 간극이 클 때 : 흡·배기 밸브가 완전히 열리지 못하여 엔진 출력이 감소되며 배기가스의 배출이 증가하고 밸브 기구에 심한 충격과 소음이 발생하게 된다.

    ㉡ 밸브 간극이 작을 때 : 흡·배기 밸브의 열림 기간이 길어지고 엔진 출력도 감소되며 흡기 밸브 간극이 작을 경우에는 역화나 실화 현상이 발생, 밸브 간극이 작을 경우에는 후화 현상이 발생한다.

③ 캠(cam)의 정의와 구조 : 캠축은 크랭크축의 회전운동을 직선운동으로 변환하는 장치이다.

4. 윤활장치

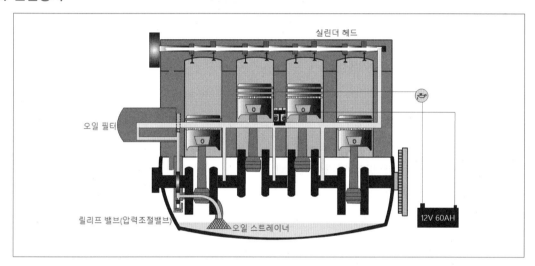

기계적인 마찰과 회전 베어링 등의 마모를 줄이는 장치이며 엔진 오일을 윤활제로 사용하는 장치이다.

(1) 윤활유의 작용

① 감마 작용

② 밀봉 작용

③ 냉각 작용

④ 세척 작용

⑤ 방청 작용

⑥ 응력 분산 작용

(2) 엔진의 윤활방식

① 비산식 : 단기통이나 2기통에 주로 사용되며 커넥팅 로드에 부착된 주걱으로 퍼올려 비산시킨다.

② 압력식(압송식) : 오일펌프를 장착하고 압력을 형성하여 크랭크축, 실린더 헤드, 캠축 등에 오일을 공급한다.

③ 비산 압력식 : 비산과 압력을 조합하여 크랭크축 베어링 및 밸브는 압력식, 피스톤 핀 및 벽은 비산식이다.

④ 혼기식 : 2행정 사이클인 경우 연료와 윤활유를 혼합하여 연소실에 공급하는 방식이다.

(3) 오일 여과방식의 종류

분류식, 전류식, 션트식이 있다.

(4) 점도지수

온도에 따라 윤활유의 점도가 변화하는 것을 말하여, 점도지수가 클수록 점도 변화가 적다. 점도는 윤활유의 가장 큰 성질이다.

(5) 유압이 높아지는 원인

① 윤활유의 점도가 높은 경우

② 윤활회로가 막힌 경우

③ 유압 조절 밸브 스프링의 장력이 클 때

④ 오일의 점도가 높은 경우

(6) 유압이 낮아지는 원인

① 베어링의 오일 간극이 클 경우

② 오일펌프가 마모 또는 오일이 누출될 때

③ 오일의 양이 적을 경우

④ 유압 조절 밸브 스프링의 장력이 작거나 절손될 때

⑤ 윤활유의 점도가 낮은 경우

(7) 윤활장치의 구성 부품의 역할

① 오일 팬(Oil Pan) : 오일을 저장하는 용기

② 섬프(Sump) : 차량이 기울어져도 오일이 고여 있도록 파인 홈

③ 배플(Baffle) : 차량의 급정거나 언덕길 주행 시 항상 충분한 오일이 고여 있도록 설치된 칸막이

④ 오일 스트레이너(Oil Strainer) : 오일펌프로 오일을 유도해주고 불순물을 1차로 걸러주는 역할

⑤ 오일펌프(Oil Pump) : 오일의 압력을 형성하여 오일 통로에 오일을 공급하는 역할

⑥ 오일 압력조절기(Oil Pressure Regulator) : 오일의 압력이 일정하게 유지될 수 있도록 유압 조절기의 밸브 스프링의 세기를 조정한다.

⑦ 오일 필터(Oil Filter) : 2차적으로 오일 속의 불순물을 걸러주는 역할

5. 냉각장치

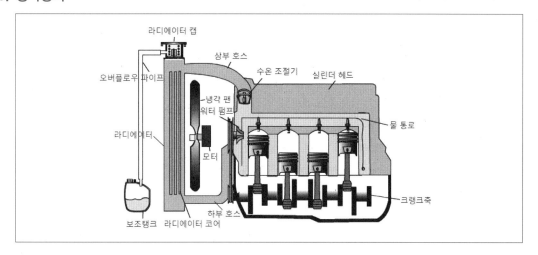

엔진이 정상적으로 작동할 수 있는 온도인 80~90℃(정상 작동온도)가 유지될 수 있도록 과냉 및 과열을 방지하는 역할을 하며 냉각 방식에 따라 공랭식과 수냉식이 있다.

(1) 냉각장치의 분류

① **공랭식** : 직접 대기와 접촉시켜 냉각시키는 자연 통풍식과 냉각 팬을 이용하는 강제 통풍식 이 있다.

② **수냉식**

　㉠ **자연순환식** : 자체의 온도 차를 이용하여 물펌프 없이 자연적 순환을 한다.

　㉡ **강제순환식** : 물펌프를 설치하여 강제로 냉각수를 순환시키는 방식이다.

(2) 수냉식 냉각장치의 구성 부품

① **수온 조절기** : 냉각수의 온도에 따라 엔진과 라디에이터 사이의 냉각수량을 조절한다. 벨로우 즈형(알코올)과 펠릿형(왁스)이 있다.

② **압력식 캡** : 압력 스프링의 장력으로 냉각수의 비점이 상승하도록 한 캡이다.

③ **오버플로우 파이프** : 냉각 통로의 압력이 높을 때 여분의 냉각수를 밖으로 내보내고 압력이 낮을 때는 냉각수를 다시 흡입하는 역할을 한다.

④ **라디에이터(방열기)** : 뜨거워진 냉각수가 자동차의 주행속도에 의한 바람이나 냉각 팬에 유입 되는 대기와 열 교환에 의해 방출이 이루어지게 하는 기능이다.

⑤ **냉각 팬** : 공전 시 또는 주행 시 냉각수의 온도가 정상 작동온도 이상일 때 라디에이터에 바람 을 일으키는 기능을 한다.

⑥ **워터 펌프** : 냉각수에 일정 압력을 발생시켜 냉각통로에 순환시키는 기능을 한다.

(3) 냉각수와 부동액

① 냉각수 : 냉각수로는 증류수, 수돗물, 빗물 등의 연수를 사용하며, 광물성이나 산이 포함된 천 연수와 경수를 사용할 경우 부식이나 물때가 발생한다.

② 부동액 : 부동액의 종류에는 메탄올, 에틸렌글리콜, 글리세린 등이 있다.

  ㉠ 메탄올(Methanol) : 비등점이 80℃, 빙점은 −30℃이며 낮은 온도에서는 유리하지만 비 등점이 낮아 증발되기 쉽다.

  ㉡ 에틸렌글리콜(Ethylene Glycol) : 비등점이 197℃, 비점은 −50℃이고 물에 잘 용해되고 단맛이 있으며 비등점이 높아 증발되지는 않으나 금속의 부식과 열팽창계수가 큰 것이 단점 이다.

  ㉢ 글리세린(Glycerin) : 반영구 부동액이다.

6. 전자제어 가솔린 연료분사장치 시스템 이해

(1) 연료분사장치의 개요

전자제어 가솔린 연료분사장치의 가장 큰 목적은 배기가스의 저감이다. 따라서 엔진의 각 주행 조건에 따라 최적의 공기와 연료의 혼합비율을 위해 엔진제어 컴퓨터를 탑재하고 각 센서를 설 치해서 인젝터의 연료분사량을 조절한다.

(2) 가솔린 분사장치의 특성

① 연비 향상

② 배기가스 저감

③ 엔진의 응답성 향상

④ 냉시동성 향상

⑤ 출력 향상

(3) 가솔린 연료분사장치의 분류

① 인젝터의 분사방식에 따른 분류

  ㉠ 간접 분사방식 : 흡기다기관에 연료를 분사하는 방식

  ㉡ 직접 분사방식(GDI) : 연소실에 연료를 직접 분사하는 방식

② 인젝터의 개수에 따른 분류

  ㉠ SPI(Single Point Injection)와 TBI(Throttle Body Injection) : 스로틀바디 부위에 인젝터를 1~2개 설치

  ㉡ MPI(Multi Point Injection) : 흡기다기관 전방에 인젝터를 실린더마다 1개씩 설치하여 연 료분사

③ 기본 연료분사량 제어 방식에 따른 분류

　　㉠ K–Jetronic : 기계식 제어방식

　　㉡ L–Jetronic : 흡기공기량을 직접 측정하여 연료분사량을 결정하는 방식

　　㉢ D–Jetronic : 흡기공기량을 흡입 매니폴드의 절대압력으로 측정하여 연료분사량을 결정

⑷ **가솔린 연료분사장치의 센서의 종류와 역할**

① 대기압 센서(BPS : Barometric Pressure Sensor) : 에어클리너 쪽에 위치하며 대기압에 따른 연료 보정을 하며 고장 시 고지대에서 엔진 부조가 발생

② 수온 센서(WTS : Water Temperature Sensor) : 냉각수 온도에 따른 연료분사량 및 점화시기 보정을 하며 센서의 재질로는 NTC(Negative Temperature Cofficient) 서미스터를 사용한다.

③ 흡입 공기 온도 센서(ATS : Air Temperature Sensor) : 흡기 온도에 따른 연료 보정을 하며 센서의 재질은 NTC(Negative Temperature Cofficient) 서미스터를 사용한다.

④ 스로틀 포지션 센서(TPS : Throttle Position Sensor) : 스로틀 밸브의 위치 즉 개방각도에 따라 연료량을 조절한다.

⑤ 크랭크 각 센서(CAS : Crank Angle Sensor) : 배전기 타입의 경우 배전기 내에 있으며 무배전기(DLI) 타입인 경우에는 엔진 블록 크랭크축 주변에 위치하여 크랭크 각의 회전각을 검출하고 기본연료분사량 결정, 점화시기, 연료분사시기, 연료펌프구동을 제어한다.

⑥ 1NO TDC 센서(또는 CMP) : 배전기 타입의 경우 배전기 내에 있으며 무배전기(DLI) 타입인 경우에는 캠축 주변에 위치하여 1번 실린더의 상자점 위치를 검출하고 점화 순서와 연료분사 순서를 결정하는 기준 신호이다.

⑦ 노킹 센서(Knocking sensor) : 엔진 블록에 위치하여 실린더 내의 노킹 진동을 전기적 신호로 변화하여 ECU에 보내면 ECU는 점화시기를 지각시켜 노킹을 억제한다.

⑧ 산소 센서(O_2 또는 λ sensor) : 배기관에 위치하여 배기가스의 농후·희박을 검출하여 인젝터의 개변시간을 제어하는 기준 신호이다.

⑸ **공전속도 제어장치 ISC(Idle Speed Controller)**

공전속도란 무부하 상태에서의 엔진회전속도를 의미한다. 공전 시에도 에어컨 부하, 전기적 부하 자동변속기(N-D) 부하, 파워 펌프 부하가 일어날 경우 공전속도를 올려 엔진의 부조나 시동 꺼짐을 방지해야 할 필요성이 있으므로 스로틀 밸브를 통과하는 공기량을 조정하여 공전속도를 제어해야 한다.

(6) 가솔린 연료공급장치

연료탱크의 연료에 압력을 생성·압송시키는 연료 펌프와 흡기다기관 부압의 변화에 따른 연료 파이프 내의 압력을 조정하는 연료압력조절기, 그리고 각종 센서의 신호를 기준으로 연료의 분사량을 ECU가 제어하는 인젝터가 있다.

① 연료 펌프

　㉠ 체크 밸브(Check Valve) : 연료라인 내에 잔압을 형성하여 베이퍼록 현상 방지와 재시동성 향상에 도움을 준다.

　㉡ 릴리프 밸브(Relief Valve) : 연료필터 리턴 포트의 막힘 발생 시 연료라인 내의 압력이 4~6kgf/cm²이면 릴리프 밸브가 개방되어 연료 펌프 및 연료라인 내의 파손을 방지하는 역할을 한다.

② 연료 압력조절기 : 흡기 다기관의 진공 부압과의 압력 차를 이용하여 인젝터에 항상 일정한 연료압을 유지하게 하는 장치이다.

③ 인젝터의 종류와 점검

　㉠ 전압 구동형 인젝터 : 저저항 인젝터(약 0.6~30Ω)는 인젝터에 외부저항을 직렬로 연결하여 인젝터 내부의 코일 권수를 적게 하여 전류를 증가시키고 내부 인덕턴스를 작게 하여 응답성과 내구성을 향상시키는 방식이며, 고저항 인젝터(약 12~16Ω)는 외부저항을 연결하여 전류를 제한하는 방식이다.

　㉡ 전류 구동형 인젝터 : 인젝터 구동 초기에는 큰 전류가 흘러 인젝터의 자력을 강화시키고 인젝터가 열린 후에는 작은 전류로 제어하는 인젝터 전류 구동 회로가 컴퓨터(ECU)에 구성되어 있는 방식이다.

　㉢ 점검 방법 : 저항 점검, 작동 소음 점검, 분사량 점검, 파형 점검 등이 있다.

7. 디젤 기관

(1) 디젤 기관의 개요

연료의 압축 착화점을 이용하는 디젤 기관은 공기만을 흡입 압축하여 경유의 착화점(250℃~300℃)보다 높은 500℃~600℃ 압축온도를 형성하고 연료를 고압 분사하여 연료의 자기 착화에 의해 발생한 폭발압력으로 동력을 얻는 엔진이다. 따라서 압축비(15~24:1)가 높아 진동과 소음이 단점이지만 최근에는 전자제어 디젤엔진 시스템이(CRDI) 개발되어 소음, 진동과 배기가스 배출량도 대폭적으로 줄어 대형은 물론 승용차량에도 적용되고 있다.

(2) **디젤기관의 장점 및 단점**

디젤기관은 열효율이 높고, 연료 소비율이 낮다. 그리고 인화점이 높은 경유를 사용하여 화재의 위험성이 적고, 전기적 점화장치가 없어 고장 요소가 가솔린 엔진보다 적으며 배기가스 배출도 가솔린보다 적다. 하지만 높은 압축비로 폭발압력이 커서 기관을 튼튼하게 만들어야 하므로 마력당 중량이 크고, 진동과 소음이 크다. 또한 회전속도가 가솔린보다 적고, 제작비가 비싸다.

(3) **디젤엔진의 연소실의 종류**

① **단실식** : 직접 분사실식이 있다.

② **복실식** : 예연소실식, 와류실식, 공기실식 등이 있다.

(4) **디젤기관의 연소 과정**

① **착화 지연 기간(A–B)** : 연료가 노즐이나 인젝터에서 분사되어 실린더 내에 들어온 후 착화될 때까지 걸린 시간($\frac{1}{1000} \sim \frac{4}{1000}$S)인 착화 지연 기간이 길어지면 노킹이 발생된다.

② **화염 전파 기간(B–C)** : 착화 지연 기간에서 미연소된 연료가 자연착화되어 일시에 연소되며 압력과 온도가 급격히 상승하고 연소실의 체적은 일정 체적 상태인 정적연소를 하게 되는 구간이다.

③ **직접 연소 기간(C–D)** : 디젤엔진의 연소 과정 중 정상적인 연소를 하는 직접 연소상태이다.

④ **후기 연소 기간(D–E)** : 연료의 분사가 끝나는 D 이후 연소 가스는 팽창을 하면서 미연소된 가스가 E점까지 지속적으로 연소를 하게 되는 구간이다.

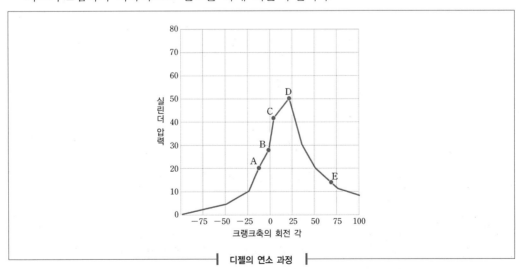

디젤의 연소 과정

(5) 노즐(Nozzle)

연료 펌프에서 송출된 연료를 연소실에 분사하는 장치이며 압력에너지를 속도에너지로 변화시 킨다.

① 노즐의 분사 조건 : 무화, 관통, 분포가 양호하여야 하며 후적 발생이 없어야 한다.

② 노즐의 종류 : 밀폐형 노즐, 구멍형 노즐, 핀틀형 노즐, 스로틀형 노즐

(6) 시동 보조 장치

① 예열 플러그식

㉠ 코일형 예열 플러그 : 가열코일이 노출되어 예열시간이 짧고 코일 저항이 작아 직렬연결 로 사용하며 외부에 저항을 연결하여 사용한다.

㉡ 시스드형 예열 플러그 : 가열코일이 금속 튜브 속에 있으며 병렬연결로 사용하기 때문에 하나가 단선되어도 다른 예열 플러그는 작동이 가능하다.

② 흡기가열식 : 직접 분사실식은 예열 플러그를 설치할 공간이 부족하여 히트 및 흡기가열식을 흡입 매니폴드 내에 설치하여 흡입되는 공기의 온도를 가열하는 방식을 취하고 있다.

③ 감압 장치 : 디젤엔진을 시동할 때 운전실에서 감압 레버를 잡아당겨 캠축의 운동과 관계없이 흡기 및 배기 밸브를 강제적으로 열어 실린더 내의 압력을 감압시켜 엔진의 회전이 원활하게 이루어지도록 하는 장치로서, 엔진의 시동이 쉽도록 하는 시동 보조 장치이다.

(7) 과급기(터보차저)

실린더에 강압적으로 공기를 공급하여 엔진의 흡입효율 및 출력, 토크를 증대시킬 목적을 가지 고 있고 과급기의 구동력의 방법에 따라 배기가스의 압력을 이용하는 터보차저(Turbo Charger) 와 엔진의 크랭크축 회전력을 이용하는 기계식 과급기 또는 슈퍼차저(Super Charger)가 있다.

8. 액화 석유 가스(LPG) 연료 장치

액화 석유 가스(LPG : Liquefied Petroleum Gas) 차량은 연료 장치의 제어 방식에 따라 부탄을 가스 상태로 공기와 연료를 믹서하는 LPG 엔진과 액체 상태를 인젝터로 구동하여 공급하는 LPI 엔진, 그리고 천연가스인 메탄을 $200 \sim 250 kgf/cm^2$의 높은 압력으로 압축하여 저장 사용하는 CNG(Compressed Natural Gas)가 있다.

(1) LPG의 특성

LPG의 주성분은 부탄이며 겨울철에는 기화성을 높이기 위해 부탄과 프로판을 혼합하여 사용하 고 나머지 계절에는 100% 부탄을 사용한다.

① 냄새와 색깔 : 무색·무취이지만 공기보다 비중이 높아 가스가 새어 나올 경우 위험성을 보안 하기 위해 고압가스관리법에 의해 독한 냄새가 나도록 하고 있다.

② 비중 : 기체의 비중은 공기보다 1.5~2.0배 무겁다.

③ **착화점**: 경유 350~450℃, 가솔린 500~550℃, 프로판 450~550℃, 부탄 470~540℃ 이다.

④ **팽창**: 1ℓ의 액화가스의 압력을 제거하면 250ℓ의 부피가 늘어나므로 연료저장 공간에는 온도에 의한 팽창력을 고려하여 일정한 공간을 두어야 하며 용기의 약 85%로만 충전하고 있다.

⑤ **화학적 성질**: 천연고무나 페인트를 용해시키는 성질이 있어 LPG 전용 씰을 사용해야 하며 기화 시 공기와의 산화 작용으로 타르가 발생하는 특성이 있어 타르 배출구가 필요하다.

(2) LPG 기관의 장단점

① **장점**

㉠ 연료비, 오일 및 엔진 수명이 가솔린 연료에 비하여 경제적이다.

㉡ 비점이 낮아 완전히 기화되어 오일을 묽게 만들지 않고 카본의 형성이 적다.

㉢ 공기와 연료의 균일한 혼합기인 이론 공연비 부근에서 완전 연소하여 연소효율이 우수하고 정숙한 운전이 가능하다.

㉣ 가솔린 연료에서 발생하는 베이퍼록 현상이 발생하지 않는다.

㉤ 옥탄가(100~120)가 가솔린보다 높아 연소효율이 높고, 점화시기를 가솔린보다 빠르게 할 수 있다.

㉥ 노킹이 없고, 연료공급펌프가 필요 없다.

② **단점**

㉠ 한냉 시 증발잠열의 부족으로 시동성이 저하된다.

㉡ 순간 부하 시 공기와 연료의 혼합이 어려워 순간 출력이 저하된다.

(3) LPI의 엔진의 특징

기존의 LPG의 단점인 출력 부족, 냉시동성 불량, 역화 등을 보완하기 위해 연료공급 시 가스 상태가 아닌 액체 상태로 공급되며 가솔린 연료분사장치처럼 인젝터를 통해 연료를 정밀 공급하는 시스템이다. 따라서 LPG 엔진처럼 베이퍼라이저나 믹서가 없으며 타르의 발생 또한 없으며 봄베의 연료를 연료펌프로 압송하여 액체연료를 공급하는 인젝터가 흡기다기관에 설치되어 있는 것이 특징이다.

03 친환경 자동차

1. 하이브리드 자동차

(1) 하이브리드 자동차(Hybrid Electric Vehicle) 개요

하이브리드(Hybrid)란 복합, 혼성이라는 뜻으로 2가지 이상의 동력원을 함께 사용하는 것을 의미한다. 가솔린, 디젤, CNG, LPG, 수소 연료를 이용하는 엔진과 전기 모터를 혼합하여 사용하는 방식이다.

(2) 하이브리드 자동차의 6대 기능

① 엔진 시동 기능

    ㉠ 소프트 방식: 하이브리드 구동모터로 시동을 건다. 다만 배터리 전압이 낮은 비상시에는 기존의 기동전동기를 구동하여 시동을 건다.

    ㉡ 하드 방식: 하이브리드 구동모터로 구동을 하며(EV 모드로 시동), 하이브리드 모드(HEV 모드)변환 시 전용 HSG 모터에 의해 시동된다.

② 동력보조 기능: 출발, 가속, 급가속의 경우 모터 작동으로 엔진 동력을 보조한다.

③ 회생제동 기능: 감속 시 차량의 관성에너지를 이용 모터가 발전기로 변환하여 배터리를 충전한다.

④ 경사로 밀림 방지 기능: 오토스톱에 의한 엔진 정지 시 오르막길 또는 내리막길에서 브레이크 패달을 떼어도 약 3초 동안 브레이크 유압을 유지하여 차량 밀림방지를 하는 장치이다.

⑤ 오토스톱 기능: 배기가스 저감 및 연비감소를 위해 신호대기, 정차 시 엔진이 자동으로 정지되고 브레이크 패달에서 발을 떼면 시동이 걸리는 기능을 말한다. 오토스톱 기능은 운전자의 선택 사항이며 정지 시 에어컨 작동 정지로 실내온도가 상승하면 에어컨 동작 또한 임의로 작동할 수 있다.

⑥ E-모드 드라이브 기능: 연료소비를 줄이는 모드를 말하며 에코 드라이브 모드(Eco-drive Mode)라고도 한다. 변속기 레버에 E-모드가 추가되어 이를 선택하면 운전자가 급가속을 하더라도 완만한 가속으로 자동제어되며 가속 및 언덕길 주행 시에도 모터를 최대한 활용하여 연료소비를 줄여주고, 감속 시 회생제동량을 최대한 증가시켜 고압 배터리의 충전량을 확보하게 된다.

(3) 하이브리드 전기자동차의 분류

① 구동 방식에 의한 분류

    ㉠ 직렬형: 엔진은 발전기를 구동하고 제어기는 모터를 돌려 변속기에 전달하는 방식이다. 구조가 간단하지만 장착성과 동력성능 및 배기가스 저감, 제작과 개발 비용 면에서는 불리하다.

ⓒ **병렬형** : 엔진과 변속기 사이에 모터를 장착하고 제어기는 전기모터를 구동 또는 발전기로 변환시킨다. 장착성과 개발 비용 면에서 유리하고 동력성능 배기가스 저감 면에서도 유리하여 가장 많이 적용한다.

ⓒ **복합형** : 제어기는 모터를 구동하여 변속기에 전달하고 엔진 또한 변속기에 동력을 전달할 수 있다. 직렬형에 비해 복잡하고 배기가스 면에서는 불리하다.

② **모터제어 방식에 의한 분류**

㉠ **소프트 타입 방식** : FMED(Flywheel Mounted Electric Device)로 모터가 클러치를 기준으로 엔진 플라이휠에 있는 방식으로 모터는 엔진의 동력을 보조할 뿐 단독으로 바퀴를 구동시키지 못한다.

㉡ **하드 타입 방식** : TMED(Trasmission Mounted Electric Device)로 모터가 클러치를 기준으로 변속기에 장착되어 모터 단독으로 구동하는 방식이며 HSG를 장착하여 HEV 모드 주행 시 엔진 시동을 걸고 발전기로 변환하여 배터리를 충전한다. 엔진이 주 동력원이 되고 모터만으로도 주행이 가능한 방식이다.

⑷ **하이브리드 주행 모드**

① **소프트 타입 주행 모드** : 출발(엔진 + 모터) − 주행(엔진) − 가속·등판(엔진 + 모터) − 감속(회생제동) − 정지(엔진 자동정지)

② **하드 타입 주행 모드** : 출발(모터) − 주행(모터) − 가속·등판(모터 + 엔진) − 감속(회생제동) − 정지(엔진 자동정지)

⑸ **하이브리드 자동차의 구성요소**

① **모터 제어기(MCU : Motor Control Unit)** : 모터 제어기는 인버터(Inverter)이다. 하이브리드 모터는 3상 교류 모터이며 엔진 시동기능, 가속 시 구동력 보조기능, 감속 시 발전기로 변환 후 회생제동을 하여 고전압 배터리를 충전하는 중요 역할을 하며 이를 위해 하이브리드 제어기(HCU : Hybrid Control Unit)의 명령을 받아 모터제어를 하는 모터 제어기가 장착되어 있다.

   ✎ 인버터(Inverter)와 컨버터(Converter) : DC-AC, AC-DC, DC-DC로 변환하는 장치를 모두 컨버터라고 부른다. 특히 DC전원을 AC로 변환하는 컨버터를 인버터라고 하는데 하이브리드 차량에서 모터 제어기 MCU가 고전압 직류를 교류로 변환하여 AC모터에 공급하는데 이를 인버터라고도 한다. MCU는 모터 구동 시 배터리 DC전원을 AC로 변환(인버터)하고, 회생제동 시에는 발생된 AC전원을 DC로 변환(컨버터)하는 기능을 모두 갖추고 있으며 고압의 직류를 저압의 직류로 변환하는 컨버터(LCD) 기능도 갖추고 있다.

② **고전압 베터리** : 하이브리드 차량의 핵심 부품인 고압 배터리의 종류는 니켈 − 수소(Ni-MH), 리튬 − 이온(Li-ion), 리튬이온 − 폴리머(Li-Pb) 등이 있다.

⑹ **이모빌라이저 시스템(Immobilizer System)**

이모빌라이저 시스템이란 차량 도난방지를 위하여 엔진 컨트롤 모듈(ECM/PCM)에 등록된 키(송신기/트랜스폰더)에 의해서만 시동이 가능하도록 한 자동차 도난방지 시스템이다.

2. 전기자동차

(1) 전기자동차(Electric Vehicle) 개요

전기자동차(EV : Electric Vehicle)는 자동차의 구동 에너지를 내연기관이 아닌 전기 에너지로부터 얻는 자동차를 말하며, 외부의 전원을 이용하여 고전압 배터리에 충전된 배터리 전원으로 전기 모터를 구동하고 또한 자동차의 제동 토크를 이용하여 회생제동이 가능함으로써 유해 배출가스와 환경오염이 없는 친환경 자동차이다.

(2) 전기자동차의 특징

① 대용량 고전압 배터리를 탑재한다.

② 전기 모터를 사용하여 구동력을 얻는다.

③ 변속기가 필요 없으며, 단순한 감속기를 이용하여 토크를 증대시킨다.

④ 외부 전력을 이용하여 배터리를 충전한다.

⑤ 전기를 동력원으로 사용하기 때문에 주행 시 배출가스가 없다.

⑥ 배터리에 100% 의존하기 때문에 배터리 용량에 따라 주행거리가 제한된다.

(3) 전기자동차 주행 모드

① 출발 · 가속 : 시동키를 ON 후 운전자가 가속 페달을 밟으면 전기자동차는 고전압 배터리 팩 어셈블리에 저장된 전기 에너지를 이용하여 구동 모터가 구동력을 발생함으로써 전기 에너지를 운동에너지로 바꾼 후 바퀴에 동력을 전달한다.

> 고전압 배터리 → PRA → 고전압 정션 박스 → EPCU(MCU → 인버터) → 모터(스테이터 코일)

② 감속(회생제동) : 차량 속도가 운전자가 요구하는 속도보다 높아 가속 페달을 작게 밟거나, 브레이크를 작동할 때 전기 모터의 구동력은 필요하지 않으므로, 이때 구동 모터는 발전기의 역할로 변환되어 차량의 주행 관성 운동 에너지에 의해 전류를 발생시켜 고전압 배터리에 저장하는 회생제동 시스템을 갖춘다.

> 모터(스테이터 코일) → EPCU(MCU → 인버터) → 고전압 정션 박스 → PRA → 고전압 배터리

(4) 전기자동차 구성

① 전기자동차 구조 : 전기자동차는 차량 하부에 배터리 팩이 놓여지고 360V, 27kWh의 고전압을 이용해 모터를 구동한다. 모터의 속도를 이용해 차량 속도를 제어할 수 있기 때문에 변속기는 필요 없으며, 대신 토크를 증대하기 위한 감속기가 설치된다. 고전압을 PTC 히터, 전동 컴프레서에 공급하기 위한 고전압 정션 박스가 PE룸(내연기관의 엔진룸)에 있고 그 아래로 완속 충전기(OBC), 전력통합제어장치(EPCU)가 놓여진다. EPCU는 VCU, MCU(인버터), LDC가 통합된 형태를 가리킨다.

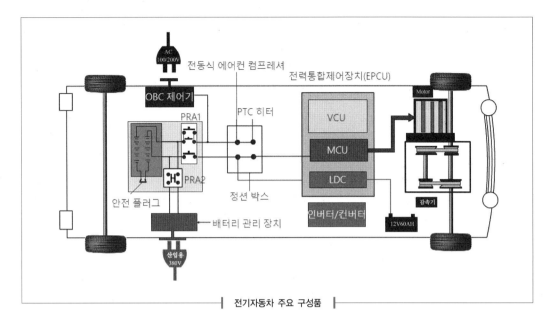

전기자동차 주요 구성품

② **고전압 배터리**: 리튬이온 폴리머 배터리(Li-ion Polymer)는 리튬 이온 배터리의 성능을 그대로 유지하면서 폭발 위험이 있는 액체 전해질 대신 화학적으로 가장 안정적인 폴리머(고체 또는 젤 형태의 고분자 중합체) 상태의 전해질을 사용하는 배터리를 말한다.
DC 360V 정격의 리튬이온 폴리머 배터리는 DC 3.75V의 배터리 셀 총 96개가 직렬로 연결되어 있고, 모듈은 총 8개로 구성되어 있다.

③ **전력통합제어장치(EPCU)**: EPCU(Electric Power Control Unit)는 전기자동차의 통합 제어기인 VCU, 구동 모터로 보내 주기 위해 고전압 직류를 교류로 변환하는 장치인 인버터(MCU), 고전압 배터리 전압을 차량용 12V로 변환시키는 장치인 LDC, 외부의 220V 교류 전원을 전기자동차용 360V 직류로 변환해주는 완속 충전기인 OBC 등으로 구성되어 있다.

(5) 전기자동차 구동 장치 개요

① **모터**: 구동 모터는 전기자동차에서 동력을 발생하는 장치로 높은 구동력과 출력으로 가속과 등판 및 고속 운전에 필요한 동력을 제공하는 기능을 한다.
MCU는 직류(DC)를 교류(AC)로 변환하여 구동 모터를 제어하는 기능과 감속 시에는 구동 모터를 발전기로 전환시켜 탑재된 고전압 배터리를 충전하는 기능을 담당한다. 모터에서 발생한 동력은 회전자 축과 연결되어 있는 감속기와 드라이브 샤프트를 통하여 구동 바퀴에 전달된다.

② **감속기**: 전기자동차용 감속기는 일반 가솔린 차량의 변속기와 같은 역할을 하지만 여러 단이 있는 변속기와는 달리 일정한 감속비로 모터에서 입력되는 동력을 자동차 차축으로 전달하는 역할을 한다.

⑹ 전기자동차 편의 · 안전장치 개요

① 충전장치 : 전기자동차의 충전장치는 급속, 완속, ICCB 3종류가 있다. 완속 충전기와 급속 충전기는 별도로 설치된 220V나 380V용 전원을 이용해 충전하는 방식이고, ICCB(In Cable Control Box)는 가정용에서 충전 가능한 케이블이다. 완속 충전 시에는 차량 내에 별도로 설치된 충전기(OBC : On Board Charger)를 거쳐서 고전압 배터리가 충전된다.

② 전기자동차 충전장치 종류

완속 충전 방식(충전시간 4시간 20분)	급속 충전 방식(충전시간 22분~33분)
외부 충전(220V)을 이용하여 차량 내 OBC를 통해 DC 360으로 변환해서 충전하는 방식	외부 충전(380V)을 이용하여 차량 내 OBC를 통해 DC 360으로 변환해서 충전하는 방식(고전압 정션 블록으로 직접 공급)

3. 수소연료전지차

⑴ 수소연료전지차 개요

가솔린 내연기관 대신 수소와 공기 중의 산소를 반응시켜 얻은 전기를 이용해 모터를 구동하는 방식으로 운행하는 친환경 자동차를 말한다. 연료전지를 동력원으로 하는 차로, 엔진이 없기 때문에 배기가스 및 오염물질을 배출하지 않는다. 차 내부에는 연료전지 스택, 모터, 배터리, 수소 탱크 등이 탑재돼 있다.

① 수소연료전지차의 특징

　㉠ 연료전지 시스템은 연료전지 스택, 운전 장치, 모터, 감속기로 구성된다.

　㉡ 연료전지는 공기와 수소 연료를 이용하여 전기를 생성한다.

　㉢ 연료전지에서 생성된 전기는 인버터를 통해 모터로 공급된다.

　㉣ 연료전지 자동차가 유일하게 배출하는 배기가스는 수분이다.

② 고체 고분자 연료전지(PEMFC : Polymer Electrolyte Membrane Fuel Cell)의 특징

　㉠ 전해질로 고분자 전해질을 이용한다.

　㉡ 공기 중의 산소와 화학반응에 의해 백금의 전극에 전류가 발생한다.

　㉢ 발전 시 열을 발생하지만 물만 배출시키므로 에코 자동차라 한다.

　㉣ 출력의 밀도가 높아 소형 경량화가 가능하다.

　㉤ 운전 온도가 상온에서 80℃까지로 저온에서 작동한다.

　㉥ 기동 · 정지 시간이 매우 짧아 자동차 등 전원으로 적합하다.

　㉦ 전지 구성의 재료 면에서 제약이 적고 튼튼하여 진동에 강하다.

③ 주행 모드에 따른 전력공급과 충전

　　㉠ 오르막 주행 : 연료전지 + 고전압 배터리로 전력을 공급

　　㉡ 평지 주행 : 고전압 배터리가 충전되는 동안 연료전지만 모터에 전력을 공급

　　㉢ 내리막 주행 : 모터의 회생제동 에너지는 고전압 배터리 충전

(2) 연료전지 자동차의 구성

① 수소 저장 탱크 : 탱크 내 수소 저장, 스택(Stack : 수소차 연료전지는 요구되는 출력 수준을 충족하기 위해 단위 셀들을 적층하여 조립한 형태)

② 공기공급장치 : 스택 내에서 수소와 결합해 물(H_2O) 생성, 순수 산소 형태가 아니며 대기 공기를 스택으로 공급

③ 스택(Stack) : 주행에 필요한 전기 발생, 공급된 수소와 공기 중 산소가 결합되어 수증기 생성

④ 고전압 배터리 : 스택에서 발생된 전기 저장, 회생제동 에너지(전기) 저장, 시스템 내 고전압 장치에 전원 공급

⑤ 컨버터 · 인버터 : 스택에서 발생된 직류 전기를 모터가 필요한 3상 교류 전기로 변환

⑥ 모터 · 감속기 : 차량을 구동하기 위한 모터와 감속기

⑦ 연료전지 시스템 어셈블리 : 연료전지 룸 내부에는 스택을 중심으로 수소 공급 시스템과 고전압 회로 분배, 공기를 흡입하여 스택 내부로 불어 넣을 수 있는 공기 공급, 스택의 온도 조절을 위한 냉각이 가능하다.

(3) 수소가스의 특징

① 수소는 가볍고 가연성이 높은 가스이다.

② 수소는 매우 넓은 범위에서 산소와 결합될 수 있어 연소 혼합가스를 생성한다.

③ 수소는 전기 스파크로 쉽게 점화할 수 있는 매우 낮은 점화 에너지를 가지고 있다.

④ 수소는 누출되었을 때 인화성 및 가연성, 반응성, 수소 침식, 질식, 저온의 위험이 있다.

⑤ 가연성에 미치는 다른 특성은 부력 속도와 확산 속도이다.

⑥ 부력 속도와 확산 속도는 다른 가스보다 매우 빨라서 주변의 공기에 급속하게 확산되어 폭발할 위험성이 높다.

(4) 수소가스 저장 시스템

① 수소충전소의 충전 압력

　　㉠ 수소를 충전할 때 수소가스의 압축으로 인해 탱크의 온도가 상승한다.

　　㉡ 충전 통신으로 탱크 내부의 온도가 85℃를 초과하지 않도록 충전 속도를 제어한다.

② 충전 최대 압력

　　㉠ 수소 탱크는 875bar의 최대 충전 압력으로 설정되어 있다.

　　㉡ 탱크에 부착된 솔레노이드 밸브는 체크 밸브 타입으로 연료 통로를 막고 있다.

ⓒ 수소의 고압가스는 체크 밸브 내부의 플런저를 밀어 통로를 개방하고 탱크에 충전된다.

ⓔ 충전하는 동안에는 전력을 사용하지 않는다.

ⓜ 수소는 압력 차에 의해 충전이 이루어지며, 3개의 탱크 압력은 동시에 상승한다.

4. 주행 안전장치 및 신기술

(1) SCC W/S&G 시스템

SCC W/S&G는 주행 중 일정 속도를 유지하게 하는 크루즈 컨트롤(CC, Cruise Control)에서 선행 차량을 추종할 수 있는 기능이 추가된 스마트 크루즈 컨트롤(SCC, Smart Cruise Control) 단계를 거쳐 정차 후 출발 시 선행 차량을 추종해 주행 가능한 최근의 SCC W/S&G로 업그레이드된 것으로 이를 통해 자율 주행의 진화 흐름을 한눈에 파악할 수 있다.

(2) FCA(Forward Collision-avoidance Assist) 시스템

FCA 시스템은 충돌을 피하거나 충돌 위험을 줄여주기 위한 장치이다.

(3) LDW & LKA 시스템

① LDW(Lane Departure Warning) 시스템 : 차로 이탈 경고 전방 주행 영상을 촬영하여 차선을 인식하고 이를 이용하여 운전자가 의도하지 않은 차로 이탈 검출 시 경고하는 시스템이다.

② LKA(Lane Keeping Assist) 시스템 : 차로 이탈 방지 보조차로 이탈 경고 기능에 조향력을 부가적으로 추가하여 차량이 좌·우측 차선 내에서 주행 차로를 벗어나지 않도록 하는 기능이 포함되어 있다. 조향력을 추가하기 때문에 전기식 파워 스티어링 장치가 필수적이며, 카메라 모듈과 MDPS 모듈이 지속적으로 CAN 통신을 통해 요구 토크량 및 현재 토크 정보를 주고받는다.

(4) BCW(Blind-spot Collision Warning) 시스템

후측방 충돌 경고 시스템은 레이더 센서를 이용해 주행 중 운전자의 후방 사각 지역에서 자차에 근접하는 이동 물체를 능동적으로 감지하여 운전자에게 경보해 줌으로써 안전한 차선 변경 및 후방 추돌 사고를 예방하는 첨단 주행 안전 시스템이다.

(5) BCA(Blind-Spot Collision-avoidance Assist) 시스템

후측방 충돌 방지 보조 시스템은 경보만 해주는 BCW 시스템에서 한 단계 더 나아가 추돌 상황이 예상될 경우 추돌 예상 반대 방향의 앞바퀴에 제동을 수행하여 추돌을 방지하는 기능이다.

04 자동차 섀시

1. 구동 방식의 종류

(1) FF 구동 방식(Front engine Front wheel drive)

실내 공간이 넓고 조종 성능이 우수하다.

(2) FR 구동 방식(Front engine Rear wheel drive)

엔진 － 트랜스미션 － 추진축 － 차축 － 바퀴로 동력 전달

(3) RR 구동 방식(Rear engine Rear wheel drive)

실내 공간 최대 활용이 가능하지만 트렁크 공간 협소

(4) 4WD 구동 방식(4 Wheel Drive)

주행 성능과 등판능력이 우수

2. 클러치(Clutch)

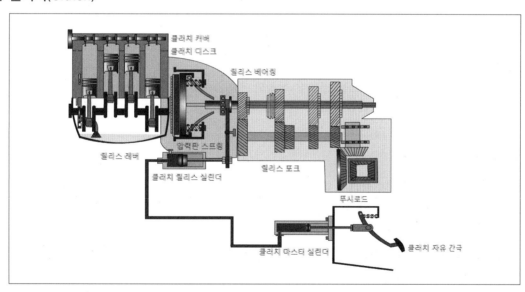

(1) 클러치의 정의

클러치란 동력을 전달 및 차단하는 기능을 하는 부품을 의미한다.

(2) 클러치의 필요성

① 엔진 시동 시 무부하 상태를 위해 동력을 차단한다.

② 변속 시 기관 동력을 차단한다.

③ 관성운전을 가능하게 한다.

(3) 클러치의 구성 부품

① 클러치판

    ㉠ 쿠션 스프링 : 직선 충격을 흡수

    ㉡ 댐퍼 스프링(토션 스프링) : 클러치판의 비틀림 충격을 흡수

    ㉢ 페이싱 : 클러치 디스크의 마찰면 마찰계수

    ㉣ 페이싱 리벳 : 리벳의 깊이가 0.3mm 이하인 경우 불량

    ㉤ 클러치 디스크 판은 변속기 입력축에 스플라인에 의해 연결되어 있다.

② 클러치 압력판 : 클러치 스프링의 장력으로 클러치 디스크 판을 플라이휠에 밀착시키는 역할을 하며, 압력판과 클러치 커버, 플라이휠은 항상 함께 회전하고 있으므로 회전 평형이 좋고 관성력이 적어야 한다.

③ 클러치 마스터 실린더 : 클러치 패달의 답력을 유압으로 발생시키는 장치

④ 클러치 릴리스 실린더 : 유압 에너지를 기계적 에너지로 변환하여 릴리스 포크를 작동시키는 장치

⑤ 릴리스 포크 : 릴리스 베어링에 끼워져 릴리스 베어링을 작동시키는 장치

⑥ 릴리스 레버 : 클러치 커버에서 릴리스 베어링의 힘을 받아 지렛대 원리로 압력판을 움직이는 장치

⑦ 릴리스 베어링 : 클러치 페달의 답력을 받아 릴리스 레버를 눌러주는 역할을 하며, 볼 베어링, 앵귤러 접촉 베어링, 카본 베어링 형식이 있으며 영구주입식 베어링으로 세척 시 솔벤트로 세척해서는 안 된다.

⑧ 클러치 커버

    ㉠ 다이어프램 형식은 코일 스프링 형식의 릴리스 레버와 스프링의 역할을 동시에 한다.

    ㉡ 아웃 레버형 또는 인너 레버형 클러치 커버 형식은 3개의 릴리스 레버와 압력판을 미는 압력 스프링이 장착되어 있다.

(4) 클러치의 자유 간극

클러치 릴리스 베어링이 클러치 레버에 닿을 때까지 움직인 거리를 의미하며, 클러치의 자유 간극이 크면 동력 차단이 어렵고 간극이 작으면 클러치의 미끄러짐이 발생한다. 클러치 자유 간극의 조정은 푸시로드의 길이를 조절하여 조정한다.

(5) 클러치가 미끄러지는 원인

① 클러치 디스크의 마모

② 클러치 디스크의 오일 부착

③ 클러치 압력 스프링의 장력 약화

④ 클러치 디스크의 페이드 현상에 의한 마찰계수 감소

⑤ 클러치 자유 간극의 과소

⑥ 페이드 현상 : 마찰을 일으키는 라이닝이 마찰열에 의해 마찰계수가 작아져 미끄러지는 현상을 말한다.

3. 변속기

(1) 수동변속기

① 수동변속기의 필요성
  ㉠ 기관의 회전력을 감소시켜 회전력을 증대시키기 위해 필요하다.
  ㉡ 필요에 따라 기관을 무부하 상태로 하기 위해 필요하다.
  ㉢ 후진을 가능하게 하기 위해 필요하다.

② 수동변속기의 기어 방식 종류
  ㉠ 섭동기어식 기어 방식
  ㉡ 동기물림식 기어 방식(도그 클러치식 방식)
  ㉢ 상시물림식 기어 방식

③ 변속기의 구조 및 변속비
  ㉠ 로킹 볼(Locking Ball) : 기어변속 후 기어가 빠지는 것을 방지하는 기능을 한다.
  ㉡ 인터록(Interlock) : 이중 기어가 물리는 것을 방지한다.
  ㉢ 싱크로나이저 링(Synchronizer Ring) : 기어를 넣을 때 허브기어와 단기어의 속도를 일치시키는 역할을 하며 고장 시 기어가 들어가지 않고 소음과 진동이 발생
  ㉣ 변속비

$$\text{변속비} = \frac{\text{기관 회전속도}}{\text{추진축의 회전속도}} = \frac{\text{부축 기어잇수}}{\text{추축 기어잇수}} \times \frac{\text{추축 기어잇수}}{\text{부축 기어의 잇수}}$$

(2) 자동변속기

① 자동변속기의 장점
  ㉠ 클러치 조작 없이 자동 출발이 되어 운전자의 피로가 적다.
  ㉡ 진동과 충격 흡수로 차량의 수명이 연장된다.
  ㉢ 저속 구동력이 좋아 등판 출발이 좋고 최대 등판 능력도 크다.
  ㉣ 승차감이 우수하다.

② 자동변속기의 단점
  ㉠ 구조가 복잡하여 정비성이 저하되고 가격이 비싸다.
  ㉡ 수동변속기에 비해 연비가 10% 증가한다.
  ㉢ 유압을 이용한 자동변속으로 작동지연 발생 우려가 있다.

③ 유체클러치와 토크 컨버터(Torque Converter)의 비교

구분	유체클러치	토크 컨버터
구성 부품	펌프 임펠러, 터빈런너, 가이드 링	펌프 임펠러, 터빈런너, 스테이터
작용	가이드 링 – 와류 감소	스테이터 – 유체 흐름 방향 전환
날개	방사선형	곡선형
토크 변환율	1:1	2~3:1
전달 효율	97~98%	97~98%

④ 댐퍼 클러치가 작동되지 않는 조건
  ㉠ 제1속, 후진 시 및 기관 공전 시
  ㉡ 기관 브레이크 작동 시
  ㉢ 변속기 오일의 온도가 65℃ 이하일 때
  ㉣ 냉각수 온도가 50℃ 이하일 때
  ㉤ 기관 회전속도가 800rpm 이하일 때
  ㉥ 기관 속도가 2000rpm 이하에서 스로틀 밸브의 열림이 클 때
  ㉦ 급감속 시 및 주행 중 변속할 경우

⑤ 자동변속기에 사용되는 센서의 종류와 역할
  ㉠ 스로틀 위치 센서: 엔진의 부하 상태를 점검하는 센서(변속 시점에 영향을 준다.)
  ㉡ 차속 센서: 차량의 속도를 감지하는 센서(변속 시점에 영향을 준다.)
  ㉢ 유온 센서: 오일의 온도를 측정하여 유압을 제어하고 댐퍼 클러치 작동 시기를 결정한다.
  ㉣ 펄스 제너레이터 A/B: 입력축 속도 감지(A), 출력축의 속도 감지(B)
  ㉤ 인히비터 스위치: P, N단에서만 시동이 걸리게 하며, 각 변속단의 위치를 TCU에 입력시킨다.
  ㉥ 오버드라이브 스위치: ON 시 1단에서 4단까지 변속이 가능하며, OFF 시 1단에서 3단까지만 변속된다.
  ㉦ 수온 센서: 유온 50℃ 이하에서 댐퍼 클러치 작동이 되지 않도록 한다.
  ㉧ 킥다운 서보 스위치: 킥다운 시점을 검출하여 킥다운 시 변속 충격을 완화한다.

(3) 무단변속기(CVT : Continuously Variable Transmission)

① 1차 풀리와 2차 풀리에 벨트를 매개체하여 각 풀리 직경의 연속적 변화로 변속이 일어나므로 변속충격이 없고 승차감이 우수하다.
② 연비의 향상시킨다.
③ 가속 성능이 우수하지만 큰 동력을 전달할 수 없는 것은 단점이다.

4. 드라이브 라인(Drive Line)

(1) 추진축의 구조

후륜구동 자동차인 경우 엔진의 구동력을 바퀴까지 전달하기 위해 속이 빈 중공강을 종감속 장치까지 전달하는 기능을 한다.

① 자재 이음(Universal Joint) : 재이음은 변속기와 종감속기어 사이의 각도 변화

② 슬립 이음(Slip Joint) : 추진축의 길이 변화가 가능하게 하는 장치이다.

③ 십자형 자재 이음(훅 조인트) : 추진축 상의 2개의 요크가 동일 평면상 내에 있어야 진동이 발생하지 않으며 두 개의 요크는 십자축으로 연결되어 있다.

④ 플렉시블 자재 이음 : 가죽이나 고무를 사이에 넣고 플랜지 원판을 볼트로 고정한 축

⑤ 평형추 : 축의 회전 진동을 억제하기 위해 추진축의 밸런스를 위한 추

⑥ 센터 베어링(Center Bearing) : 추진축의 길이가 긴 차량인 경우 2개 또는 3개로 나누어진 추진축을 차체에 고정하고 축의 회전마찰을 억제하기 위해 설치된 베어링을 말한다.

⑦ 토션 댐퍼 : 대형 차량의 추진축에는 비틀림 진동을 억제하는 기능을 한다.

(2) 등속 자재 이음의 종류

자재 이음은 변속기와 종감속장치의 구동각 변화를 주는 장치이며 종류에는 자재 이음 양단의 2축 간의 회전 각속도 차에 따라 부등속 자재 이음과 등속 자재 이음으로 구별된다. 부등속 자재 이음은 십자형 자재 이음에 해당되며 다음은 등속 자재 이음의 종류이다.

① 트랙터 자재 이음(Tracta Universal Joint) : 요크 사이에 두 개의 섭동부가 있으며 완전한 등속도는 얻을 수 없고 각도도 비교적 작다.

② 벤딕스 와이스형(Bendix Weiss Type) : 동력 전달을 위해 4개의 볼과 중심 잡기용 센터 볼이 있으며 안내 홈을 따라 볼이 이동하면서 동력을 전달한다.

③ 제파형(Rzeppa Type) : 중심 잡기용 볼이 있으며 축이 만나는 각도에 따라 볼 리테이너가 움직여 볼의 위치를 잡는다.

④ 파르빌레 자재 이음(Parville Universal Joint) : 제파형의 개량형이며 이 타입의 특징은 중심 볼을 두지 않아도 되고 구조도 비교적 간단하며 전달 용량이 커서 앞바퀴 구동 차량에 많이 이용된다. 또한 슬립 이음을 겸한 형식이고 더블 옵셋 조인트(Double Offset Joint)라고도 한다.

⑤ 트러니언 자재 이음(Trunnion Joint) : 회전 토크를 전달함과 동시에 축 방향으로 신축(伸縮)이 가능한 형식이다. 축 양단에 베어링을 끼우고 축에 직각으로 회전할 수 있도록 한 것을 컵 모양의 하우징(용기) 내에 홈을 만들어 넣은 구조로 되어 있다.

5. 종감속장치 및 차동기어 장치

종감속장치(Final Reduction Gear)는 추진축의 회전 동력을 직각 방향으로 뒤차 축에 전달하고 감속하여 회전력을 증대시키는 기능을 한다. 차동기어(Differential Gear)는 선회 시 좌·우측 바퀴의 회전수 차이를 두어 원활한 회전이 이루어지도록 하는 기능을 한다.

(1) 종감속장치의 종류

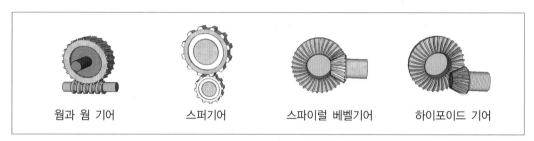

| 웜과 웜 기어 | 스퍼기어 | 스파이럴 베벨기어 | 하이포이드 기어 |

(2) 하이포이드 기어(Hypoid Gear)의 특징

① 장점
  ㉠ 기어의 편심으로 추진축의 중심 위치를 낮게 할 수 있어 차고를 낮게 할 수 있다.
  ㉡ 중심이 낮아 주행 안전성 및 거주성이 우수하다.
  ㉢ 이면의 접촉 면적 증가로 강도를 향상시킬 수 있다.
  ㉣ 기어의 물림이 많아 정숙한 회전이 가능하다.

② 단점
  ㉠ 접촉압력이 높아 극압성 윤활유가 필요하다.
  ㉡ 가공이 어렵다.

(3) 차동기어

래크와 피니언의 원리를 이용한 것으로서 좌우 구동바퀴의 회전저항 차이에 의해 좌우 바퀴 회전속도의 차이를 두는 장치이다.

(4) 차동 제한 장치의 특징(LSD : Limited Slip Differential)

① 눈길이나 빗길의 미끄러짐을 방지하고 구동력이 증대된다.
② 웅덩이에 빠졌을 때 탈출이 용이하다.
③ 경사로에서의 주정차가 용이하다.
④ 급가속, 급발진 시에도 차량 안정성이 유지된다.
⑤ 타이어의 수명이 연장된다.

(5) 종감속비와 총감속비

① 종감속비 $= \dfrac{\text{링 기어의 잇수}}{\text{구동 피니언 기어의 잇수}}$

② 총감속비 = 변속비 × 종감속비

6. 현가장치

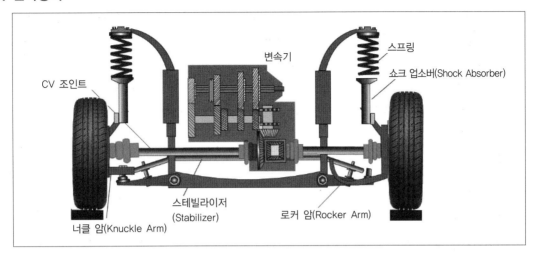

(1) 현가장치의 특성

① 스프링의 위 무게 진동의 종류

ㄱ 바운싱(Bouncing) : Z축 방향으로 평행하게 상하로 운동하는 진동을 말한다.

ㄴ 피칭(Pitching) : Y축을 중심으로 앞뒤로 회전운동 하는 진동을 말한다.

ㄷ 롤링(Rolling) : X축을 중심으로 좌우로 회전운동 하는 진동을 말한다.

ㄹ 요잉(Yawing) : Z축을 중심으로 회전운동 하는 진동을 말한다.

② 스프링의 아래 무게 진동의 종류

ㄱ 휠 홉(Wheel Hop) : Z축 방향의 상하로 평행운동 하는 고유진동을 말한다.

ㄴ 와인드업(Windup) : Y축 둘레의 회전진동을 말한다.

ㄷ 조(Jaw) : Z축 둘레의 회전진동을 말한다.

ㄹ 휠 트램프(Wheel Tramp) : X축을 중심으로 회전운동하는 것을 말한다.

(2) 현가장치의 구성품

① 섀시 스프링

ㄱ 판스프링 : 강판을 여러 겹 겹쳐 클립 밴드로 묶어 만든 스프링이며 한쪽은 차체와 고정되어 있고 한쪽은 차체와 새클로 연결되어 판스프링의 완충을 이용하여 충격을 흡수한다. 스프링의 강도가 커서 대형차량에 사용된다.

ㄴ 코일 스프링 : 환봉강을 코일 모양으로 만든 것으로 비틀림에 대한 특성을 이용한 것이다. 미세한 진동에도 민감하여 승용차용으로 사용되고 있다.

ㄷ 토션 바 스프링 : 토션 바가 비틀어졌을 때 탄성에 의해 본래의 위치로 복원하려는 성질을 이용한 스프링강의 막대이다.

ㄹ 스테이빌라이저 : 독립현가장치의 경우 승차감을 위해 스프링 상수가 작은 스프링을 사용하게 되며 선회 시 원심력에 의한 롤링현상이 발생한다. 이러한 롤링현상을 방지하기 위한 스프링강을 스테이빌라이저라고 한다.

     ⓜ 고무 스프링 : 강 스프링보다 모양을 자유롭게 만들 수 있으며 내부 마찰에 의한 감쇠 작
        용을 하고 있어 급유를 하지 않아도 된다. 고무를 압축하여 충격을 흡수하는 형식이다.

  ② 쇼크 업소버 : 스프링의 상하 운동에너지를 열에너지로 변환하는 장치이며, 스프링의 진동을
    흡수하여 승차감을 향상시키고 스프링의 피로감을 감소시키는 장치이다.

     ㉠ 단동식 쇼크 업소버 : 스프링이 팽창 시 진동을 흡수하는 쇼크 업소버이다.

     ㉡ 복동식 쇼크 업소버 : 스프링의 압축 및 팽창 시 모두 진동을 흡수할 수 있는 쇼크 업소버
        이다.

     ㉢ 드가르봉식 쇼크 업소버 : 오일과 가스를 같이 사용하는 쇼크 업소버로서 오일실과 가스실
        을 구분하는 프리 피스톤을 사이에 두고 아래에는 질소가스($20 \sim 30 kgf/cm^2$)가 내장되어
        있고 위쪽은 오일이 내장되어 있다. 미세한 진동을 흡수할 수 있어서 승차감이 향상되며
        가스의 압력이 있어 분해하는 것은 위험하다.

(3) 현가장치의 분류

  ① 일체식 현가장치 : 좌우 바퀴가 하나의 차축에 연결되어 강도가 크고 구조가 간단하여 대형
    트럭이나 버스에 사용된다. 구조가 간단하고 가격이 저렴하고 강도가 크며 타이어의 마모가
    적지만 승차감과 조종안정이 나쁘며 앞바퀴의 시미 현상 발생하기 쉽고 로드 홀딩이 나쁘다.

  ② 독립식 현가장치 : 좌우 바퀴가 하나의 축에 연결된 것이 아니여서 각 바퀴는 자유롭게 독립
    적으로 상하로 움직일 수 있는 구조이다. 독립 현가장치의 종류에는 위시본 형식과 맥퍼슨
    형식이 주종을 이루고 있다. 스프링 아래 질량이 적어 승차감이 우수하고 시미 현상이 잘 일
    어나지 않으며 로드 홀딩이 우수하여 노면과 타이어의 접시성이 좋다. 볼트, 너트로 복잡한
    연결구조를 갖고 있어 휠 얼라인먼트의 변화가 많으며 타이어의 마모가 빠른 단점을 갖고
    있다.

(4) 공기식 현가장치의 특징

  ① 장점

     ㉠ 하중이 변화하여도 차체의 높이를 일정하게 유지할 수 있다.

     ㉡ 하중의 변화에 따라 공기스프링의 정수가 자동으로 변화되므로 승차감이 좋고 차체의 기
        울어짐을 방지할 수 있다.

     ㉢ 고주파진동을 흡수할 수 있어 작은 진동을 흡수하는 효과가 있다.

  ② 구성 부품

     ㉠ 공기압축기 : 공기를 압축하는 일을 하며 압축된 공기는 탱크로 보내진다.

     ㉡ 서지 탱크 : 공기를 저장하는 탱크이다.

     ㉢ 공기스프링 : 신축 정도에 따라 내부의 압력이 변화되어 스프링 작용을 한다.

     ㉣ 레벨링 밸브 : 하중에 의한 차량 높이가 변화되면 압축된 공기를 스프링에 공급, 배출을
        하여 차의 높이를 일정하게 유지하는 기능을 한다.

(5) **전자제어현가장치(ECS : Electronic Controlled suspension)**

① **앤티롤(Anti-roll) 제어** : G-센서를 기준으로 급회전 시 차체가 좌우로 쏠리는 현상을 방지하는 기능

② **앤티스콧(Anti-squat) 제어** : TPS 신호로 급출발 시 차량 앞쪽이 들어올려지는 현상을 방지하는 기능

③ **앤티다이브(Anti-dive) 제어** : 브레이크 스위치를 신호로 급정차 시 차량 앞쪽이 내려가는 현상을 방지

④ **앤티피칭/바운싱(Anti-pitching/bouncing) 제어** : 스콧과 바운싱의 반복적인 현상을 억제하는 기능

⑤ **고속주행 안정성 제어** : 차속센서의 신호를 기초로 고속주행 안정성을 위해 고속 시 소프트에서 미듐으로 쇼크 업소버의 감쇠력을 변화시킨다.

⑥ **악로 주행 제어** : 차속이 3~40km/h 미만에서 앞차고 센서와 뒤차고 센서가 2초 이내에 이상과 이하 신호 감지가 2회 이상 출력되면 악로로 감지되어 감쇠력을 하드로 제어한다.

⑦ **스카이 훅 제어** : 굴곡이 많은 노면 주행 시 바퀴가 지면으로부터 순간적으로 공중에 뜨는 현상을 방지하기 위해 공기 쇼크 업소버에서 흡배기를 제어하는 것을 말한다.

⑧ **프리뷰 제어** : 노면에 돌기 및 단차를 초음파에 의해 검출하여 쇼크 업소버의 감쇠력을 최적으로 제어한다.

7. 조향장치

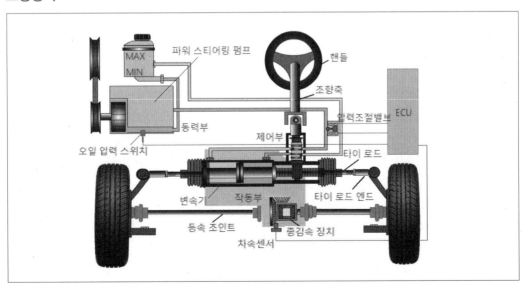

(1) **조향장치의 원리**

애커먼 장토식(Ackerman Jeantaud Type)의 원리

(2) **조향장치 공학**

조향장치는 자동차의 진행 방향을 바꾸기 위한 일련의 장치를 말하며 공식은 다음과 같다.

① 최소 회전 반경(R) $= \dfrac{L}{\sin\alpha} + r$

(∵ R: 최소 회전 반경, α: 바깥 바퀴 최대 조향각, r: 킹핀 오프셋 거리)

② 조향기어비 $= \dfrac{\text{조향 휠이 움직인 각도}}{\text{피트먼 암이 움직인 각도}}$

③ 조향기어비 방식

   ⊙ **가역식**: 조향 휠의 움직임이 바퀴로 또는 바퀴의 움직임이 조향 휠로 전달되는 방식

   ⊙ **비가역식**: 조향 휠의 움직임만 바퀴로 전달 가능하고 바퀴의 움직임은 조향휠에 전달되지 않는다.

   ⊙ **반가역식**: 가역식과 비가역식의 중간적 특성을 보이는 방식

(3) **조향장치의 분류**

① **수동조향장치**: 기계적인 조합으로 이루어진 조향장치로 주행 시에는 조향이 원활하지만 정차 및 주행 시에는 조향력이 매우 무거워 현재는 거의 사용되지 않는 장치이다.

② **동력조향장치**

   ⊙ **유압식 동력조향장치(속도 감응형 조향장치)**: 기계식 조향장치를 기본으로 하고 유압의 에너지를 이용한 동력배선 장치를 설치하여 조향 휠의 조작력을 가볍게 하는 장치이며 종류에는 유압식과 전자제어 유압식이 있다.

     • **유압식**: 기관의 동력으로 펌프를 구동하는 동력부, 오일의 흐름을 제어하는 제어부, 실린더 내의 피스톤에 유압을 보내야 작동하는 작동부로 구성되어 있으며 이 장치는 저속과 고속에서 모두 조향력이 가벼워 고속 시 주행 안전성이 저하되는 단점이 있다.

     • **전자제어 유압식**: 차량 속도 센서의 신호를 받아 실린더 내의 피스톤에 흐르는 유량제어 솔레노이드 밸브를 장착한다. 저속에는 유량을 증가시켜 조향력을 가볍게 하고 고속에서는 유량을 감소시켜 조향력을 무겁게 하여 고속주행 시 주행 안전성을 확보하는 시스템이다.

   ⊙ **전기 모터식 동력조향장치(EPS 또는 MDPS)**: 동력배력을 유압이 아닌 전기 모터를 이용한 방식이다. 조향 핸들의 조작력을 감지하는 토크센서와 차속센서 그리고 엔진 회전수를 이용하여 저속 시 조향력을 가볍게 하고 고속 시 조향력을 무겁게 하며 조향력의 가감을 컴퓨터에 의해 모터의 토크로 제어하게 된다. 엔진의 동력을 사용하지 않아 차량 연비효과가 있다.

     • **유압모터식**: 유압펌프를 모터로 구동하여 동력을 배력하는 방식

     • **칼럼식**: 조향축에 모터를 장착하여 동력을 배력하는 방식

     • **피니언식**: 피니언 기어에 모터를 장착하여 동력을 배력하는 방식

     • **랙기어식**: 랙기어에 모터를 장착하여 동력을 배력하는 방식

8. 휠 얼라인먼트(Wheel Alignment)

(1) 앞차륜 정렬의 필요성과 대응되는 기하학적 각도

① 캐스터 각: 주행 안전성 확보

② 캠버 각: 조향력을 가볍게 한다.

③ 킹핀 경사각: 조향휠의 복원성을 확보한다.

④ 토우: 타이어 마모를 경감한다.

(2) 휠 얼라인먼트에 영향을 주는 각도의 종류

① 캠버(Camber): 자동차를 앞에서 보았을 때 노면 수직선과 타이어의 중심선이 이루는 각도

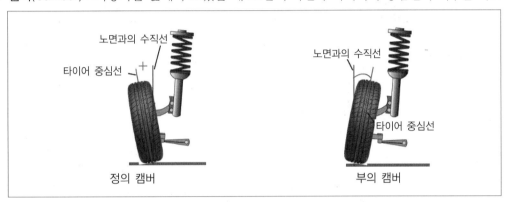

② 캐스터(Caster): 자동차를 옆에서 보았을 때 노면 수직선과 조향축(킹핀 중심선)의 중심선이 이루는 각

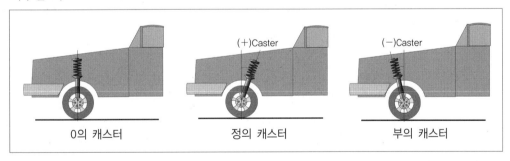

③ 토우(toe): 바퀴를 위에서 보았을 때 뒤쪽의 타이어 중심거리보다 앞쪽의 타이어 중심거리가 짧은 상태

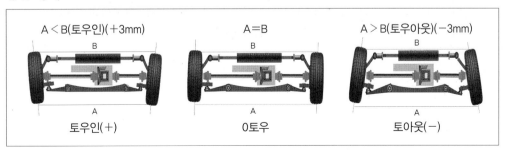

④ **킹핀 경사각(Kingpin Angle)**: 자동차를 앞에서 보았을 때 노면 수직선과 조향축(킹핀 중심선)이 이루는 각도이다. 캐스터와 같이 바퀴의 방향 안정성과 복원성을 위해 둔다.

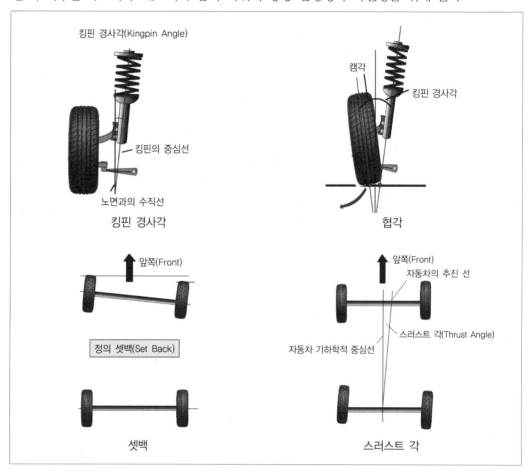

⑤ **협각(Included Angle)**: 킹핀 경사각과 캠버 각의 합성 각을 협각이라 하며 협각의 크기에 따라 킹핀의 연장선과 캠버의 연장선이 만나는 지점이 달라지면 조향의 특성이 달라진다.

⑥ **셋백(Set Back)**: 앞축과 뒤축이 평행하지 않는 경우를 말하며 한쪽 바퀴가 반대편 바퀴에 비해 뒤쪽에 있는 경우를 말하기도 한다. 오른쪽 셋백의 변화 발생 시 정의 셋백, 왼쪽 셋백의 변화 발생 시 부의 셋백으로 정의한다.

⑦ **스러스트 각(Thrust angle)**: 자동차의 기하학적 중심선과 자동차의 추진선(주행 방향선)이 이루는 각도를 말한다. 스러스트 각이 커지면 차량에 오버스티어링과 언더스티어링의 운전 특성이 나타나 운전 감각의 혼돈이 오게 된다.

(3) 조향 특성 용어

① **사이드슬립(Sideslip)** : 주행 중 타이어가 옆 방향으로 미끄러지는 현상을 의미하며 주로 토우의 조정 불량으로 일어난다. 사이드슬립 불발 시 조정 방법은 타이 로드의 길이를 조정하여 토우값을 규정 범위로 수정하는 것이다.

② **코너링 포스(Conering Force)** : 차량이 코너링할 때 원심력에 의해 차량이 바깥쪽으로 밀려 나가는 현상이 발생하며 노면과 타이어의 마찰로 타이어가 그 원심력 방향에 대응하는 힘이 발생하게 되는데 이때 발생하는 힘을 코너링 포스라고 한다.

③ **뉴트럴 스티어(Neutral Steer)** : 오버 및 언더 특성을 일으키지 않는 정상적인 조향 특성을 의미한다.

④ **오버스티어링(Oversteering)** : 선회 시 뒷바퀴의 접지력보다 원심력이 크게 작용하여 미끄러지는 현상을 말하며 최소 회전 반경이 작아지는 조향 특성을 말한다.

⑤ **언더스티어링(Understeering)** : 선회 시 앞바퀴의 접지력보다 원심력이 크게 작용하여 미끄러지는 현상을 말하며 최소 회전 반경이 커지는 조향 특성을 말한다.

9. 제동장치(Brake System)

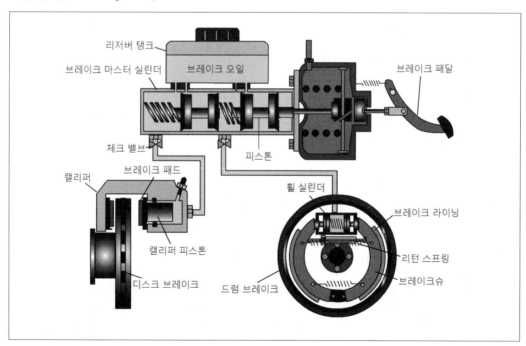

(1) **제동장치의 원리**

① **파스칼의 원리** : 밀폐된 용기 내에 힘을 가하면 모든 면에 같은 압력이 작용된다.

② **파스칼의 원리 장·단점**

　㉠ 장점 : 작동장치의 원격제어가 가능하고, 모든 바퀴에 같은 압력을 균일하게 전달할 수 있다.

　㉡ 단점 : 유압 계통의 파손 시 제동력이 상실되며 유압라인 내에 공기가 차거나 베이퍼록 현상이 발생하기 쉽다.

(2) **제동장치의 구조**

① **마스터 실린더** : 브레이크 패달의 압력에 의해 유압이 발생하는 곳이며 브레이크의 안정성 확보를 위해 2개의 유압회로로 구성되어 있는 탠덤 마스터 실린더가 주로 사용되고 있다.

② **브레이크 파이프** : 강철제 파이프로 마스터 실린더에서 발생한 브레이크 액을 휠 실린더 또는 캘리퍼에 공급하는 역할을 한다.

③ **휠 실린더(Wheel Cylinder)** : 뒷바퀴의 드럼식 브레이크에서 라이닝을 확장시켜 라이닝을 드럼에 밀착시키는 역할을 한다.

④ **캘리퍼(Caliper)** : 실린더에 공급된 오일 압력에 의해 피스톤이 작동하여 패드를 디스크에 밀착시키는 역할을 한다.

⑤ **체크 밸브(Check Valve)** : 브레이크 파이프 내에 잔압($0.6 \sim 0.8 kgf/cm^2$)을 형성하여 베이퍼록을 방지하고 제동성 향상을 돕는다.

(3) **디스크 브레이크와 드럼 브레이크 비교**

① **페이드 현상** : 디스크 브레이크와 드럼 브레이크의 구분 방법 중 가장 기준이 되는 것은 페이드 현상을 들 수 있다. 페이드 현상이란 라이닝이나 패드가 마찰열에 의해 마찰계수가 작아져 브레이크가 밀리는 현상을 말한다. 디스크 브레이크가 드럼 브레이크보다 페이드 현상이 적다. 디스크가 대기 중에 노출이 되어 방열성이 좋고 페이드 현상이 적으며 브레이크가 한쪽만 드는 일이 적다.

② **브레이크 패드** : 디스크 브레이크는 마찰 면적이 드럼보다 작아 패드를 미는 힘을 크게 해야 한다. 강도가 큰 재료로 패드를 제작하여야 하며, 브레이크를 밟는 힘도 커야 한다.

(4) **전자 제어 주행 안정 장치의 종류**

① **ABS(Anti-lock Brake System)** : 제동 시 조향 안정성 확보와 제동거리 단축이 목적이다.

　㉠ ABS의 제어 방법 : 주행 차량의 속도와 바퀴 속도의 슬립율을 비교하여 최대의 제동력을 얻기 위한 유압제동장치가 각 바퀴의 회전속도를 조절한다. 슬립율은 20% 전후에서 가장 높은 노면과 타이어의 마찰계수를 얻을 수 있어 ABS의 작동은 슬립율 20%대에서 작동된다.

    ⓒ ABS의 구성

      • ABS ECU : 휠 스피드 센서로부터 얻은 바퀴의 속도와 차량 주행 속도 센서를 이용하여 바퀴와 차량의 슬립율을 계산하고 ABS 작동 여부를 결정한 다음 하이드롤릭 유닛 내의 밸브 및 모터를 구동하여 유압을 증압, 감압, 유지하여 ABS 브레이크를 작동시킨다.

      • 하이드롤릭 유닛(Hydraulic Unit) : 일반 브레이크가 작동되는 기본 1차 유로와 ABS 작동 시 이용되는 2차 유로가 있으며 모터의 구동력을 받아 제어 펌프가 작동되어 유압이 증압, 감압, 유지된다.

      • 모터(Motor) : 펌프를 구동시키는 전기모터이다.

      • 휠 스피드 센서(Wheel Speed Sensor) : 바퀴의 회전속도를 감지하여 ECU에 신호를 보낸다.

② EBD(Electronic Brake force Distribution) : 기계적 방식이 아닌 전자적으로 뒷바퀴의 제동력 분배를 제어하는 시스템을 EBD라 하며 이는 기존 ABS 시스템을 이용하여 프로그램적으로 제어하고 있다.

③ TCS(Traction Control System) : TCS는 바퀴의 구동력 제어장치를 말한다. 자동차가 미끄러운 노면 또는 빗길에서 순간 가속할 때 노면과 타이어 간의 슬립 발생 시 구동력을 제어하여 주행 안정성을 확보하는 장치이다.

④ VDC(Vehicle Dynamic Control) : ABS 제어와 EBD 제어, 그리고 TCS 기능을 포함하고 여기에 차량의 자세를 안정적으로 유지하기 위한 센서로 모멘트 제어와 자동감속 제어를 동시에 사용하는 시스템을 말한다.

⑸ 공기식 브레이크 시스템의 구조

① 공기식 브레이크의 장점

    ㉠ 차량 중량의 제한을 받지 않는다.

    ㉡ 공기가 다소 누출되어도 제동 성능이 현저하게 저하되지 않는다.

    ㉢ 베이퍼록 발생 염려가 없다.

    ㉣ 페달을 밟는 양에 따라 제동력이 조절된다.

② 공기식 브레이크의 단점

    ㉠ 공기압축기의 구동에 엔진의 출력이 소모된다.

    ㉡ 구조가 복잡하고 가격이 비싸다.

③ 공기 브레이크의 구조

    ㉠ 공기압축기(Air Compressor) : 구동력을 이용하여 압축 공기를 생산하는 역할을 한다.

    ㉡ 압력조정기(Pressure Regulator) : 공기압축기의 압력을 5~7kgf/cm²으로 조정한다.

    ㉢ 언로더 밸브(Unloader Valve) : 압축기의 압력을 일정하게 유지하는 역할을 한다.

    ㉣ 브레이크 밸브(Brake Valve) : 브레이크 페달을 밟는 힘에 따라 제동력의 크기를 제어한다.

    ㉤ 퀵 릴리스 밸브(Quick Release Valve) : 브레이크 밸브를 통해 나온 공기를 앞 브레이크 챔버에 공급하는 역할을 한다.

ⓑ 릴레이 밸브(Relay Valve): 브레이크 밸브를 통해 나온 공기를 뒤 브레이크 체임버에 공급하는 역할을 한다.

ⓢ 브레이크 체임버: 공기압력 에너지를 기계적 에너지로 변환하는 장치

(6) 감속 브레이크(Retarder Brake, 제3브레이크)

① 배기식: 배기관을 막아 기관의 내부 압력을 높여 엔진의 토크를 줄이는 방식이다.

② 전기식: 와전류를 이용한 방식으로 추진축의 회전속도를 줄이는 방식이다.

③ 공기식: 제동 시 배플(baffle)을 내밀어서 공기 역학적인 방법을 이용한 방식이다.

④ 유체식: 차량의 운동에너지를 유체의 열로 흡수

⑤ 엔진브레이크: 기관의 회전저항을 이용한 감속 방법이다.

10. 타이어

(1) 타이어의 구조 및 명칭

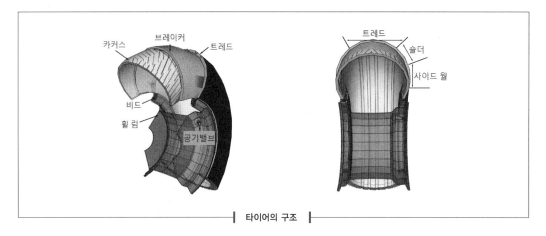

│ 타이어의 구조 │

① 트레드(Tread): 노면과 접촉되는 두꺼운 고무층을 말한다.

② 브레이커(Breaker): 트레드와 카커스 사이에 있는 코드층이며 외부의 충격을 흡수

③ 카커스(Carcass): 타이어의 골격공기압을 유지시켜주는 역할을 한다.

④ 사이드 월(Side Wall): 비드와 트레드 사이의 옆 부분을 말한다.

⑤ 비드(Bead): 휠림에 접촉하는 부분을 말한다.

⑥ 숄더(Shoulder): 타이어의 어깨 부분을 말한다.

(2) 타이어의 분류

① 고압 타이어: $4.2kgf/cm^2$ 공기압을 사용하는 타이어로 대형 트럭이나 버스 등에 사용된다.

② 저압 타이어: $1.4~2.8kgf/cm^2$ 공기압을 사용하는 타이어로 승용차에 사용된다.

③ 초저압 타이어: $1.4~1.7kgf/cm^2$ 공기압을 사용하는 타이어로 폭이 넓고 공기량이 많다.

④ 튜브리스타이어(Tubeless Tire) : 타이어 내부에 튜브가 없는 대신에 이너라이너라는 기밀이 좋은 고무층을 둔다.

⑤ 바이어스 타이어(Bias Tire) : 카커스를 구성하고 있는 코드가 타이어 주행 방향을 중심으로 약 38°의 각을 이루고 있는 타이어다. 타이어가 부드럽고 승차감이 우수하지만 굴신력에 약한 단점이 있다.

⑥ 레이디얼 타이어(Radial Tire) : 카커스 코드가 타이어 주행 방향을 중심으로 약 90°의 각을 이루고 있는 타이어다. 타이어가 딱딱하고 강성이 있어 굴신력이 강해 선회 시 조종 안정성이 좋고 미끄러움이 적어 견인력이 좋다.

⑦ 스노타이어(Snow Tire) : 겨울용 타이어로 눈이 쌓인 노면 주행 시에도 체인을 사용하지 않고도 미끄러움이 없는 특수 타이어이다. 접지면적이 일반타이어보다 10~20% 정도 넓으며 홈의 깊이도 50~70% 더 깊어 견인력이 매우 우수하다. 급제동과 급출발을 삼가는 것이 좋으며 타이어 마모가 50% 이상 마모 시 기능이 저하되어 체인을 병용해야 안전하다.

(3) 타이어의 표시 기호

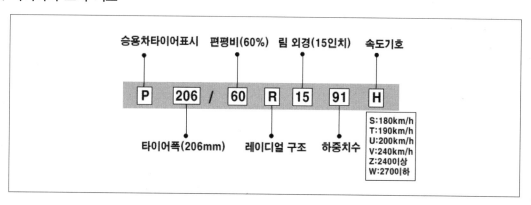

(4) 트레드의 패턴

① 리브(Rib) : 차량 주행 방향으로 연속된 패턴. 진행 방향이 연속되어 회전저항이 적고 승차감이 우수하며 고속 주행에 안정성을 준다.

② 러그(Lug) : 차량 주행 방향과 직각 방향으로 배열된 패턴. 숄더 부분의 방열이 우수하고 강력한 견인력을 발휘하여 제동성능과 구동력이 좋다.

③ 리브러그(Rib-lug) : 리브와 러그의 혼합형 패턴. 고속도로나 험한 악로에서도 우수한 견인력을 갖추고 있어 고속버스나 트럭 등에 사용된다.

④ 블록(Block) : 독립된 블록들로 구성된 패턴. 모랫길이나 눈길 등의 도로를 다지면서 주행하여 미끄러움을 방지할 수 있다. 주행 중 소음이 많이 발생할 수 있다.

⑤ 오프더로드(Off the Road) : 러그형보다 매우 강력한 견인력으로 진흙 길에서도 우수한 견인력을 보이며 건설기계용으로 사용된다.

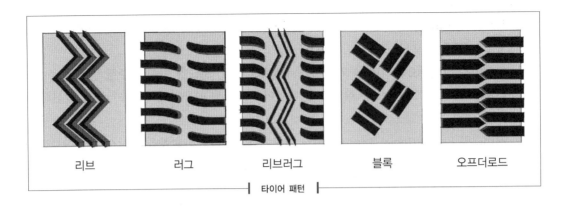

| 리브 | 러그 | 리브러그 | 블록 | 오프더로드 |

┤ 타이어 패턴 ├

05 자동차 전기

1. 기초전기

(1) 전류, 저항, 전압

① 전류 : 자유전자의 흐름을 말한다. 임의의 한점을 초당 1쿨롱(Coulomb)의 전하가 통과할 때 1A가 흘렀다고 한다.

$$1(쿨롱) = 6.24 \times 10^{18} 개의 \ 전자 \ 수$$

㉠ 발열작용 : 도체에 전류가 흐르면 발열을 일으키는 작용(전기히터, 전구 등)
㉡ 자기작용 : 도체에 전류가 흐르면 주변에 자기현상이 발생한다.(전자석, 릴레이 등)
㉢ 화학작용 : 전해액에 전류가 흐르면 화학작용이 발생한다.(축전지의 충전·방전 작용)

② 저항 : 도체 속의 원자와 충돌하여 전자의 흐름을 방해하는 성질(단위 : Ω)

③ 옴의 법칙 : 도체에 흐르는 전류는 전압에 비례하고 그 도체의 저항에는 반비례한다는 법칙이다.

$$저항(R) = 전압(V), \ 저항(R) = \frac{1}{전류(A)}, \ 따라서 \ 저항(R) = \frac{전압(V)}{전류(A)}$$

(2) 저항의 연결법

전압과 전류를 제어할 목적으로 저항을 적절하게 직렬과 병렬로 연결하여 사용한다.

① 직렬저항 : $R = R_1 + R_2 + R_3 \cdots + R_n$

② 병렬저항 : $\dfrac{1}{R} = \dfrac{1}{R_1} + \dfrac{1}{R_2} + \dfrac{1}{R_3} + \cdots\cdots + \dfrac{1}{R_n}$

(3) **키르히호프의 법칙**

① 키르히호프의 제1법칙(전류 법칙): 회로 내의 어떤 한 점을 통하여 들어오는 전류와 나가는 전류의 총합은 같다.

② 키르히호프의 제2법칙(전압 법칙): 임의의 폐회로에서 기전력의 총합과 전하에 의한 전압강하된 전압의 총합은 같다.

(4) **전력과 전력량**

전기가 하는 일을 전력이라 하며 단위시간당 한 일을 전력량이라 한다.

(5) **직류(Direct Current)와 교류(Alternating Current)**

① 직류 : 시간이 경과함에 따라 전압의 크기와 방향이 변화하지 않는 전기를 의미한다.

② 교류 : 시간이 경과함에 따라 전압의 크기와 방향이 변화하는 전기를 의미한다.

2. 기초전자

(1) **반도체 개요**

도체와 부도체의 중간적 성질을 갖는 물질을 반도체라고 한다.

(2) **반도체의 특징**

① 일반적인 금속은 온도가 올라가면 저항이 상승하지만 반도체는 저항이 감소한다.

② 반도체에 섞여 있는 불순물의 양에 의해 저항의 세기 조절이 가능하다.

③ 빛에 의해 저항이 증감하는 광전효과가 있다.

④ 자력을 받으면 전도가 변화는 홀(Hall) 효과가 있다.

⑤ 극히 소형화가 가능하고 내부의 전력손실이 적다.

⑥ 열에 매우 약하다.

⑦ 게르마늄(Ge)은 80℃, 실리콘(Si)은 180℃ 정도까지 견딜 수 있다.

(3) **반도체 소자의 종류**

① 다이오드(Didoe): 전류가 한쪽 방향으로만 흐르는 반도체이다.

② 제너 다이오드(Zener Diode): 일반 다이오드와 같은 기능을 하지만 일정한 전압 이상 역방향 전압을 가하면 역방향으로 전류가 흐르는 특성을 갖고 있으며 자동차에서는 회로보호 및 발전기 전압 조정용으로 사용되고 있다.

③ 트랜지스터(Transistor): 일명 TR이라고도 하며 N형 반도체와 P형 반도체가 조합된 형태에 따라 NPN, PNP 두 종류가 있다. 증폭작용과 스위치 작용의 기능을 한다.

④ 달링톤 트랜지스터(Darlington Transistor): 두 개의 트랜지스터를 결선하여 증폭율을 극대화한 반도체 소자로서 아주 작은 전류로도 큰 전류를 제어할 수 있고 점화장치 회로의 파워 TR에 이용되고 있다.

⑤ 포토다이오드(Photodiode) : 빛을 받으면 제너 다이오드처럼 역방향의 전류가 흐르는 특징을 갖고 있으며 적외선 감지, 레이저 감지, 일반 빛 감지 포토트랜지스터가 있다. 자동차에서는 광학식 크랭크 각 센서 등에서 이용되고 있다.

⑥ 발광다이오드(Light-emitting Diode) : LED라고도 하며 다이오드처럼 순방향으로만 전류가 흐르며 빛을 내는 특성을 가진 반도체 소자이다.

⑦ 사이리스터(SCR : Silicon Controlled Rectifier) : 사이리스터는 애노드(Anode), 캐소드(Cathode), 게이트(Gate)로 불리는 세 개의 단자가 있으며 게이트에 전원을 입력하면 애노드에서 캐소드 쪽으로 전류가 흐르는 특성이 있어 트랜지스터처럼 스위칭회로로 사용되는데 트랜지스터는 베이스의 전원 차단 시 컬렉터와 이미터 사이의 전원이 차단되지만 사이리스터는 게이트의 전원을 차단해도 계속 전류가 흐르는 특수 반도체이다.

⑧ 서미스터(Thermistor) : 온도 변화에 따라 저항값이 변하는 반도체 소자를 서미스터라고 하며 온도와 저항이 비례하는 정특성 서미스터(PTC : Positive Temperature Coefficient-thermistor) 와 온도와 저항이 반비례하는 부특성 서미스터(NTC : Negative Temperature Coefficient-thermistor) 가 있다. PTC 서미스터는 정온 발열, 과전류 보호용 등에 사용되며 NTC 서미스터는 흡기 온 도 센서, 냉각수온 센서, 에어컨 온도 센서, 연료 경고 스위치 등 주로 온도 감지용 센서에 이용 된다.

3. 축전지

(1) 축전지의 기능

축전지는 시동 시 전기적 부하를 모두 담당하고 주행 시 발전기와 부화의 전기적 평형을 조절하 여 전기를 공급하는 역할을 한다.

(2) 축전지의 종류

① 1차 전지 : 화학적 에너지를 전기적 에너지로만 변환하는 전지(1회용 전지)

② 2차 전지 : 화학적 에너지를 전기적 에너지로 변환하기도 하고 전기적 에너지를 화학적 에너 지로도 변환이 가능한 전지(충전이 가능한 전지)

(3) 축전지의 구조

① 극판 : 양극, 음극 따위의 전극에 쓰이는 도체의 판으로 (+)극판에 과산화납(PbO_3)과 (−)극 판에 해면상의 납(Pb)으로 이루어져 있다. (−)극판이 (+)극판보다 1장 더 많다. [(+)극판의 결합력이 (−)극판보다 약해서 황산의 침투가 수월하고 화학반응이 활발하다.]

② 격리판 : 양극판과 음극판의 단락 방지를 위한 절연 물질이며 전해액 확산을 위해 다공성이 어야 한다.

③ 극판군 : (＋)극판과 (－)극판을 서로 엇갈리게 묶어놓은 극판을 말하며 한 쌍의 극판군을 셀 (Cell)이라 한다. 하나의 극판군에는 2.1V의 셀당 충전전압이 발생하고 6개의 셀을 직렬 연결하여 12V가 된다.

④ 단자 기둥 : (＋)단자가 (－)단자보다 더 굵은 구조를 이루고 있다.

⑤ 전해액 : 증류수와 황산의 혼합비율은 증류수 65%, 황산 35% 비율로 증류수에 황산을 붓고 유리막대로 저어서 만든다.

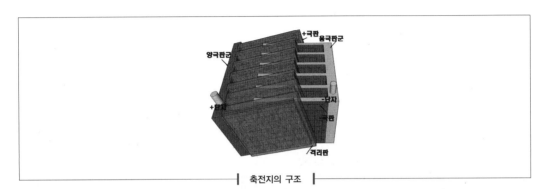
├─ 축전지의 구조 ─┤

(4) 방전 종지 전압과 자기 방전

① 방전 종지 전압 : 셀당 충전 전압이 2.1V(총충전전압 12.6V)에서 셀당 1.75V(총방전전압 10.5V) 이하가 되면 배터리의 기능을 상실하는데 이때의 셀당 1.75V의 전압을 방전 종지 전압이라고 하며 과방전 시 극판의 질이 저하되어 충전을 해도 충전이 불가한 상태로 변화하기 때문에 과방전을 삼가야 한다.

② 자기 방전 : 자기 방전이란 배터리를 사용하지 않아도 스스로 방전되는 것을 말하며 온도와 비중에 비례해서 자기 방전율이 높아진다.

(5) 축전지의 용량 표기법

① 20시간율 : 일정한 전류로 20시간 연속 방전 시 방전 종지 전압까지 방전하였을 때의 전기량을 표기한 것이다.

② 25A율(RC) : 매시 25A로 방전 시 방전 종지 전압에 이를 때까지 소요된 시간률로 표시한 것이다.

③ 냉간율(CCA) : 혹한 조건(−18℃)에서 차량 시동에 필요한 전류를 공급할 수 있는 능력으로써 저온 방전 종지 전압 7.2V까지 30초 이상은 유지시킬 수 있는 능력을 의미한다.

(6) 축전지의 충전 방법

① 정전류 충전 방법 : 축전지 용량의 약 10%에 해당하는 전류로 충전하는 것을 말한다.

② 단계 전류 충전 방법 : 충전 중 전류를 단계적으로 감소시키는 방법의 충전법이다.

③ 정전압 충전 방법 : 충전 시작부터 끝까지 일정한 전압으로 충전하는 방법이다.

④ 급속 충전법 : 축전지 용량의 약 50%의 전류로 충전하는 방법이다.

⑺ 축전지 연결법

① **직렬연결**: 축전지 전체 용량은 변함이 없고, 전압이 2배 증가한다.

② **병렬연결**: 전압은 변함이 없고 용량이 2배가 되어 사용시간이 증가한다.

③ **축전지 연결 시 주의사항**: 축전지를 차체에 연결 시 (＋) 절연 케이블을 먼저 연결하고 (－) 접지 케이블은 나중에 연결한다. 축전지를 차체에서 탈거 시 (－) 접지 케이블을 먼저 탈거하고 (＋) 절연 케이블을 나중에 탈거한다.

4. 기동 전동기

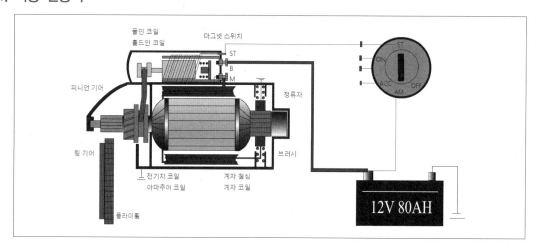

⑴ **기동 전동기의 원리**

플레밍의 왼손법칙을 이용

⑵ **기동 전동기의 종류(계자 코일과 전기자 코일의 결선 방식에 따른 종류)**

① **직권식 전동기**: 계자 코일과 전기자 코일의 권선 방식이 직렬로 연결

② **분권식 전동기**: 계자 코일과 전기자 코일의 권선 방식이 병렬로 연결

③ **복권식 전동기**: 계자 코일과 전기자 코일의 권선 방식이 직렬과 병렬을 혼합한 구조

⑶ **동력전달방식에 따른 종류**

① **벤딕스식**: 피니언의 관성을 이용하여 피니언이 플라이휠의 링 기어에 물리는 방식

② **전기자 섭동식**: 피니언과 전기자가 일체이며 계자 중심과 전기자 중심이 편심이 되어 있어 전원을 인가하면 계자 중심과 전기자 중심이 일치되면서 피니언이 플라이휠의 링 기어에 물리는 방식이다.

③ **피니언 섭동식**: 피니언과 링 기어의 물림이 좋지 않은 문제점을 보완한 방식이며, 피니언을 링 기어에 먼저 물린 다음 전기자가 회전하는 방식이다.

(4) 기동 전동기의 성능점검

기동 전동기 성능 시험에 필요한 장비는 축전지, 회전계, 전압계, 전류계, 가변저항, 점프와이어가 있으며 성능시험의 종류에는 무부하시험, 저항시험(부하시험), 회전력 시험, 회로 시험 등이 있다.

① 무부하시험(No-load Test) : 기동 전동기를 차량에서 떼어내서 회전계를 설치한다. 전압계는 회로에 병렬로 연결하고 전류는 회로와 직렬로 연결 후 전원 인가 시 전압과 전류를 측정하여 기동 전동기의 이상 여부를 판정하는 시험을 말한다.

② 회전력 시험(Torque Test) : 피니언에 브레이크를 걸고 브레이크 암의 끝에 스프링 저울을 연결하여 기동 전동기를 구동시킬 때 저울의 장력과 브레이크 암의 길이를 곱하여 스톨 토크(Stall Torque)를 측정한다.

③ 저항 시험(Resistance Test) : 정지 회전력 부하 상태에서 시험을 하며 가변저항을 조정하여 규정의 전압을 인가 후 그때의 전압과 전류를 측정하여 기동 전동기 전원 공급원의 축전지의 이상 여부를 판정한다.

④ 회로 시험 : 12V 축전지인 경우 축전지와 기동 전동기 배선 사이의 전압강하가 0.2V 이하인 경우를 배선이 양호한 것으로 판정한다.

(5) 기동 전동기의 고장진단

① 기동 전동기의 회전이 느린 경우
  ㉠ 축전지 불량
  ㉡ 축전지 케이블의 접속 불량
  ㉢ 정류자와 브러시의 마모 및 접촉 불량
  ㉣ 계자 코일의 단락 및 브러시 스프링의 장력 약화
  ㉤ 전기자 코일의 접지
  ㉥ 전기자축의 베어링의 고착

② 기동 전동기 전기자가 회전하면서 피니언이 링 기어에 물리지 않는 경우
  ㉠ 피니언과 링 기어의 심한 마모
  ㉡ 마그넷 솔레노이드 스위치 작동 불량
  ㉢ 오버러닝 클러치의 불량
  ㉣ 시프트 레버의 작동 불량

③ 기동 전동기가 회전하지 못하는 경우
  ㉠ 축전지의 완전 방전
  ㉡ 솔레노이드 스위치의 불량
  ㉢ 전기자 코일 및 계자 코일의 단선
  ㉣ 브러시와 정류자의 과대한 접촉 불량

5. 충전장치

(1) 개요

충전장치는 자동차 시동 시 방전된 배터리를 충전하고 주행 시 자동차에 필요한 전원공급을 하는 역할을 한다.

(2) 직류발전기와 교류발전기의 장단점 비교

구분	직류(DC)발전기	교류(AC) 발전기
여자방식	자여자방식	타여자방식
조정기	전압조정기, 전류조정기, 컷아웃 릴레이(역류 방지기)	전압조정기만 필요하다.
공전 시 충전 능력	공전 시 발전이 어렵다.	공전 시 발전이 가능하다.
교류가 발생하는 곳	전기자 코일	스테이터 코일
교류를 직류로 정류	정류자	다이오드
회전체	전기자	로터
전자석	계자 철심	로터

(3) 발전기의 원리

① 직류발전기 : 플레밍의 오른손 법칙을 이용한다.

② 교류발전기 : 렌츠의 법칙을 이용한다.

(4) 교류발전기의 구조

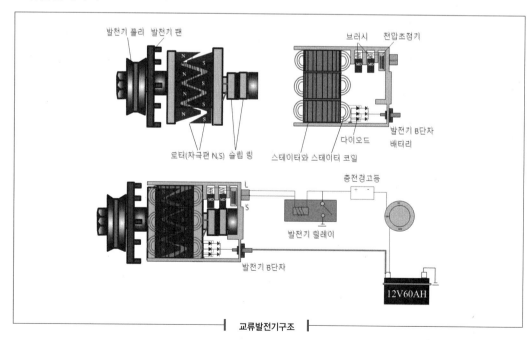

교류발전기구조

25

① 로터(Rotor) : 크랭크축 풀리와 벨트로 연결되어 회전하는 부분이며 로터의 철심인 자극편 안에 로터 코일이 감겨 있고 코일의 양쪽 끝은 슬립 링에 연결되어 있어 브러시로부터 전원을 공급받으면 자극편은 N극과 S극으로 자화된다.

② 스테이터(Stator) : 스테이터 코일과 철심으로 구성되어 프레임에 고정되고 로터의 자력 변화에 의해 교류전기를 만들어 내는 곳이며 코일의 결선 방식에 따라 Y 결선과 Δ(델타) 결선 방식이 있다.

③ 정류 다이오드 : 스테이터 코일의 3상 교류를 정류하기 위하여 (+) 다이오드 3개와 (−) 다이오드 3개 총 6개의 다이오드가 있으며 다이오드에서 발생하는 열의 방열을 위하여 히트 싱크 내에 설치되어 있다. 다이오드를 통해 정류된 직류전기는 B단자를 통해 밖으로 나와 축전지를 충전하고 각 전기장에 전원을 공급한다.

6. 점화장치

(1) 점화장치의 개요

가솔린 엔진은 혼합기를 실린더에 흡입 압축하여 불꽃에 의해 연소되는 점화 방식을 택하고 있는데 이때 스파크 불꽃을 일으킬 때 필요한 장치를 점화장치라 한다. 구성요소로는 축전지, 점화코일, 고압 케이블, 점화플러그 등이 있다.

(2) 점화장치의 고압 발생 원리

① 자기 유도 작용 : 임의의 회로에 흐르는 전류를 차단하면 기존에 흐르는 전류의 흐름을 방해하는 방향으로 새로운 기전력이 발생하는 현상을 말한다.

② 상호 유도 작용(변압기, 점화코일의 원리 응용) : 절연되어 있는 두 개의 코일 중 하나의 코일에 흐르는 전류를 단속하면 다른 하나의 코일에 새로운 기전력이 발생하는 현상이다.

(3) 점화플러그

스파크 플러그의 열 발산 능력을 수치로 표현한 것을 열가(Heat Range)라고 한다.

(4) 점화시기

점화시기(Ignition Timing)는 압축된 혼합기에 언제 점화시키는가 즉, 스파크 플러그(Spark Plug)에서 전기 불꽃을 발생시키는 타이밍(Timing)을 말한다.

7. 등화장치

(1) 배선

-40℃~100℃에서도 탄성을 유지하고 절연기능을 갖춘 합성수지 절연물로 도선을 보호하고 있다.

(2) 배선방식

① 단선식 : 단선식은 부하의 한쪽 끝을 차체에 접지하고 전원 배선 한 개의 선으로 연결한 것을 말하며 부하가 작은 회로에 주로 사용된다.

② 복선식 : 복선식은 전원과 접지 쪽 모두 전선을 이용하고 있으며 부하가 큰 회로에 사용되며 특히 자동차에서는 전조등 회로에 복선식이 이용되고 있다.

8. 안전 및 편의 장치

(1) 경음기

진동판을 진동시켜 음을 발생시키며 진동판의 진동방식에 따라 전기식과 압축공기를 이용하는 공기식이 있고 소리의 크기를 조절하는 음량 조절식이 있다.

(2) 에어백(Air-bag)

에어백은 충격 센서와 에어백 제어 모듈을 통해 차량 충돌 시 탑승자를 보호하기 위한 안전 보조 장치(SRS : Supplemental Restraint System)이며 안전벨트와 함께 사용해야 최고의 효과를 얻을 수 있다. 프리텐셔너(Pretensioner)를 적용한 시트 벨트는 충동 시 운전자를 시트에 구속시키는 기능을 한다.

9. 냉방장치

(1) CCOT(Clutch Cycling Orifice Tube) 방식

'컴프레서(압축기) - 콘덴서(응축기) - 오리피스 튜브 - 에바포레이터(증발기) - 어큐뮬레이터 - 컴프레서(송풍기)'의 사이클이다.

① 압축기 : 냉매를 고온 고압의 기체로 압축하여 콘덴서로 보낸다.

② 응축기 : 고온 고압의 기체를 냉각시켜 고온 고압의 액체로 상태변화시킨다.

③ 오리피스 튜브 : 고온·고압 상태인 응축기의 냉매를 증발기 쪽으로 공급하고 저온 저압의 습 증기 냉매의 흐름을 제어한다.

④ 증발기 : 팽창 밸브를 통하여 증발하기 쉬운 액체 냉매가 증발기를 통과하면서 더운 공기에 의해 액체 냉매가 기화되고 주변 공기의 온도를 저하시킨다.

⑤ 어큐뮬레이터 : 증발기 내의 증발되지 못한 액체 상태의 냉매를 증기화하여 압축기로 보낸다.

⑥ 송풍기 : 증발기 주변의 차가운 공기를 차 실내로 보내는 역할을 한다.

(2) TXV(Thermal expansion valve) 방식

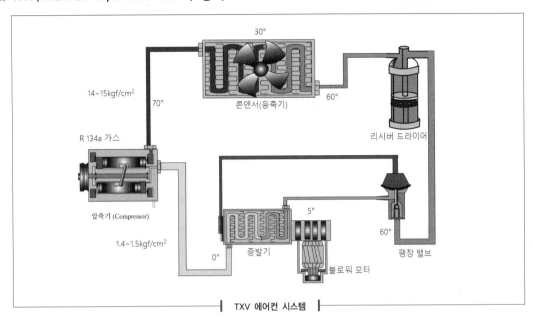

14~15kgf/cm²

70°

30°

콘덴서(응축기)

60°

리시버 드라이어

R 134a 가스

압축기 (Compressor)

1.4~1.5kgf/cm²

0°

증발기

5°

블로워 모터

60°

팽창 밸브

| TXV 에어컨 시스템 |

'컴프레서(압축기) − 콘덴서(응축기) − 리시버 드라이어 − 팽창 밸브 − 에바포레이터(증발기) − 컴프레서(송풍기)'의 사이클이다.

① **압축기**: 냉매를 고온 고압의 기체로 압축하여 콘덴서로 보낸다.

② **응축기**: 고온 고압의 기체를 냉각시켜 고온 고압의 액체로 상태변화시킨다.

③ **리시버 드라이어**: 응축기에서 보낸 냉매를 일시 저장하고 수분 제거하는 기능을 한다

④ **팽창 밸브**: 고압의 액체 냉매를 감압하여 무화 상태의 기체로 변환한다.

⑤ **증발기**: 팽창 밸브를 통하여 증발하기 쉬운 액체 냉매가 증발기를 통과하면서 더운 공기에 의해 액체 냉매가 기화되고 주변 공기의 온도를 저하시킨다.

⑥ **송풍기**: 증발기 주변의 차가운 공기를 차 실내로 보내는 역할을 한다.

확인학습

01 교류발전기에서 직류발전기의 전기자와 같은 일을 하는 것은?

① 실리콘다이오드   ② 로터

③ 전압조정기   ④ 브러쉬

해설 다음은 직류발전기와 교류발전기를 비교한 표이다.

구분	직류(DC)발전기	교류(AC)발전기
여자방식	자여자방식	타여자방식
조정기	전압조정기, 전류조정기, 컷아웃 릴레이(역류 방지기)	전압조정기만 필요하다.
공전 시 충전 능력	공전 시 발전이 어렵다.	공전 시 발전이 가능하다.
교류가 발생하는 곳	전기자 코일	스테이터 코일
교류를 직류로 정류	정류자	다이오드
회전체	전기자	로터
전자석	계자 철심	로터

따라서 교류발전기에서 직류발전기의 전기자와 같은 일을 하는 것은 로터이다.

02 디젤기관의 단점으로 옳지 않은 것은?

① 제작비가 비싸다.

② 회전속도가 가솔린보다 적다.

③ 마력당 중량이 크고, 진동과 소음이 크다.

④ 열효율이 낮고, 연료 소비율이 높다.

해설 디젤기관의 단점은 다음과 같다.

1. 높은 압축비로 폭발압력이 커서 기관을 튼튼하게 만들어야 하므로 마력당 중량이 크다.
2. 진동과 소음이 크다.
3. 회전속도가 가솔린보다 적다.
4. 제작비가 비싸다.

03 다음 중 윤활장치의 구성 부품으로 옳지 않은 것은?

① 오일 팬   ② 섬프

③ 배플   ④ 압력식 캡

해설 압력식 캡은 수냉식 냉각장치의 구성 부품이다.

04 변속기에서 싱크로나이저 링의 역할로 옳은 것은?

① 이중 기어가 물리는 것을 방지한다.

② 기어변속 후 기어가 빠지는 것을 방지한다.

③ 기어를 넣을 때 허브기어와 단기어의 속도를 일치시킨다.

④ 소음과 진동을 방지한다.

해설 싱크로나이저 링은 기어를 넣을 때 허브기어와 단기어의 속도를 일치시키는 역할을 한다.

05 2기통에 주로 사용되는 윤활방식으로 옳은 것은?

① 비산식   ② 압력식

③ 비산 압력식   ④ 혼기식

해설 단기통이나 2기통의 윤활방식은 주로 비산식이 대표적이다.

06 다음 중 공기 브레이크의 부품으로 옳지 않은 것은?

① 릴레이 밸브   ② 브레이크 밸브

③ 브레이크 체임버   ④ 하이드로 에어백

해설 하이드로 에어백은 공기 브레이크 부품에 포함되지 않는다.

07 다음 중 전기자동차의 모터에 대한 설명으로 옳지 않은 것은?

① 전기자동차에서 동력을 발생하는 장치이다.

② 모터에서 발생한 동력은 회전자 축과 연결되어 있는 감속기와 드라이브 샤프트를 통하여 구동 바퀴에 전달된다.

③ 높은 구동력과 출력으로 가속과 등판 및 고속 운전에 필요한 동력을 제공한다.

④ 일정한 감속비로 모터에서 입력되는 동력을 자동차 차축으로 전달한다.

해설 전기자동차의 감속기에 대한 설명이다. 전기자동차용 감속기는 일반 가솔린 차량의 변속기와 같은 역할을 하지만 여러 단이 있는 변속기와는 달리 일정한 감속비로 모터에서 입력되는 동력을 자동차 차축으로 전달하는 역할을 한다.

Answer   **01.** ② **02.** ④ **03.** ④ **04.** ③ **05.** ① **06.** ④ **07.** ④

Chapter 02 기계기능이해

01 기계 일반

1. 기계

외부로부터 에너지를 받아 일정한 운동을 하여 유용한 일을 하는 일련의 장치를 말한다.

2. 기계의 조건

(1) 여러 개의 부품으로 구성되어 있어야 한다.

(2) 적절한 구속을 받아 운동이 제한적이어야 한다.

(3) 구성 부품은 저항력에 견딜 수 있도록 강도를 가져야 한다.

(4) 유효한 일을 해야 한다.

3. 기계의 구성

외부로부터 동력을 받아들이고, 전달받은 동력을 이용하여 일을 하는 데 있어 기계의 작동을 위해 부품을 고정하거나 받쳐주는 부분으로 구성되어 있어야 한다.

4. 기계의 기본 원리

(1) 빗면의 원리

빗면을 사용하여 물체를 끌어당길 때 한 일의 양은 같은 높이까지 물체를 직접 들어 올릴 때 한 일의 양과 같다. 빗면의 기울기가 작을수록 이동 거리는 길어지고 힘은 작아진다.

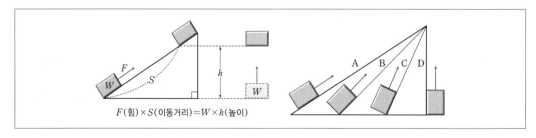

$$F(\text{힘}) \times S(\text{이동거리}) = W \times h(\text{높이})$$

빗면의 기울기	A < B < C < D
물체의 이동 거리	A > B > C > D
물체를 끌어당기는 힘	A < B < C < D
일의 양	A = B = C = D

(2) 지렛대의 원리

① 지레의 원리는 아르키메데스가 발견했다.

② 지레의 막대를 받치거나 고정된 점을 받침점, 외부힘이 가해지는 점을 힘점, 지레가 물체에 힘을 작용하는 점을 작용점이라 한다.

③ 힘점과 작용점 사이에 작용한 힘과 각 점과 받침점 사이의 거리의 곱은 서로 같다는 원리이다. 작용점과 받침점 사이의 거리를 a, 힘점과 받침점 사이의 거리를 b라고 하고, 물체의 무게를 W, 힘점에 가해준 힘을 F라고 하면, $a \times W = b \times F$가 성립한다.

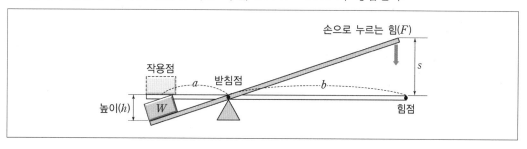

(3) 도르래의 원리

① 도르래는 둥근 바퀴에 튼튼한 줄을 미끄러지지 않도록 감아 무거운 물체를 들어 올리는 데 사용하는 도구이다. 이 도르래는 지레와 함께 고대 그리스나 로마에서도 사용했다는 기록이 남아 있으며 가장 기본이 되는 도르래는 고정 도르래와 움직 도르래이다.

② **고정 도르래** : 줄을 감은 바퀴의 중심축이 고정되어 있으며 힘의 이득을 볼 수는 없지만 힘의 작용 방향을 바꿀 수 있는 장점이 있다.(힘의 이득을 보기 위해서는 움직 도르래를 사용하여야 한다.)

③ **움직 도르래** : 도르래 축에 직접 물체를 지탱하기 때문에 줄을 당기면 물체와 함께 도르래 축의 위치도 움직인다. 움직 도르래를 사용하면 물체의 무게만 고려하였을 때 두 줄의 합력이 물체의 무게를 지탱하는 힘과 같으므로 나란한 각 줄에 걸리는 힘은 물체 무게의 1/2이 된다. 즉 물체의 무게는 각 줄에 분산되어 두 사람이 각각의 줄을 잡고 동시에 들어 올리는 효과가 나므로 움직 도르래 한 개를 사용하면 물체 무게의 1/2의 힘으로 물체를 움직일 수 있게 된다.

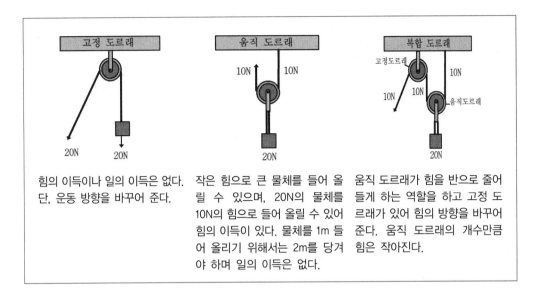

고정 도르래	움직 도르래	복합 도르래
힘의 이득이나 일의 이득은 없다. 단, 운동 방향을 바꾸어 준다.	작은 힘으로 큰 물체를 들어 올릴 수 있으며, 20N의 물체를 10N의 힘으로 들어 올릴 수 있어 힘의 이득이 있다. 물체를 1m 들어 올리기 위해서는 2m를 당겨야 하며 일의 이득은 없다.	움직 도르래가 힘을 반으로 줄어들게 하는 역할을 하고 고정 도르래가 있어 힘의 방향을 바꾸어 준다. 움직 도르래의 개수만큼 힘은 작아진다.

(4) 나사의 원리

① 직각삼각형 종이를 원기둥 표면 또는 내면에 감았을 때 삼각형의 빗면에 따라 만들어진 곡선을 나사의 곡선이라 한다.

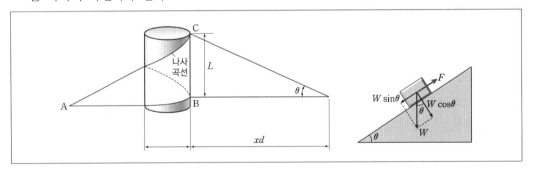

② 빗면을 이용한 일: 빗면을 이용하면 작은 힘으로도 일을 할 수 있다. 높은 산을 올라갈 때 완만한 경사를 따라 걸어가는 것이 가파른 길을 걸어갈 때보다 훨씬 힘이 적게 드는 원리와 같은 원리이다. 만약, 무게 W인 물체를 직접 위로 들어 올린다면 중력을 이겨내야 하므로 최소한 무게와 같은 힘 W가 필요하다. 하지만 빗면의 원리를 이용하면 원하는 높이까지 끌어올리는 힘$(F) = W\sin\theta$이므로 무게보다 작아지게 된다(마찰력은 없다고 가정하면 $\sin\theta$는 −1부터 1까지의 값을 갖는다). 이와 같이 빗면을 이용하면 빗면 방향으로 끌어당기는 힘은 줄일 수 있지만 직접 위로 들어 올릴 때보다 실제 움직이는 거리가 길어진다. 그래서 나사를 이용하면 나사선을 따라 길게 움직여야 하고 작은 힘으로 물체를 결합할 수 있게 되는 것이다. 만약 빗면의 경사각(θ)이 더 작아지면 기준 높이에 대한 빗면의 길이가 길어지기 때문에 나사의 피치 수는 더 많아지고, $\sin\theta$의 값은 감소하므로 나사를 사용하는 데 드는 힘은 더 줄어들게 된다.

(5) 바퀴의 이용

차륜(車輪)이라고도 한다. 바퀴는 인류의 발명품 중에서 가장 중요한 것 중 하나이며, 모든 차량의 기본적인 부품으로 사용된다. 바퀴의 역학적 원리는 미끄럼마찰(Sliding Friction)을 굴림마찰(Rolling Friction)로 변화시켜서 물체가 이동할 때의 저항을 감소시키는 데 있다.

5. 국제단위계(International System Of Units)

미터법을 기준으로 1960년 제11회 국제도량형총회(CGPM)에서 국제표준으로 확립한 단위 체계를 말한다. 여기에는 초(s, 시간), 미터(m, 길이), 킬로그램(kg, 질량), 암페어(A, 전류), 켈빈(K, 온도), 몰(mol, 물질의 양), 칸델라(cd, 광도)가 속한다.

	물리량	이름	기호
1	길이	미터(meter)	m
2	질량	킬로그램(kilogram)	kg
3	시간	초(second)	s
4	전류	암페어(Ampere)	A
5	온도	켈빈(Kelvin)	K
6	물질의 양	몰(mole)	mol
7	광도	칸델라(candela)	cd

02 기계요소의 기초

1. 개요

수많은 부품으로 구성된 기계들은 볼트, 너트, 축, 베어링, 스프링 같은 부품들로 체결되어 있으며 여러 기계에 같은 목적으로 공통되게 사용되고 있다. 이와 같이 여러 가지 기계에 공통적으로 사용되는 비교적 간단한 기계 구성 부품들을 기계요소(Machine Element)라 한다.

2. 기계요소의 종류

결합용 기계요소	나사, 키, 핀, 코터, 리벳
축용 기계요소	축, 축이음, 및 베어링
제어용 기계요소	브레이크, 스프링, 플라이휠
전동용 기계요소	벨트, 로프, 체인, 마찰 기어, 기어
관용 기계요소	압력용기, 파이프 및 파이프 이음, 밸브와 콕

3. 기계요소에 작용하는 기본 물리량

(1) 하중

어떤 물체에 외력이 가해지는 힘을 하중이라 한다.

① 하중의 변화에 따른 분류

    ㉠ **정하중** : 크기와 방향이 시간에 따라 항상 일정한 하중

    ㉡ **동하중** : 크기와 방향이 시간에 따라 변화되는 하중

    ㉢ **반복하중** : 한쪽 방향으로 같은 하중이 반복되는 하중

    ㉣ **교번하중** : 크기와 방향이 교대로 변화하면서 작용하는 하중

    ㉤ **충격하중** : 짧은 순간에 집중되는 하중

    ㉥ **이동하중** : 물체 상에서 이동하는 하중

② 하중의 작용상태(방향)에 따른 분류

    ㉠ 인장하중

    ㉡ 압축하중

    ㉢ 전단하중

    ㉣ 비틀림 하중

    ㉤ 굽힘하중

(2) 응력

외력에 대하여 재료 내부에서 저항하려는 성질을 응력이라고 하며 그 단위 표현은 단위 면적당 내력의 크기로 표기한다.

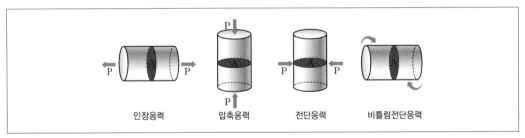

인장응력   압축응력   전단응력   비틀림전단응력

(3) 변형률(Strain)

단위 길이당 변형량(늘어남, 줄어듦의 량)을 변형률(ϵ)이라 한다.

① 세로 변형률 $= \dfrac{\text{변형량}}{\text{처음 길이}}, \; \epsilon_t = \dfrac{\ell' - \ell}{\ell} = \dfrac{\lambda}{\ell}$

② 가로 변형률 $= \dfrac{\text{지름 변형량}}{\text{처음 지름}}, \; \epsilon' = \dfrac{d' - d}{d} = \dfrac{\delta}{d}$

③ 전단 변형률 $= \dfrac{\text{변형 높이량}}{\text{처음 밑변}} = \dfrac{\delta_s}{\ell} = \tan\theta$

④ 체적 변형률 $= \dfrac{\text{체적 변형량}}{\text{처음 체적}} = \dfrac{\nabla V}{V}$

⑷ 프와송비

① 프와송비 $= \dfrac{\text{가로 변형률}}{\text{세로 변형률}} = \dfrac{\epsilon^{'}}{\epsilon} = \dfrac{\dfrac{\delta}{d}}{\dfrac{\lambda}{\ell}} = \dfrac{\delta\ell}{\lambda d}$

② 프와송비 : $\mu = \dfrac{1}{m}$ $(\because\ m : \text{프와송수})$

⑸ 허용응력과 안전율

실제 강도와 요구되는 강도의 비율을 안전율 S(Safety Factor)라 한다.

안전율(S) $= \dfrac{\text{항복응력(실제강도)}}{\text{허용응력(요구강도)}}$

실제 강도를 '극한강도 = 인장 강도'라고 표현한다. 변형 없이 안전하게 사용할 수 있는 응력을 사용응력이라고 하며 사용응력과 허용응력, 탄성한도, 극한강도의 한계의 크기순은 다음과 같다.

극한강도 > 탄성한도 > 허용응력 ≥ 사용응력

⑹ 훅의 법칙과 탄성계수

연강의 시험편을 이용한 응력과 변형률과의 관계 선도이다. 훅의 법칙(Hooke's law)에서 응력과 변형률은 탄성한도 내에서 비례한다.

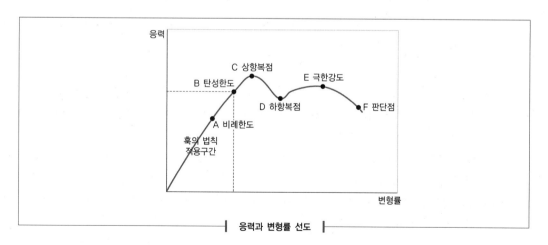

응력과 변형률 선도

03 결합용 기계요소

1. 나사

(1) 나사 관련 용어

① 피치(Pitch): 나사산과 산 사이의 거리

② 리드(Lead): 나사가 1회전 할 때 축 방향으로 움직인 거리

③ 리드와 피치의 관계: 리드 = 줄수(n) × 피치(p) × 회전수(Z)

④ 호칭지름과 유효지름: 나사산의 가상 원통의 지름을 바깥지름이라고 하며 나사산 골의 가상의 원통지름은 골지름이라고 한다. 또한 수나사의 바깥지름과 골지름의 평균지름을 유효지름이라고 한다. 바깥지름은 나사의 호칭지름에 해당한다.

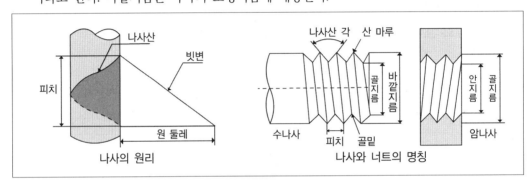

(2) 나사의 종류

① 체결용 나사(삼각나사): 미터나사는 나사산의 각도가 60°이며 호칭지름 표기를 mm 단위를 사용하고 휘트워드 나사는 나사산의 각도가 55°이며 지름은 인치로 표기한다. 유니파이 나사는 나사산의 각도가 60°이며 지름 표기는 인치로 표기하고 미국, 영국, 캐나다 협정 나사로서 ABC 나사라고도 한다.

② 동력 전달용 나사

　㉠ 사각나사: 나사산이 사각형이며 나사의 효율이 좋고 나사 프레스, 선반 이송용 등에 쓰인다.

　㉡ 톱니 나사: 나사산의 각도가 30°, 45°인 것이 있으며 힘이 한쪽 방향으로만 전달되어 바이스, 프레스 등에 사용되고 있다.

　㉢ 둥근 나사: 나사산과 골이 모두 둥글게 되어 있어 충격이 적거나 먼지가 많은 곳에 사용되며 전구 및 소켓 나사로 사용한다.

　㉣ 사다리꼴 나사: 나사산의 단면이 사다리꼴인 나사로 나사산의 각도는 미터계는 30°, 휘트워드계는 29°이다.

(3) 나사의 등급 표시법

① 미터나사 : 1급, 2급, 3급으로 구분되고 정밀도는 1급이 가장 좋다.

② 유니파이 나사 : 수나사는 3A, 2A, 1A 암나사는 3B, 2B, 1B로 구분되고 3이 가장 정밀하다.

③ 휘트워드 나사 : 2급, 3급, 4급으로 표기되고 2급이 가장 정밀도가 높다.

(4) 나사의 효율과 자립 조건

① 나사의 효율 : 나사의 효율은 마찰이 있는 경우의 회전력과 마찰이 없는 경우의 회전력의 비이다.

$$n = \frac{\tan\alpha}{\tan(\alpha + \rho)}$$

② 자립 조건 : 자립 조건이란 나사가 풀리지 않는 조건이며 마찰각이 리드각보다 커야 한다. 나사가 자립상태를 유지하는 나사의 효율은 50% 이하여야 하고 나사가 풀리지 않을 조건은 최소한 마찰각과 나사각이 같아야 한다.

2. 볼트 및 너트

(1) 볼트(Bolt)는 둥근 막대의 한 끝에 머리가 달린 수나사이고 그 짝이 되는 암나사는 너트(Nut)이다.

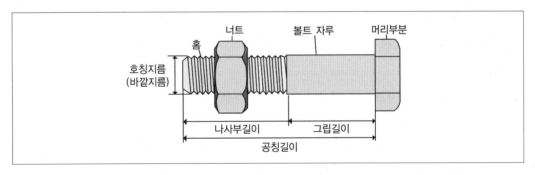

(2) 너트의 풀림 방지법

① 와셔를 이용하는 방법

② 로크 너트를 이용하는 방법

③ 철사를 이용하는 방법

④ 너트의 회전 방향을 이용하는 방법

⑤ 세트 스크루를 이용하는 방법

⑥ 자동좸 너트를 이용하는 방법 방법

⑦ 핀 또는 작은 나사를 이용하는 방법

3. 와셔(Washer), 키, 핀, 코터

(1) 와셔의 용도

① 볼트 구멍이 볼트의 머리 지름보다 클 때

② 고무나 나무같이 내 압력이 작을 때

③ 볼트의 자리 표면이 거칠 때

④ 개스킷을 조일 때

⑤ 볼트 및 너트의 풀림을 방지하고자 할 때

(2) 키(key)

키는 기어나 풀리 등을 축에 고정하여 회전력을 전달하는 장치이며 축보다 강한 재료를 사용한다.

① 키의 종류

    ㉠ 안장 키: 큰 힘에는 적당하지 않고 축은 가공하지 않으며 보스에만 키 홈을 만들어 힘을 전달한다.

    ㉡ 평키: 키가 닿는 면의 축만을 편평하게 깎은 것으로 보스의 기울기는 1/100이다.

    ㉢ 묻힘 키: 축과 보스 양쪽에 키 홈이 있는 키로 가장 많이 사용한다.

    ㉣ 접선 키: 큰 동력 전달에 효과적이며 역전이 가능하도록 10도 각을 두고 2개 요소에 키를 설치한 것이다.

    ㉤ 스플라인: 축 주위에 평행한 키 홈을 여러 개 만들어 힘을 전달한다.

    ㉥ 세레이션: 축에 작음 삼각형 키 홈을 만들어 힘을 전달한다.

② 키 토크 전달력 순서: 세레이션 > 스플라인 > 접선 키 > 묻힘 키 > 평키 > 안장 키

(3) 핀(Pin)

핀은 너트의 풀림 방지 또는 하중이 작은 부분의 부품 설치나, 분해조립 시 부품의 위치를 결정할 때 사용하며 황동, 구리, 알루미늄 등으로 만든다.

① 평행 핀: 기계 부품을 조립할 경우나 안내 위치를 결정할 때 사용한다.

② 분할 핀: 너트의 풀림이나 바퀴가 축에서 빠지는 것을 방지하기 위해 사용한다.

③ 테이퍼 핀: 1/50의 테이퍼를 가진 판으로 축에 보스를 고정시킬 때 사용하고 호칭지름은 작은 쪽 지름을 사용한다.

④ 스프링 핀: 탄성을 이용하여 물체를 고정하는 데 사용하며, 해머 등으로 때려 박을 수 있다.

명칭	용도	모양
평행 핀	위치 고정용	A형 B형
테이퍼 핀	미끄럼 방지용	테이퍼 1/50
슬롯 테이퍼 핀	미끄럼 방지용	테이퍼 1/50
분할 핀	나사 풀림 방지용	
스프링 핀	탄성을 이용한 고정용	

(4) **코터(Cotter)**

코터는 축 방향으로 인장 압축이 작용하는 두 개의 축을 서로 연결할 때 사용되며 분해·조립이 빈번한 곳에 사용된다.

4. 리벳 이음

철교, 보일러, 탱크류 등의 일단 조립하면 분해할 필요가 없는 경우에 사용한다.

(1) **리벳 이음 작업 순서**

드릴링(구멍 뚫기) - 리밍(리머로 정밀다듬) - 리베팅(리벳 설치) - 코킹

(2) **리벳의 종류**

납작머리, 둥근머리, 둥근 접시머리, 얇은 납작머리, 접시머리

04 축용 기계요소

1. 축관계

(1) 작용하는 힘에 의한 분류

① 차축(Axle) : 축 하중을 받으며 정지 차축과 회전 차축이 있다.

② 스핀들(Spindle) : 비틀림 하중을 주로 받는 회전축

③ 전동축(Power Transmission Shaft) : 휨하중과 비틀림 하중을 동시에 받는 축

(2) 축의 형상에 따른 분류

① 직선축 : 일반적으로 쓰이는 축이다.

② 크랭크축 : 직선운동을 왕복운동으로 변환하는 축이다.

③ 플렉시블 축 : 전동축으로 굽어질 수 있는 축이다. 철사를 코일 모양으로 감아서 만든다.

2. 축 이음

두 개 이상의 축을 이을 필요가 있을 때 축 이음을 사용하게 되며 주동축의 회전운동을 전달하거나 단속할 필요가 있을 때는 클러치(Clutch)를 사용하게 된다.

(1) 두 축이 일직선상에 있을 때 이음

① 슬리브 커플링 : 원통 안에 두 개의 축을 넣고 키로 고정시켜 동력을 전달하는 이음

② 플랜지 커플링 : 연결하려는 축에 플랜지를 만들어 키 또는 볼트로 고정하는 이음

③ 플렉시블 커플링 : 두 축 사이에 진동을 흡수할 수 있는 고무나 가죽을 덧대고 볼트로 고정하여 두 축을 연결하는 이음

(2) 두 축이 평행하거나 교차하는 경우의 이음

① 올덤 커플링(Oldham's Coupling) : 두 축이 평행하고 어긋나 있을 때 사용하는 이음

② 유니버설 조인트(Universal Joint) : 두 축이 서로 교차하고 있을 경우에 사용하는 이음

3. 베어링(Bearing)

회전축을 지지하고 회전마찰을 줄이기 위한 부분을 베어링이라고 한다.

(1) 하중에 따른 베어링의 분류

① 레이디얼 베어링 : 하중이 베어링의 직각 방향으로 작용하는 베어링

② 스러스트 베어링 : 하중이 축 방향으로 작용하는 베어링

(2) 접촉 방법에 따른 분류

① 미끄럼 베어링 : 축과 베어링 면이 직접 접촉하는 베어링

② 구름 베어링 : 축과 베어링 면 사이에 볼이나 롤러를 넣어 점 접촉 또는 선 접촉을 하는 베어링

(3) 미끄럼 베어링의 장·단점

① 구조가 간단하고 가격이 싸다.

② 충격에 견디는 강성이 크다.

③ 베어링에 적용되는 하중이 큰 경우에 사용한다.

④ 시동을 걸 때 마찰저항이 크다.

⑤ 윤활유를 공급하기가 어렵다.

⑥ 규격화되어 있지 않다.

(4) 구름 베어링의 장·단점

① 윤활이 쉽다.

② 고속 회전에 적합하다.

③ 규격화되어 있다.

④ 가격이 비싸다.

⑤ 소음 발생과 충격에 약하다.

⑥ 큰 하중에 사용하기 어렵다.

(5) 구름 베어링의 호칭 치수

형식번호	치수기호	안지름 번호	등급기호
6	2	08	P6
1 : 복렬자동조심형	0, 1 : 특별경하중형	00 : 10mm	무기호 : 보통급
2, 3 : 복렬 자동조심형 [큰나비]	2 : 경하중형 3 : 중간형	01 : 12mm 02 : 15mm	H : 상급 P : 정밀급
6 : 단열 홈 형		03 : 17mm	SP : 초정밀급
N : 원통 롤러형		20mm 이상 500mm 미만은 안지름을 5로 나눈 수가 안지름 번호이다.	

├─ 베어링의 호칭법 ─┤

05 전동용 기계요소

1. 기어(Gear)

(1) 기어의 특징

동력 전달 시 마찰차의 접촉면에 차례로 물리는 이빨에 의하여 운동을 전달하는 요소를 기어라고 한다. 서로 맞물려 있는 기어에서 잇수가 많은 쪽을 기어라 하고 작은 쪽은 피니언 기어라고 한다.

기어 명칭	모양	특징 및 용도
평기어		두 축이 평행한 기어
헬리컬 기어		이의 물림이 넓어 진동과 소음이 적고, 두 축이 평행한 기어
랙과 피니언 기어		회전운동을 직선운동으로 바꿀 때 자동차의 조향기어장치에 사용
스프라켓		체인의 동력을 전달할 때 사용
베벨 기어		회전의 방향을 직각으로 변환할 때 사용 두 축이 교차하는 곳에 사용
웜과 웜 기어		큰 감속비를 얻을 수 있으며 두 축이 평행하지도 교차하지도 않을 때 사용

(2) **기어의 종류**

① 두 축이 서로 평행한 기어

㉠ 스퍼 기어(Spur Gear) : 이의 모양이 축에 평행한 기어

㉡ 헬리컬 기어(Helical Gear) : 이를 축에 경사시킨 기어

㉢ 더블 헤리컬 기어(Double Helical Gear) : 방향이 반대인 헬리컬 기어를 같은 축에 놓은 기어로 옆 방향의 움직임이 발생하지 않는다.

㉣ 랙과 피니언 기어(Rack and Pinion Gear) : 피니언과 맞물려서 피니언이 회전하고 랙은 직선운동을 하는 기어이다.

② 두 축이 만나는 기어 : 베벨 기어(Bevel Gear)라고 하며 원뿔 형태의 면에 기어 이를 만든 기어이다.

③ 두 축이 만나지도 평행하지도 않는 기어

㉠ 하이포이드 기어(Hypoid gear) : 스파이럴 베벨 기어와 같은 형상이고 축만 엇갈린 기어이며 자동차의 종감속장치로 많이 쓰이는 기어이다.

㉡ 웜 기어(Worm Gear) : 웜과 웜 기어를 한쌍으로 하고 큰 감속비를 얻을 수 있다.

(3) **기어 각 부위의 명칭**

① 이끝원 : 이끝을 지나는 점선을 연결한 원

② 피치원 : 피치면의 축에 수직한 단상의 원

③ 이뿌리원 : 이밑을 지나는 원

④ 이끝 높이 : 피치원에서 이끝원까지의 거리

⑤ 이폭(이나비) : 축단면의 이의 길이

⑥ 백래시 : 한쌍의 기어에서 기어 이와 기어 이 사이의 거리

(4) **기어 이의 크기 표현**

① 원주 피치 : 피치 원주를 잇수로 나눈 것

② 모듈 : 피치원의 지름을 잇수로 나눈 것

⑤ 지름 피치 : 잇수를 인치로 표시된 피치원 지름으로 나눈 값

2. 벨트

두 축간 중심거리가 크고 마찰차나 기어에 의한 전동이 곤란할 때 벨트나 체인 등의 전동장치를 사용하는데 이러한 장치를 감아걸기 전동장치라고 한다.

(1) 벨트 전동장치의 특징

① 기어보다는 정확한 속도비를 얻을 수 없다.

② 효율이 96~98%로 비교적 좋다.

③ 기구가 대단히 간단하다.

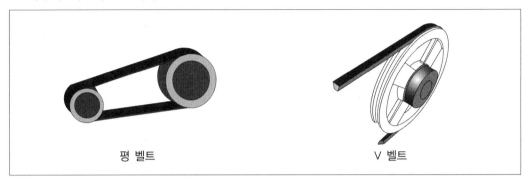

평 벨트　　　　　　　　　　V 벨트

(2) V 벨트의 특징

① 고속 운전이 가능하다.

② 운전이 정숙하다.

③ 벨트가 벗겨지지 않는다.

④ 이음이 없어 전체가 균일한 강도를 갖는다.

⑤ 미끄러움이 적고, 속도비가 크다.

⑥ 장력이 작아 베어링의 부하가 적다.

3. 체인의 특징

① 큰 동력의 전달 효율은 95% 이상 전달이 가능하다.

② 체인 탄성으로 충격 하중을 흡수할 수 있다.

③ 접촉각이 90° 이상이면 전동이 가능하다.

④ 미끄러움 없는 일정한 속도비를 얻을 수 있다.

⑤ 길이 조정이 용이하다.

⑥ 진동, 소음이 생기기 쉽다.

⑦ 유지, 수리가 쉬운 편이다.

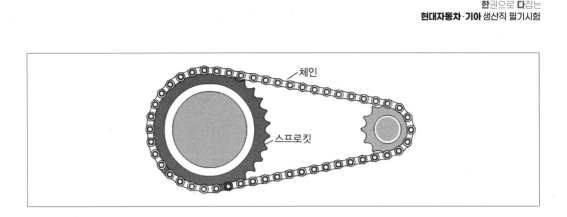

체인

스프로킷

4. 로프전동의 특징

① 축과 축의 거리가 비교적 멀어도 사용이 가능하다.

② 전동효율은 80~90% 정도이다.

③ 미끄러움이 많고 수명이 짧은 것이 단점이다.

5. 마찰차

구름 접촉을 하는 원동차와 종동차의 접점에 발생하는 마찰력에 의하여 동력이 전달되는 것을 마찰차 전동이라 하며, 마찰차 전동에 사용되는 바퀴를 마찰차라고 한다.

(1) 마찰차 전동의 특징

① 전달력이 크지 않고 속도비가 중요하지 않은 경우 사용한다.

② 회전속도가 커서 보통의 기어를 사용할 수 없는 경우 사용한다.

③ 양축 사이를 빈번히 단속할 필요가 있는 경우에 사용한다.

④ 무단 변속을 하는 경우에 사용할 수 있다.

⑤ 운전 중 접촉을 분리하지 않고 마찰차를 이동시킬 수 있다.

(2) 마찰차의 종류

① **평 마찰차**(＝원통 마찰차) : 두 축이 평행을 이루고 바퀴는 원통형이다.

② **홈 마찰차** : 두 축이 평행하고 원통형 바퀴의 접촉면은 V홈이 파여 있다.

③ **원추 마찰차** : 두 축이 어느 각도로서 교차하고 바퀴는 원뿔형이다.

④ **변속 마찰차** : 원판이나 원뿔, 구면 등을 이루어 무단변속이 가능한 마찰차이다.

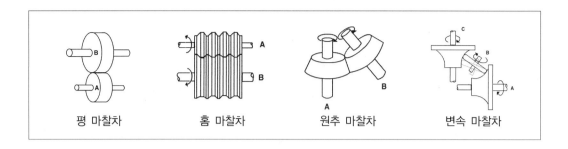

| 평 마찰차 | 홈 마찰차 | 원추 마찰차 | 변속 마찰차 |

06 제어용 기계요소

1. 브레이크(Brake)

브레이크는 기계의 운동 마찰력에 의하여 그 속도를 줄이거나 정지할 목적으로 운동에너지를 열에너지로 변화하는 장치를 말한다.

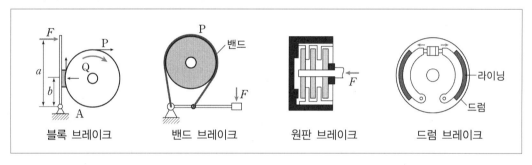

| 블록 브레이크 | 밴드 브레이크 | 원판 브레이크 | 드럼 브레이크 |

(1) 블록 브레이크

브레이크 드럼에 브레이크 블록을 밀어 넣어 제동하는 장치이다. 브레이크 중 가장 간단한 장치로 차량용 브레이크에 사용된다.

(2) 밴드 브레이크

드럼에 브레이크 밴드를 감아 브레이크 밴드의 장력으로 제동시키는 브레이크이다.

(3) 원판 브레이크

회전축에 설치된 원판을 제동 패드로 물려 제동하는 마찰 브레이크이다.

(4) 드럼 브레이크

바퀴와 함께 회전하는 브레이크 드럼 안쪽으로 라이닝을 붙인 브레이크슈를 압착하여 제동력을 얻는다.

2. 스프링

물체의 탄성 변형을 이용해서 에너지를 흡수·축적해 완충 등의 작용을 하게 하는 기계요소로 용수철이라고도 한다.

(1) 스프링의 종류

| 압축 코일 스프링 | 원뿔 코일 스프링 | 인장 코일 스프링 |

(2) 하중과 처짐과의 관계

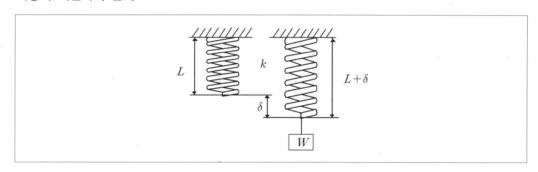

$$k = \frac{W}{\delta}, \quad \delta = \frac{W}{k}$$

W : 스프링 하중, k : 스프링 상수, δ : 스프링의 처짐량

(3) 스프링의 연결 방법과 상수

스프링 병렬 연결법	스프링 직렬 연결법
$k = k_1 + k_2$	$k = \dfrac{1}{\dfrac{1}{k_1} + \dfrac{1}{k_2}}$

07 관용 기계요소

1. 관(管)

기체, 액체, 분체, 고체 같은 융합체의 수송에 사용하며, 기체는 도시가스, 냉동가스 등, 액체는 물, 석유 등, 분체는 밀가루, 시멘트 등, 고체는 모래, 석탄 등을 이송할 수 있는 통로이다.

(1) 관의 종류

① 금속관

　㉠ **주철관** : 수도, 가스, 배수관 등에 사용되며, 강보다 무겁고 내식성이 풍부하고 저렴하다.

　㉡ **강관** : 제작 방법에 따라 이음매가 없는 강관과 이음매가 있는 강관이 있다.

　　• **이음매가 없는 강관** : 냉간 또는 열간 다듬법에 의하여 드로잉하여 만든 인발강관이며, 내외면이 매끈한 원형 단면이다.(압축공기 및 증기의 압력 배관 등에 사용)

　　• **이음매가 있는 강관** : 용접관과 단접관 및 리벳 이음 강관이 있으며 주로 구조용 강관으로 사용된다.

② 비철 금속관

　㉠ **동관** : 냉간인발법으로 만들어진 이음매가 없는 관이고, 내식성, 굴곡성, 열전도성, 내압성 등이 우수하여 열교환기용, 급수용, 압력계용 배관, 급유관 등으로 사용된다.

　㉡ **황동관** : 냉간인발법으로 만든 이음매 없는 파이프이고, 동관과 같지만 염가이고 강도가 커서 가열기, 냉각기, 복수기, 열교환기 등에 많이 사용된다.

　㉢ **연관** : 이음매 없는 파이프이며 내산성이 우수하고 굴곡이 용이하여 상수도, 가스의 인입관, 산성 액체 또는 오수용 관으로 사용된다.

　㉣ **알루미늄 관** : 냉간인발법에 의한 이음매 없는 관이며 열전도와 전도도가 높다. 내식성과 가공성이 좋아 화학공업용, 전기 기기용, 건축용 구조재로 사용된다.

③ 비금속관

　㉠ **염화비닐관** : 압출기로서 압출 제조된 이음매 없는 파이프이다. 연질은 내약품성이 우수하여 고무호스 대용으로 널리 사용된다. 경질은 2종으로 가볍고 내산 내알카리, 내식성이 우수하고, 전기 절연성이 우수하여 가스관 대신 화학공장, 식품공장용 배관 및 절연 부품으로 널리 사용된다.

　㉡ **고무호스** : 진공에 사용되는 호스는 압력에 의한 찌그러짐을 방지하기 위해 코일 상으로 강선을 넣은 흡입 호스가 있다. 수송되는 물질의 종류에 따라 공기 호스, 물 호스, 증기 호스, 산소 호스, 아세틸렌 호스 등이 있다.

　㉢ **특수관** : 강의 내면에 고무 또는 유리를 라이닝한 고무 라이닝관 또는 유리 라이닝관이 있으며, 매약품, 내산 내알칼리용으로 널리 사용된다.

⑵ **관이음의 종류**

① 영구 관이음 : 관을 연결할 때 용접이나 납땜을 하는 이음이며, 고장 수리와 관 내의 청소가 필요 없는 건물이나 땅속의 매설관의 접속에 사용된다.

② 착탈 관이음 : 대형관 또는 특수한 주철, 주강, 청동관 등이 있으며 정기적으로 해체하여 검사와 보수가 필요한 배관 시설에 사용된다. 이음의 방법으로는 나사 관이음, 플랜지 이음, 소켓 관이음 등이 있다.

　㉠ 나사 이음 : 관의 양단에 테이퍼 나사를 내고 누설 방지를 위해 콤파운드나 테프론 테이프를 감고 이음을 한다.

　㉡ 플랜지 이음 : 관 지름이 크고, 고압관 또는 자주 탈착할 필요가 있는 경우에 사용되며 플랜지 이음의 종류에는 유압 플랜지, 일체 플랜지, 나사 플랜지 등이 있다.

　㉢ 신축 관이음 : 온도에 의하여 관의 신축이 발생하거나, 양단이 고정되어 열응력이 발생하는 경우 등 신축을 조정할 수 있는 이음을 말한다.

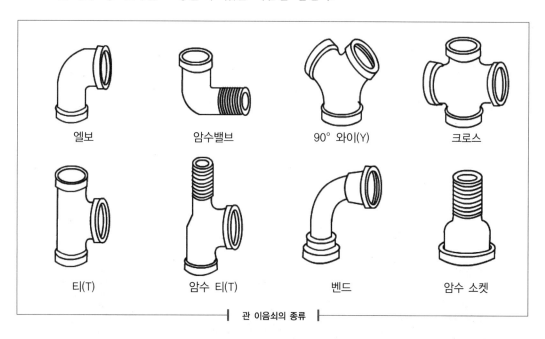

엘보　　　　　암수밸브　　　　　90° 와이(Y)　　　　　크로스

티(T)　　　　　암수 티(T)　　　　　벤드　　　　　암수 소켓

┥ **관 이음쇠의 종류** ┝

2. 밸브(Valve)

밸브는 유체의 유량, 속도, 압력, 유체의 방향 전환이나 유체의 흐름을 단속하거나 그 양을 조절하는 기계요소 중 하나이다.

(1) 밸브의 재료

온도와 압력이 낮으면서 주로 소형인 경우 청동 밸브를 사용하고, 그와 반대인 경우 강을 사용한다. 대형 밸브인 경우 온도나 압력에 따라 적당한 청동, 주철, 합금강 등을 선택하여 사용한다.

(2) 밸브의 종류

① 정지 밸브(Stop Valve)와 종류 : 스톱 밸브라고도 하며 유체의 흐름을 차단하는 밸브로 그 흐름의 방향에 따라 글로브 밸브(Globe Valve)와 앵글 밸브(Angle Valve)가 있다.

　　㉠ 글로브 밸브(globe Valve) : 입구와 출구가 일직선상에 있어 유체 흐름방향이 바뀌지 않는다.

　　㉡ 앵글 밸브(Angle Valve) : 유체의 흐름방향이 90° 변환되도록 입구와 출구가 직각 형상을 갖는다.

② 게이트 밸브(Gate Valve) : 슬루스 밸브라고도 하며, 일반적으로 가장 많이 사용하는 밸브로서 유체의 흐름을 여닫는 대표적인 밸브이다. 밸브를 완전히 열면 유체 흐름저항이 거의 없지만 반만 열었을 경우 오류와 진동 발생이 있다.

③ 플랩 밸브(Flap Valve) : 한 방향으로만 흐를 수 있도록 구멍 면에 장착되어 있고 상부에 힌지가 달린 플레이트 및 디스크를 지닌 밸브이다.

④ 체크 밸브(Check Valve) : 역류를 방지하여 유체를 한쪽 방향으로만 흐를 수 있도록 하는 밸브이다.

⑤ 콕(Cock) : 손잡이를 90° 돌려서 여닫는 구조로 수도꼭지 등이 있다.

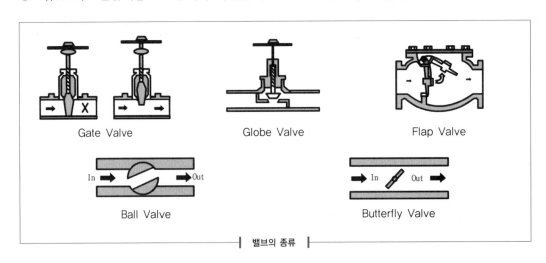

| 밸브의 종류 |

⑶ **유공(유체와 기체)압 회로에서 사용되는 밸브의 종류**

① **압력 제어 밸브**: 일의 크기를 제어하는 밸브이다.

   ⊙ **릴리프 밸브(Relief Valve)**: 유압펌프와 제어 밸브 사이에 병렬로 설치되어 회로 내의 압력이 규정 압력을 유지하고 최고압력을 제어하여 유압 회로를 보호하는 역할을 한다.

   ⓒ **시퀀스 밸브(Sequence Valve)**: 작동 순서를 제어하는 밸브이며 2개 이상의 분기회로에서 사용된다.

   ⓒ **언로더 밸브(Unloader Valve)**: 일정 압력에 도달되면 펌프를 무부하가(작동정지)되도록 하는 밸브이다.

   ⓔ **감압 밸브(Pressure Reducing Valve)**: 주회로의 압력보다 감압시켜 저압으로 만들어 보내는 밸브이다.

   ⓜ **카운터 밸런스 밸브(Counter Blance Valve)**: 하중이 낙하할 때 유압 실린더 등이 자유낙하를 하는 것을 방지하기 위하여 배압을 유지시키는 역할을 하는 밸브이다.

② **유량 제어 밸브**: 일의 속도를 제어하는 밸브이다.

   ⊙ **교축밸브(Throttle Valve)**: 유로의 단면적 변화로 유량을 조절하는 밸브이다.

   ⓒ **압력 보상 기구가 부착된 밸브**: 밸브의 입구와 출구의 압력 변화에도 유량은 변화하지 않게 하는 밸브이다.

③ **방향 제어 밸브**

   ⊙ **체크 밸브(Check Valve)**: 작동유의 흐름을 한쪽 방향으로만 흐르게 하며 역류를 방지하는 밸브이다.

   ⓒ **스풀 밸브(Spool Valve)**: 축 방향의 이동으로 작동유의 방향을 변화시키는 밸브이다.

확인학습

01 다음 중 나사에 대한 설명으로 옳지 않은 것은?

① 나사를 1회전시켰을 때, 축 방향으로 움직인 거리를 리드라고 한다.
② 나사의 종류에는 체결용 나사와 동력 전달용 나사가 있다.
③ 유효지름은 수나사의 최대지름이며, 나사의 크기를 나타낸다.
④ 나사산과 산 사이의 거리를 피치라고 한다.

해설 유효지름은 수나사의 바깥지름과 골지름의 평균지름이다.

02 다음 중 너트의 풀림 방지법으로 옳지 않은 것은?

① 로크 너트 사용
② 핀 또는 작은 나사 사용
③ 세트 스크루 사용
④ 리벳 사용

해설 리벳은 철교, 보일러, 탱크류 등의 일단 조립하면 분해할 필요가 없는 경우에 사용되며 너트의 풀림 방지법과는 관련이 없다.

03 너트의 풀림이나 바퀴가 축에서 빠지는 것을 방지하기 위해 사용되는 기계요소로 옳은 것은?

① 테이퍼 핀   ② 코터
③ 분할 핀   ④ 코킹

해설 핀은 너트의 풀림 방지 또는 하중이 작은 부분의 부품 설치나, 분해조립 시 부품의 위치를 결정할 때 사용한다. 이중 분할 핀은 너트의 풀림이나 바퀴가 축에서 빠지는 것을 방지한다.

04 다음 중 미끄럼 베어링의 특징으로 옳지 않은 것은?

① 규격화되어 있다.

② 충격에 견디는 강성이 크다.

③ 베어링에 적용되는 하중이 큰 경우에 사용한다.

④ 구조가 간단하고 가격이 싸다.

해설 미끄럼 베어링은 규격화되어 있지 않다.

05 다음 중 기어의 명칭과 용도가 바르게 연결된 것은?

① 스프라켓 – 두 축이 평행한 기어

② 헬리컬 기어 – 이의 물림이 넓어 진동과 소음이 적고, 두 축이 평행한 기어

③ 베벨 기어 – 체인의 동력을 전달할 때 사용

④ 웜과 웜 기어 – 회전의 방향을 직각으로 변환할 때 사용

해설 두 축이 평행한 기어에는 평기어와 헬리컬 기어가 있는데, 헬리컬 기어는 이의 물림이 넓어 진동과 소음이 적다.

06 다음 중 스프링의 종류로 옳지 않은 것은?

① 압축 코일 스프링   ② 원뿔 코일 스프링

③ 인장 코일 스프링   ④ 원판 코일 스프링

해설 스프링은 물체의 탄성 변형을 이용해서 에너지를 흡수·축적해 완충 등의 작용을 하게 하는 기계요소로 압축 코일 스프링, 원뿔 코일 스프링, 인장 코일 스프링이 있다.

07 다음 중 전동용 기계요소에 속하지 않는 것은?

① 브레이크   ② 벨트

③ 체인   ④ 로프

해설 브레이크는 제어용 기계요소에 속한다. 전동용 기계요소에는 벨트, 로프, 체인, 마찰 기어가 있다.

Answer   **01.** ③   **02.** ④   **03.** ③   **04.** ①   **05.** ②   **06.** ④   **07.** ①

언어능력

1. 어휘 · 맞춤법

(1) 어휘의 쓰임

주어진 문장에서 밑줄 친 부분의 단어와 같은 의미로 사용된 것을 찾는 문제가 출제된다. 사전적 의미보다는 그 문장에서 어떤 의미로 사용되었는지를 생각하며 문제에 접근해야 한다.

① 지시적 의미 : 지시적 의미는 중심적 의미와 문맥적 의미로 구분된다. 중심적 의미는 사전적 의미를 말하며, 문맥적 의미는 실제 문맥에 의해 확장된 의미를 말한다.

> 1. 이슬이 맺혔다.
> 2. 그대 눈에 맺힌 이슬
>
> ➡ 1의 이슬은 공기 중의 수증기가 식어 엉긴 물방울이라는 중심적 의미를, 2의 이슬은 눈물이라는 문맥적 의미를 나타낸다.

② 함축적 의미 : 함축적 의미는 지시적 의미에 덧붙여 연상되는 개인적 · 정서적 의미를 말한다.

> 해당화가 나의 가슴 속에서 새빨갛게 피어났다.
>
> ➡ 이 문장에서 해당화는 장미과에 속하는 활엽 관목의 한 종류라는 지시적 의미와 함께 '밝고 뜨거움, 화려하고 짙음'이라는 함축적 의미를 내포한다.

③ 관용적 의미 : 단어가 다른 단어와 함께 관용적으로 사용되면서 본래 의미와 다른 새로운 의미를 형성하는 경우가 있다. 이는 언중의 사회적 · 문화적 공유로 새로운 의미가 파생된 것으로 숙어나 고사성어에서 많이 나타난다.

(2) 단어의 상관관계

단어의 상관관계는 유의 · 반의 · 포함 · 행위 · 용도 관계 등 일정한 패턴을 이루고 있다. 제시된 A : B의 관계와 동일한 관계를 찾는 유형, A : B의 관계가 나머지와 다른 것을 찾는 유형, A : B = (   ) : D의 형태에서 빈칸에 들어갈 알맞은 단어를 찾는 유형으로 출제된다.

① 상위 개념 · 하위 개념 · 동위 개념

　　㉠ 상위 개념 : 다른 개념을 포섭하는 것

　　㉡ 하위 개념 : 다른 개념에 포섭되는 것

　　㉢ 동위 개념 : 다른 것과 대등한 것으로 유개념에 포함된 종개념

> 예 사람 − 황인종, 백인종, 흑인종
> 사람은 황인종의 상위 개념이고, 황인종은 사람의 하위 개념이며, 서로 대등한 관계인 황인종과 백인종과 흑인종은 동위 개념이다.

② 개념 간 관계

    ㉠ 동의 관계 : 의미가 동일한 개념 간 관계

        예 개시 – 시작, 곰살궂다 – 살갑다

    ㉡ 반의 관계 : 의미가 서로 반대인 개념 간 관계

        예 맑다 – 흐리다, 깨끗하다 – 더럽다

    ㉢ 포함 관계 : 한 개념이 다른 개념에 포함되는 관계

        예 사람 – 동물, 장미꽃 – 식물, 영어 – 언어

    ㉣ 원료 관계 : 원료와 그 원료로 만들어지는 사물 간의 관계

        예 목화 – 면

    ㉤ 용도 관계 : 어떤 개념과 그 개념을 사용하는 주체 간의 관계

        예 지팡이 – 노인

    ㉥ 속성 관계 : 개념과 그 개념이 갖는 성질 간 관계

        예 고무 – 탄력성, 휘발유 – 가연성

    ㉦ 행위 관계 : 주로 직업(사람)과 그 직업이 하는 일과의 관계

        예 가수 – 노래, 소설가 – 집필

(3) 맞춤법

표준어인 것과 표준어가 아닌 것을 찾는 문제, 맞춤법이 옳지 않은 것 또는 옳은 것을 고르는 문제, 문장에서 맞춤법이 바르게 쓰인 것을 고르는 문제 등의 유형이 있다. 발음이 옳은 것을 고르는 유형도 출제된다.

더 알아보기 | **한글맞춤법**(중요 항목 발췌)

제29항 끝소리가 'ㄹ'인 말과 딴 말이 어울릴 적에 'ㄹ' 소리가 'ㄷ' 소리로 나는 것은 'ㄷ'으로 적는다.

반짇고리(바느질~)	사흘날(사흘~)	삼짇날(삼질~)	섣달(설~)
숟가락(술~)	이튿날(이틀~)	잗주름(잘~)	푿소(풀~)
섣부르다(설~)	잗다듬다(잘~)	잗다랗다(잘~)	

제30항 사이시옷은 다음과 같은 경우에 받치어 적는다.

1. 순우리말로 된 합성어로서 앞말이 모음으로 끝난 경우

(1) 뒷말의 첫소리가 된소리로 나는 것

고랫재	귓밥	나룻배	나뭇가지	냇가
댓가지	뒷갈망	맷돌	머릿기름	모깃불
못자리	바닷가	뱃길	볏가리	부싯돌
선짓국	쇳조각	아랫집	우렁잇속	잇자국
잿더미	조갯살	찻집	쳇바퀴	킷값
핏대	햇볕	혓바늘		

(2) 뒷말의 첫소리 'ㄴ, ㅁ' 앞에서 'ㄴ' 소리가 덧나는 것

멧나물	아랫니	텃마당	아랫마을	뒷머리
잇몸	깻묵	냇물	빗물	

(3) 뒷말의 첫소리 모음 앞에서 'ㄴㄴ' 소리가 덧나는 것

도리깻열	뒷윷	두렛일	뒷일	뒷입맛
베갯잇	욧잇	깻잎	나뭇잎	댓잎

2. 순우리말과 한자어로 된 합성어로서 앞말이 모음으로 끝난 경우

(1) 뒷말의 첫소리가 된소리로 나는 것

귓병	머릿방	뱃병	봇둑	사잣밥
샛강	아랫방	자릿세	전셋집	찻잔
찻종	촛국	콧병	탯줄	텃세
핏기	햇수	횟가루횟배		

(2) 뒷말의 첫소리 'ㄴ, ㅁ' 앞에서 'ㄴ' 소리가 덧나는 것

곗날	제삿날	훗날	툇마루	양칫물

(3) 뒷말의 첫소리 모음 앞에서 'ㄴㄴ' 소리가 덧나는 것

가욋일	사삿일	예삿일	훗일

제39항 어미 '-지' 뒤에 '않-'이 어울려 '-잖-'이 될 적과 '-하지' 뒤에 '않-'이 어울려 '-찮-'이 될 적에는 준 대로 적는다.

본말	준말	본말	준말
그렇지 않은	그렇잖은	만만하지 않다	만만찮다
적지 않은	적잖은	변변하지 않다	변변찮다

제40항 어간의 끝음절 '하'의 'ㅏ'가 줄고 'ㅎ'이 다음 음절의 첫소리와 어울려 거센소리로 될 적에는 거센소리로 적는다.

본말	준말	본말	준말
간편하게	간편케	다정하다	다정타
연구하도록	연구토록	정결하다	정결타
가하다	가타	흔하다	흔타

제51항 부사의 끝음절이 분명히 '이'로만 나는 것은 '-이'로 적고, '히'로만 나거나 '이'나 '히'로 나는 것은 '-히'로 적는다.

1. '이'로만 나는 것

가붓이	깨끗이	나붓이	느긋이	둥긋이	따뜻이
반듯이	버젓이	산뜻이	의젓이	가까이	고이
날카로이	대수로이	번거로이	많이	적이	헛되이
겹겹이	번번이	일일이	집집이	틈틈이	

2. '히'로만 나는 것

극히	급히	딱히	속히	작히	족히
특히	엄격히	정확히			

3. '이, 히'로 나는 것

솔직히	가만히	간편히	나른히	무단히	각별히
소홀히	쓸쓸히	정결히	과감히	꼼꼼히	심히
열심히	급급히	답답히	섭섭히	공평히	능히
당당히	분명히	상당히	조용히	간소히	고요히
도저히					

제54항 다음과 같은 접미사는 된소리로 적는다.(ㄱ을 취하고, ㄴ을 버림)

ㄱ	ㄴ	ㄱ	ㄴ
심부름꾼	심부름군	귀때기	귓대기
익살꾼	익살군	볼때기	볼대기
일꾼	일군	판자때기	판잣대기
장꾼	장군	뒤꿈치	뒷굼치
장난꾼	장난군	팔꿈치	팔굼치
지게꾼	지겟군	이마빼기	이맛배기
때깔	땟갈	코빼기	콧배기
빛깔	빛갈	객쩍다	객적다
성깔	성갈	겸연쩍다	겸연적다

제56항 '-더라, -던'과 '-든지'는 다음과 같이 적는다.

1. 지난 일을 나타내는 어미는 '-더라, -던'으로 적는다.(ㄱ을 취하고, ㄴ을 버림)

ㄱ	ㄴ
지난겨울은 몹시 춥더라.	지난겨울은 몹시 춥드라.
깊던 물이 얕아졌다.	깊든 물이 얕아졌다.
그렇게 좋던가?	그렇게 좋든가?
그 사람 말 잘하던데!	그 사람 말 잘하든데!
얼마나 놀랐던지 몰라.	얼마나 놀랐든지 몰라.

2. 물건이나 일의 내용을 가리지 아니하는 뜻을 나타내는 조사와 어미는 '(−)든지'로 적는다.(ㄱ을 취하고, ㄴ을 버림)

ㄱ	ㄴ
배든지 사과든지 마음대로 먹어라.	배던지 사과던지 마음대로 먹어라.
가든지 오든지 마음대로 해라.	가던지 오던지 마음대로 해라.

제57항 다음 말들은 각각 구별하여 적는다.

가름	둘로 가름
갈음	새 책상으로 갈음하였다.
거름	풀을 썩힌 거름
걸음	빠른 걸음
거치다	영월을 거쳐 왔다.
걷히다	외상값이 잘 걷힌다.
걷잡다	걷잡을 수 없는 상태
겉잡다	겉잡아서 이틀 걸릴 일
그러므로(그러니까)	그는 부지런하다. 그러므로 잘 산다.
그럼으로(써)(그렇게 하는 것으로)	그는 열심히 공부한다. 그럼으로(써) 은혜에 보답한다.
노름	노름판이 벌어졌다.
놀음(놀이)	즐거운 놀음
느리다	진도가 너무 느리다
늘이다	고무줄을 늘인다.
늘리다	수출량을 더 늘린다.
다리다	옷을 다린다.
달이다	약을 달인다
다치다	부주의로 손을 다쳤다.
닫히다	문이 저절로 닫혔다.
닫치다	문을 힘껏 닫쳤다.
마치다	벌써 일을 마쳤다.
맞히다	여러 문제를 더 맞혔다.
목거리	목거리가 덧났다.
목걸이	금목걸이, 은목걸이
바치다	나라를 위해 목숨을 바쳤다.
받치다	우산을 받치고 간다. 책받침을 받친다.
받히다	쇠뿔에 받혔다.
밭치다	술을 체에 밭친다.
반드시	약속은 반드시 지켜라.
반듯이	고개를 반듯이 들어라.

부딪치다	차와 차가 마주 부딪쳤다.
부딪히다	마차가 화물차에 부딪혔다.
부치다	힘이 부치는 일이다. 편지를 부친다. 논밭을 부친다. 빈대떡을 부친다. 식목일에 부치는 글. 회의에 부치는 안건. 인쇄에 부치는 원고. 삼촌 집에 숙식을 부친다.
붙이다	우표를 붙인다. 책상을 벽에 붙였다. 흥정을 붙인다. 불을 붙인다. 감시원을 붙인다. 조건을 붙인다. 취미를 붙인다. 별명을 붙인다.
시키다	일을 시킨다.
식히다	끓인 물을 식힌다.
아름	세 아름 되는 둘레
알음	전부터 알음이 있는 사이
앎	앎이 힘이다.
안치다	밥을 안친다.
앉히다	윗자리에 앉힌다.
어름	두 물건의 어름에서 일어난 현상.
얼음	얼음이 얼었다
이따가	이따가 오너라.
있다가	돈은 있다가도 없다.
저리다	다친 다리가 저린다.
절이다	김장 배추를 절인다.
조리다	생선을 조린다. 통조림, 병조림
졸이다	마음을 졸인다.
주리다	여러 날을 주렸다.
줄이다	비용을 줄인다.
하노라고	하노라고 한 것이 이 모양이다.
하느라고	공부하느라고 밤을 새웠다.
-느니보다(어미)	나를 찾아오느니보다 집에 있거라.
-는 이보다(의존 명사)	오는 이가 가는 이보다 많다.
-(으)리만큼(어미)	나를 미워하리만큼 그에게 잘못한 일이 없다.
-(으)ㄹ 이만큼(의존 명사)	찬성할 이도 반대할 이만큼이나 많을 것이다.
-(으)러(목적)	공부하러 간다.
-(으)려(의도)	서울 가려 한다.
(으)로서(자격)	사람으로서 그럴 수는 없다.
(으)로써(수단)	닭으로써 꿩을 대신했다.
-(으)므로(어미)	그가 나를 믿으므로 나도 그를 믿는다.
(-ㅁ, -음)으로(써)(조사)	그는 믿음으로(써) 산 보람을 느꼈다.

2. 독해

(1) 장문 독해

① **주제·제목 찾기**: 독해의 가장 기본이 되는 유형이다. 주제를 찾는 문제, 글쓴이의 주제의식과 거리가 가까운(먼) 것 고르기 형태 등으로 제시된다. 특히, 제목 찾기 문제의 경우 주제를 직접적으로 제시하기보다 좀 더 은유적이고 함축적인 표현을 사용하는 경우가 많으므로, 주제를 하나도 누락시키지 않으면서도 주제를 단순히 나열하거나 너무 자세히 서술하지 않은 함축적이며 거시적인 표현을 골라야 한다.

② **내용 일치**: 지문과 일치하는 것 혹은 일치하지 않는 것을 고르는 문제가 기본이 되며, 지문 내용을 바탕으로 유추(추론)할 수 있는 것을 고르는 문제도 출제된다. 있는 그대로의 사실을 찾는 유형 또는 사실들을 바탕으로 가능한 추론을 찾는 유형이다. 제시문을 꼼꼼히 읽고, 선택지의 내용들과 지문을 비교해 가면서 문제를 푸는 것이 요령이다.

(2) 문장배열

① 제시된 문장을 논리적인 순서대로 알맞게 배열하는 문제이다.

② 문장을 빨리 읽어 내용을 신속하게 파악하고, 문장 간 논리적인 관계를 파악할 수 있어야 문제를 풀 수 있다.

③ 문장배열 문제에서 가장 주의 깊게 보아야 할 부분은 접속사와 선행 구문이다.

    ㉠ 각 문장의 앞에 있는 접속사를 보면 해당 문장이 앞 문장과 어떤 관계에 있는지 쉽게 알 수 있다.

    ㉡ 선행 구문, 즉 앞 문장에 나온 단어나 구문이 어디에서 반복되는지 확인하여, 두 문장을 밀접하게 배치하는 것이 좋다. 바로 앞에 나온 단어나 표현 등을 그대로 받아 다음 문장에서 사용하는 경우가 많기 때문이다.

- 문장 관계 파악: 문장을 이어주는 구실을 하는 접속어를 활용한다.
- 지시어가 가리키는 내용 찾기: 대명사가 가리키는 것을 찾아 앞에 배치하면 된다.
- 반복되는 단어 활용: 제시된 문장에서 반복되는 단어들은 대부분 연결된다.
- 내용 구조 이해: 글의 흐름은 일반적으로 '주제문(일반적 진술) + 뒷받침문장(구체적 진술)'으로 이루어진다.
- 선택지 활용: 실제 문제를 푸는 경우에는 먼저 선택지의 도움을 받아 흐름을 파악한다.

---

3. 언어추리

(1) 명제와 논증

① 명제

㉠ 사실명제 : 진실을 확인하는 명제 **예** 우리나라는 민주공화국이다.

㉡ 정책명제(당위명제) : 당위를 주장하는 명제 **예** 우리는 자연을 보호해야 한다.

㉢ 가치명제 : 가치 판단을 내리는 명제 **예** 이순신 장군은 우리나라의 가장 위대한 인물이다.

② 논증

㉠ 논증은 전제와 결론이라는 명제들의 집합으로, 추론 과정을 언어적으로 표현한 것이다. 추론은 어떤 생각을 근거로 하여 다른 생각을 도출하는 사고 과정을 말한다.

㉡ 논증의 조건 : 주장(결론)과 근거(이유)가 있어야 한다. 근거는 전제가 되는 명제에 의해 제시된다. 결국, 논증에서는 '전제(근거) − 결론(주장)'이 반드시 갖추어져야 한다.

(2) 연역추론과 귀납추론

① 연역추론 : 이미 알고 있는 일반적인 명제들을 기초로 새로운 명제를 이끌어내는 사고 과정

> [대전제]　모든 사람은 죽는다.
> [소전제]　소크라테스는 사람이다.
> [결론]　　따라서, 소크라테스는 죽는다.

② 귀납추론 : 특수한 또는 개별적인 사실로부터 일반적인 결론을 이끌어내는 추론 형식

> 비둘기는 하늘을 난다. 독수리는 하늘을 난다. 까마귀는 하늘을 난다.
> 비둘기는 조류이다. 독수리는 조류이다. 까마귀는 조류이다.
> 따라서, 조류는 하늘을 난다.

(3) 연역추론과 귀납추론의 유형

① 연역추론

정언적 삼단논법	전제가 단정적으로 이루어지는 정언 명제를 지닌 삼단논법 **예** 사람은 죽는다. 나는 사람이다. 그러므로 나는 죽는다.
가언적 삼단논법	'만약 ~이라면'이라는 조건적으로 이루어지는 가언 명제를 대전제로 가진 삼단논법 **예** 만약 비가 온다면 땅이 축축하게 젖을 것이다. 비가 왔다. 그러므로 땅이 축축하게 젖었을 것이다.
선언적 삼단논법	선택을 필요로 하는 두 개의 요서 명제(선언 명제)를 대전제로 지닌 삼단 논법 **예** 내일은 틀림없이 비가 오거나 눈이 올 것이다. 비가 오지 않을 것이다. 따라서 눈이 올 것이다.
딜레마(양도) 논법	대전제는 두 개의 가언 명제로, 소전제는 하나의 선언 명제로 이루어지는 삼단논법 **예** 만약 네가 거짓말을 한다면 신에게 미움을 받을 것이고, 거짓말을 하지 않는다면 사람들이 너를 미워할 것이다. 너는 거짓말을 하거나 하지 않거나 할 것이다. 그러므로 너는 어떤 경우에든 미움을 받게 될 것이다.

② 귀납추론

완전 귀납추론	관찰하고자 하는 집합의 전체 원소를 빠짐없이 관찰하여 그 공통점을 결론으로 이끌어 내는 방법
통계적 귀납추론	대상의 개별적인 관찰이 아니라 집단적이고 대량적인 관찰을 통해 일반화하는 방법
인과적 귀납추론	관찰할 집합의 일부 원소들이 지닌 인과 관계를 인식해 그 원인이나 결과를 이끌어 내는 방법
유비적 귀납추론 (유비추론)	두 개의 현상 사이에 일련의 요소가 동일하다는 사실을 바탕으로 그것들의 나머지 요소도 동일하리라고 추측하는 방법

⑷ **명제의 역 · 이 · 대우와 삼단논법**

① **명제의 기호화**: '밥을 좋아하는 사람은 살이 찐다'라는 명제가 있으면 '밥을 좋아하는 사람'을 기호 p로, '살이 찐다'를 기호 q로 설정하면 문제풀이 시 유용하다. 이에 따라, '밥을 좋아하지 않는다'를 명제로 표현하면 ~p, '살이 찌지 않는다'를 표현하면 ~q로 부정명제를 표현할 수 있다.

② **명제의 역 · 이 · 대우 관계**

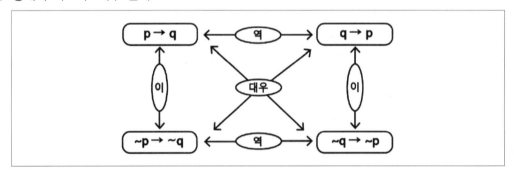

㉠ 명제 p → q가 참/거짓이면, 반드시 대우(~q → ~p)도 반드시 참/거짓이다.

㉡ 명제 p → q가 참/거짓이더라도 역(q → p)과 이(~p → ~q)가 반드시 참/거짓은 아니다.

③ **삼단논법**

㉠ p → q가 참이고 q → r이 참이면 p → r이 참이다.

㉡ 제시된 명제를 기호화하여 p → q → r → s → l이 도출되었고 참이라면, p → q, q → r, r → s, s → l, p → r, p → s, p → l, q → s, q → l, r → l이 모두 참이다. 물론, 이에 대한 대우명제도 참임에 유의해야 한다.

④ '모든'과 '어떤'의 구분

　　㉠ '모든'이 포함된 명제 : 포함 관계로 표현

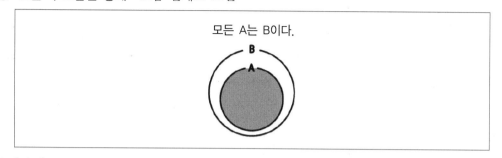

　　㉡ '어떤'이 포함된 명제 : 교집합 관계로 표현

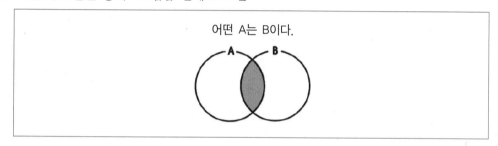

확인학습

01 다음 밑줄 친 단어와 같은 의미로 사용된 것은?

> 그는 팔심이 <u>세어서</u> 팔씨름을 하면 꼭 이긴다.

① 그는 고집이 얼마나 <u>센지</u> 웬만한 사람들은 그를 말릴 수 없다.
② 그 투수는 공을 <u>세게</u> 던지기로 유명하다.
③ 오늘은 바람이 <u>세게</u> 부니 옷을 껴입고 나가야 한다.
④ 올해 시험은 경쟁률이 <u>세어서</u> 합격을 기대하기 어렵다.

해설 제시문의 '세어서'는 '힘이 많다'의 의미를 가지고 있으며, 같은 의미로 쓰인 문장은 ②이다.
① 행동하거나 밀고 나가는 기세 따위가 강하다.
③ 물, 불, 바람 따위의 기세가 크거나 빠르다.
④ 능력이나 수준 따위의 정도가 높거나 심하다.

02 다음 중 맞춤법에 맞는 문장은?

① 논문을 짜집기하여 보고서를 만들었다.
② 올해부터 수영에 취미를 붙이기 시작했다.
③ 이렇게 더운데 학생들이 베낭을 매고 등산을 가는구나.
④ 저 배우가 영화 주인공이예요.

해설 ① 짜집기 → 짜깁기
③ 배낭 → 배낭
④ ~예요 → ~에요

03 다음 중 발음이 옳지 않은 것은?

① 앉다[안따]　　　　　　　② 밟히다[발피다]
③ 있고[익꼬]　　　　　　　④ 넋[넉]

해설 ③ 있고[읻꼬]

04 단어 간 관계가 나머지 셋과 다른 것은?

① 건조 : 다습
② 농축 : 희석
③ 내포 : 외연
④ 가을 : 계절

해설 ①, ②, ③은 모두 반의어 관계이다. ④는 포함관계이다.

05 다음 글의 주제로 가장 적절한 것은?

인간이 전적으로 교육을 통해 변할 수는 없다 할지라도, 교육이 인간의 됨됨이를 형성하는 데 지대한 역할을 한다는 것은 새삼스럽게 논할 필요가 없을 것이다. 한 인간이 어떤 인간으로 형성되는가는 그가 어떤 교육을 받았는가에 크게 좌우된다. 따라서 어떤 교육을 실시해야 하는가의 문제는 참으로 중요한 과제라 하겠다. 물론, 지식 교육은 매우 중요하다. 그러나 지식 교육만 받은 사람은 로봇이나 컴퓨터 등의 기계와 큰 차이가 없을 것이다. 인간은 단순히 유입되는 정보를 무비판적으로 축적했다가 자극에 따라 무비판적으로 유출시키는 수동적인 기계가 아니다. 어떤 정보든 그것이 참이라면 왜 참인가를 묻고, 그 이유의 건전성을 수긍할 수 있어야 그 정보를 자신의 인식 체계 속에 허용하는 것이다.

① 기계와 인간의 차이점은 무엇인가?
② 인간은 어떻게 형성되는가?
③ 인간에게는 어떤 교육이 필요한가?
④ 미래 교육이 나아갈 방향은 무엇인가?

해설 제시문은 교육의 중요성을 강조한 후, 교육을 어떻게 실시해야 하는가에 대한 물음을 던지고 있다. 이와 가장 가까운 문장은 ③이다.

06 다음 밑줄 친 부분에 들어갈 문장으로 가장 적절한 것은?

부지런한 사람은 시간을 아껴 쓴다.
잠꾸러기는 시간을 아껴 쓴다.
미인은 잠꾸러기이다.
그러므로, _____

① 부지런한 사람은 미인이 아니다.
② 부지런한 사람은 잠꾸러기가 아니다.
③ 미인은 시간을 아껴 쓴다.
④ 잠꾸러기는 미인이 아니다.

해설 미인은 잠꾸러기이고, 잠꾸러기는 시간을 아껴 쓰므로 미인은 시간을 아껴 쓴다.

◢Answer   1. ② 2. ② 3. ③ 4. ④ 5. ③ 6. ③

Chapter 04 수리능력

1. 방정식, 부등식, 비례식

(1) 방정식

다음과 같이 미지수가 2개인 일차방정식이 두 개 이상 모여 있는 것을 연립방정식이라 한다.

$$\begin{cases} 5x + 2y = 8 \\ 2x - y = 5 \end{cases}$$

연립방정식을 푼다는 것은 주어진 방정식을 모두 만족시키는 해를 구한다는 것이다. 해를 구하기 위해서는 미지수를 소거하여 미지수가 1개인 방정식을 도출해야 한다. 이때 사용되는 방법으로는 가감법, 대입법, 등치법 등이 있다.

✎ 소거: 미지수가 2개인 연립방정식에서 두 미지수 중 하나를 없애는 것을 말한다.

① **가감법**: 연립방정식의 두 방정식을 서로 더하거나 빼는 방법이다.

② **대입법**: 연립방정식의 한 방정식에서 특정 미지수를 다른 미지수에 관한 식으로 변환하고, 이를 다른 방정식에 대입하는 방법이다.

③ **등치법**: 두 방정식을 특정 미지수에 관한 식으로 변환하고, 이를 같다고 놓은 상태에서 풀이하는 방법이다.

(2) 부등식

다음과 같이 부등식이 두 개 이상 모여 있는 것을 연립부등식이라고 한다. 연립부등식의 해는 주어진 부등식의 해를 구하여 그 교집합을 구하면 된다.

① 부등식의 양변에 같은 수를 더하거나 빼도 부등호의 방향은 바뀌지 않는다.

② 부등식의 양변에 같은 양수를 곱하거나 나누어도 부등호의 방향은 바뀌지 않는다.

③ 부등식의 양변에 같은 음수를 곱하거나 나누면 부등호의 방향이 바뀐다.

(3) 비례식

비 $a:b$와 비 $c:d$가 같다면, $a:b=c:d$로 등호로 연결하여 나타낼 수 있고 이를 비례식이라 한다. 여기서 $a:b$의 a를 '전항', b를 '후항'이라고 하며 $\dfrac{a}{b}$와 같고, $a:b=c:d$의 안쪽에 있는 두 항을 '내항', 바깥쪽에 있는 것을 '외항'이라고 하며 $\dfrac{a}{b}=\dfrac{c}{d}$와 같다. 또한, 비례식의 내항의 곱과 외항의 곱의 값은 같고, 다르다면 그것은 비례식이 아니다.

$$a \; : \; b$$
전항　　후항

$$a \; : \; b \; = \; c \; : \; d$$
내항
외항

① 기본 공식

㉠ $a : b = c : d \Leftrightarrow a : c = b : d$

㉡ $a : b = c : d \Leftrightarrow \dfrac{a}{b} = \dfrac{c}{d} \Leftrightarrow \dfrac{a}{c} = \dfrac{b}{d} \Leftrightarrow ad = bc$

② 응용 공식

㉠ $\dfrac{a+b}{b} = \dfrac{c+d}{d} \rightarrow \dfrac{a}{b} + 1 = \dfrac{c}{d} + 1 \rightarrow \dfrac{a}{b} = \dfrac{c}{d}$

$\dfrac{a-b}{b} = \dfrac{c-d}{d} \rightarrow \dfrac{a}{b} - 1 = \dfrac{c}{d} - 1 \rightarrow \dfrac{a}{b} = \dfrac{c}{d}$

㉡ 비의 전항과 후항에 0이 아닌 같은 수를 곱하거나 나누어도 비례관계는 성립한다.

$$a : b = a \times x : b \times x = \dfrac{a}{y} : \dfrac{b}{y}$$

③ 비례배분 : 전체를 주어진 비로 배분하는 것을 비례배분이라고 하고, 이때 주어진 비의 전항과 후항의 합을 분모로 하는 분수의 비로 고쳐야 한다.

$$X \times \dfrac{a}{a+b}, \; X \times \dfrac{b}{a+b}$$

2. 약수와 배수

(1) 약수·배수·인수

$$a = b \times c \text{ 또는 } a \div b = c$$

① 약수 : 어떤 정수 a를 나누어떨어지게 하는 b(또는 c)를 a의 약수라고 한다.

② 배수 : 어떤 정수 b(또는 c)의 배가 되는 수인 a를 배수라고 한다.

③ 인수 : 어떤 정수 a를 구성하는 b와 c를 a의 인수라고 한다.

예 21 = 3×7 ⇒ 3과 7은 21의 인수, 3과 7은 21의 약수, 21은 3과 7의 배수

(2) 소인수분해

$$a = b^m \times c^n$$

① 소수: 1보다 큰 어떤 자연수 중에서 약수가 1과 자기 자신만 있는 자연수를 소수라고 한다. 즉, $a \times 1$에서 a를 소수라고 하고 이에 해당하는 20 이하의 소수는 2, 3, 5, 7, 11, 13, 17, 19가 있다.

② 소인수분해: 소인수란 인수들 중에서 소수인 인수를 말하며, 소인수분해란 어떤 자연수를 소인수들의 곱으로 나타낸 것을 말한다.

  예 $100 = 2^2 \times 5^2 \Rightarrow$ 2와 5는 100의 소인수

(3) 공약수와 최대공약수

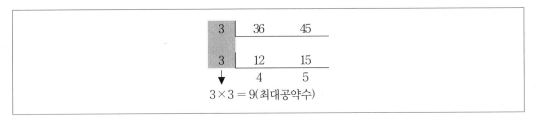

① 공약수: 서로 다른 두 개 이상의 정수의 약수 중 공통으로 포함되는 수를 공약수라고 한다.

② 최대공약수: 공약수 중에서 가장 큰 수를 최대공약수라고 한다.

③ 서로소: 공약수가 1뿐인 경우를 서로소라고 한다.

(4) 공배수와 최소공배수

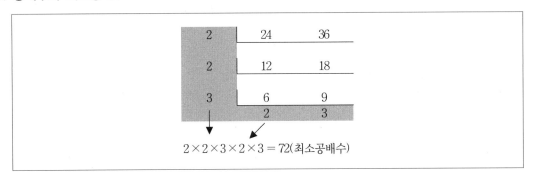

① 공배수: 서로 다른 두 개 이상의 정수에 공통되는 배수를 공배수라고 한다.

② 최소공배수: 공배수 중에서 가장 작은 수를 최소공배수라고 한다.

(5) 배수 판정법

① 3의 배수: 각 자릿수의 합이 3의 배수

　예 384 ⇒ 3 + 8 + 4 = 15(각 자릿수의 합이 3의 배수이다.)

② 4의 배수: 맨 끝 두 자리의 수가 4의 배수 또는 00

　예 272 ⇒ 72÷4 = 18(맨 끝 두 자리의 수가 4의 배수이다.)

③ 5의 배수: 일의 자리가 0 또는 5

　예 180 ⇒ 일의 자리 숫자가 0이므로 5의 배수이다.

④ 9의 배수: 각 자릿수의 합이 9의 배수

　예 432 ⇒ 4 + 3 + 2 = 9(각 자릿수의 합이 9의 배수이다.)

3. 경우의 수

(1) 경우의 수

① 합의 법칙: 두 사건 A, B가 동시에 일어나지 않을 때, 사건 A가 일어나는 경우의 수가 m가지이고, 사건 B가 일어나는 경우의 수가 n가지이면, 사건 A또는 B가 일어나는 경우의 수는 $m + n$이다.

② 곱의 법칙: 사건 A가 일어나는 경우의 수가 m가지이고, 사건 B가 일어나는 경우의 수가 n가지이면, 두 사건 A, B가 동시에 일어나는 경우의 수는 $m \times n$이다.

③ 카드 뽑기: 1에서 n까지 다른 숫자가 적힌 카드를 고를 경우

　㉠ 2장을 뽑아서 만들 수 있는 두 자리 자연수: $n(n-1)$

　㉡ 3장을 뽑아서 만들 수 있는 세 자리 자연수: $n(n-1)(n-2)$

④ 대표 뽑기

　㉠ n명이 한 줄로 설 때의 경우의 수: $n! = n \times (n-1) \times (n-2) \times \cdots\cdots \times 3 \times 2 \times 1$

　　(단, $n \geq 1$)

　㉡ n명의 후보 중에서 2명의 대표를 뽑는 경우의 수: $_nC_2 = \dfrac{n(n-1)}{2!}$

　㉢ n명의 후보 중에서 3명의 대표를 뽑는 경우의 수: $_nC_3 = \dfrac{n(n-1)(n-2)}{3!}$

⑤ 동전과 주사위

　㉠ 서로 다른 n개의 동전을 동시에 던질 때 일어나는 경우의 수: 2^n

　㉡ 서로 다른 n개의 주사위를 동시에 던질 때 일어나는 경우의 수: 6^n

(2) **순열**

① **순열**: 서로 다른 n개에서 중복을 허락하지 않고 r개를 택하여 일렬로 배열하는 것을 순열이라 한다.

　㉠ $_nP_r = \dfrac{n!}{(n-r)!}$ (단, $0 \le r \le n$)

　㉡ $n! = {_nP_n} = n \times (n-1) \times (n-2) \times \cdots \times 1$

　㉢ $_nP_0 = 1,\ 0! = 1$

② **중복순열**: 서로 다른 n개에서 중복하여 r개를 택하는 것을 중복순열이라고 하며 $_n\Pi_r = n^r$로 표기한다.

③ **원순열**: 원형으로 배열하는 것을 원순열이라고 하며 $(n-1)!$로 표기한다.

(3) **조합**

① **조합**: 서로 다른 n개에서 순서를 생각하지 않고 r개를 택하는 것을 조합이라고 한다.

　㉠ $_nC_r = \dfrac{_nP_r}{r!} = \dfrac{n!}{r!(n-r)!}$ (단, $0 \le r \le n$)

　㉡ $_nC_r = {_nC_{n-r}}\ \left(r > \dfrac{n}{2}\right)$

　㉢ $_nC_0 = {_nC_n} = 1$

　㉣ $_nC_1 = n$

② **중복조합**: 서로 다른 n개에서 중복하여 r개를 택하는 것을 중복조합이라고 하며 $_nH_r = {_{n+r-1}C_r}$로 표기한다.

4. 확률

(1) **확률의 정의**

어떤 실험이나 관찰에서 각 경우가 일어날 가능성이 같다고 할 때, 일어날 수 있는 모든 경우의 수를 n, 사건 A가 일어나는 경우의 수를 a라고 하자. 이때 사건 A가 일어날 확률을 $P(A)$라 하며 다음과 같이 나타낼 수 있다.

$$P(A) = \dfrac{a}{n} = \dfrac{\text{사건 } A \text{가 일어나는 경우의 수}}{\text{모든 경우의 수}}$$

① **확률의 기본성질**: 어떤 사건 A가 일어날 확률을 $P(A)$라고 하자.

　㉠ $0 \le P(A) \le 1$

　㉡ 사건 A가 일어나지 않을 확률은 $P(A^c) = 1 - P(A)$이고 이를 여사건이라고 한다.

　㉢ 반드시 일어나는 사건의 확률은 $P(U) = 1$이다.

　㉣ 절대로 일어나지 않는 사건의 확률은 $P(\varnothing) = 0$이다.

② **확률의 덧셈**: 두 사건 A, B가 동시에 일어나지 않을 때, 사건 A가 일어날 확률을 p, 사건 B가 일어날 확률을 q라고 하면, 사건 A 또는 B가 일어날 확률은 $p+q$이다. 단, 두 사건 A, B가 동시에 일어날 경우 사건 A 또는 B가 일어날 확률은 $p+q-r$이다. (단, r은 사건 A와 B가 동시에 일어날 확률)

$$P(A \cup B) = P(A) + P(B) - P(A \cap B)$$

③ **확률의 곱셈**: 두 사건 A와 B가 서로 영향을 끼치지 않고, 사건 A가 일어날 확률을 p, 사건 B가 일어날 확률을 q라고 하면, 두 사건 A와 B가 동시에 일어날 확률은 $p \times q$이다.

$$P(A \cap B) = P(A) \times P(B|A) = P(B) \times P(A|B)$$
$$P(A \cap B) = P(A) \times P(B)$$

(2) 독립시행의 확률

어떤 시행을 여러 번 반복할 때 매번 일어나는 사건이 모두 서로 독립일 경우 이를 독립시행이라고 한다. 즉 어떤 시행에서 사건 A가 일어날 확률이 p로 일정할 때, 이 시행을 독립적으로 n회 반복하는 시행에서 사건 A가 r회 일어날 확률을 다음과 같이 나타낸다.

$$P(A) = {}_nC_r p^r (1-p)^{n-r}$$

(3) 조건부확률

확률이 0이 아닌 두 사건 A, B에 대하여 사건 A가 일어났다고 가정했을 때, 사건 B가 일어날 확률을 조건부확률이라고 한다.

① $P(A|B) = \dfrac{P(A \cap B)}{P(B)}$ (단, $P(B) \neq 0$), $P(B|A) = \dfrac{P(A \cap B)}{P(A)}$ (단, $P(A) \neq 0$)

② $P(A \cap B) = P(A) \times P(B|A) = P(B) \times P(A|B)$

③ 두 사건 A와 B가 독립이면 $P(A \cap B) = P(A) \times P(B)$

(4) 독립사건

조건부확률이 종속적이라면 독립사건은 독립적이다. 예를 들어, 사건 A가 일어날 경우와 일어나지 않을 경우에 따라 사건 B가 일어날 확률이 달라진다면 사건 A는 사건 B의 종속 사건이라고 하고, 사건 A가 일어나든 일어나지 않든 사건 B가 일어날 확률이 달라지지 않는다면 사건 A와 사건 B는 독립사건이다.

사건 A와 B가 독립이면 →
$$P(B|A) = P(B|A^c) = P(B)$$
$$A^c와 B가 독립$$
$$P(A \cap B) = P(A) \times P(B)$$

(5) 기댓값

어떤 사건 A가 벌어졌을 때의 이득과 그 사건이 벌어질 확률을 곱하는 것을 기댓값이라고 한다.

5. 가격 계산 및 비율 계산

(1) 가격 계산

① **원가와 정가**: 가격 계산 문제는 원가, 정가, 할인가, 이익률, 할인율 등을 구하는 것이다.
   출제 유형으로는 제품에 붙는 가격을 계산하는 문제로 정가에서 일정 비율을 할인한 금액이
   얼마인지 묻는 문제, 원가에 이익을 몇 % 붙여서 정가를 책정할 것인지 정하는 문제, 이익률
   과 할인율 제시해주고 원가나 정가를 구하는 문제 등이 있다.
   ㉠ 원가: 해당 물건에 이익을 붙이지 않은 원래의 액수
   ㉡ 정가: 원가에 이익을 붙인 액수
   ㉢ 할인가: 정가에서 $x\%$ 할인한 액수

② **이익·할인**
   ㉠ 정가 = 원가 + 이익
   ㉡ 매출액 = 판매가 × 판매량
   ㉢ 이익 = {판매가(판매가는 정가 또는 할인가) − 원가} × 판매량

   ∠ (판매가 − 원가)의 부호가 음수이면 손해, 양수이면 이득이다.

   ㉣ 총이익 = 이익 × 판매량
   ㉤ x원에 $a\%$ 이익을 붙이면 $\left(1+\dfrac{a}{100}\right)x$(원), x원에서 $b\%$ 할인을 하면 $\left(1-\dfrac{b}{100}\right)x$(원)이다.
   ㉥ 할푼리: 소수점 첫째 자리를 '할', 둘째 자리를 '푼', 셋째 자리를 '리'라고 한다.

(2) 비율 계산

비율은 $\dfrac{\text{비교하는 양}}{\text{기준량}}$ 의 값으로 분수 혹은 소수로 나타낼 수 있다. 이때 기준량이 바뀌면 비율
도 바뀌게 된다. 그리고 비율에 100을 곱한 값을 백분율이라고 한다.

> • 비율 $= \dfrac{\text{비교하는 양}}{\text{기준량}}$
> • 비교하는 양 = 기준량 × 비율
> • 기준량 $= \dfrac{\text{비교하는 양}}{\text{비율}}$
> • 백분율 = 비율 × 100

① 이익률 $= \dfrac{\text{이익}}{\text{원가}} \times 100$

② 할인율 $= \dfrac{\text{할인액}}{\text{정가}} \times 100$

③ $a : b = c : d$일 때, $ad = bc$

④ 전체의 $\dfrac{n}{m} = \dfrac{n}{m} \times (\text{전체 수})$, 전체의 $a\% = \dfrac{a}{100} \times (\text{전체 수})$

⑤ x가 $a\%$ 증가했을 때, 증가량은 $\dfrac{a}{100} \times x$이고, 전체 양은 $x + \dfrac{a}{100} \times x = \left(1 + \dfrac{a}{100}\right)x$

⑥ x가 $b\%$ 감소했을 때, 감소량은 $\dfrac{b}{100} \times x$이고, 전체 양은 $x - \dfrac{b}{100} \times x = \left(1 - \dfrac{b}{100}\right)x$

6. 농도, 거리 · 속력 · 시간

(1) 농도의 정의

소금물이나 설탕물의 질량을 구하는 문제, 서로 다른 소금물이나 설탕물을 섞는 문제, 물을 추가하는 문제, 소금이나 설탕을 추가하는 문제, 소금물이나 설탕물을 증발시키는 문제 등이 출제된다. 이런 문제들에서 가장 중요한 것은 용질의 농도로 소금과 설탕이 이에 속한다. 보통 소금과 설탕의 농도 변화를 묻는 문제들이 많으므로 이를 잘 비교해야 한다.

① **용매** : 보통 물 같은 액체가 용매에 속하고, 용질을 녹여 용액으로 만들 수 있다.

② **용질** : 보통 소금이나 설탕 같은 고체가 용질에 속하고, 용매에 녹아 들어가 소금물이나 설탕물 같은 용액이 만들어진다. 이때 용질이 고체가 아닌 액체일 경우 양이 많은 것은 용매이고, 양이 적은 것은 용질이다.

③ **용액** : 소금과 물이 섞여 소금물이 만들어지는 것처럼 용매와 용질이 섞여 만들어지는 것을 용액이라고 한다.

④ **용해** : 고체나 액체가 다른 물질에 들어가 녹아 고르게 섞이는 현상이다.

⑤ **농도** : 용액 안에 녹아 있는 용질의 비율로 백분율로 표시해준다.

(2) 농도의 공식

① **용액의 공식** : 용액의 농도(%) $= \dfrac{\text{용질의 양}}{\text{용액의 양}} \times 100$

$\qquad\qquad\qquad\qquad = \dfrac{\text{용질의 양}}{(\text{용매} + \text{용질})\text{의 양}} \times 100$

② **소금물(설탕물)의 공식** : 소금물(설탕물)의 농도(%) $= \dfrac{\text{소금의 양}}{\text{소금물의 양}} \times 100$

$\qquad\qquad\qquad\qquad\qquad\qquad = \dfrac{\text{소금의 양}}{(\text{물} + \text{소금})\text{의 양}} \times 100$

③ **소금(설탕)의 양의 공식** : 소금(설탕)의 양 $= \dfrac{\text{소금물의 양} \times \text{농도}}{100}$

⑶ 거리 · 속력 · 시간의 정의

왕복 거리를 구하는 문제, 시간을 계산하는 문제, 기차가 터널을 통과하는 문제, 강물의 유속을 구하는 문제, 두 사람이 같이 출발하는 문제, 두 사람이 만나는 문제, 두 사람이 반대 방향으로 출발하는 문제, 같은 구간을 왕복하는 문제, 속력이 바뀌는 문제 등이 출제된다. 이때 거리, 속력, 시간 중 어떤 것이 중점이 되는지 고려해서 방정식을 세우는 게 문제를 푸는 핵심이다.

① 거리 : 물체나 지점 사이의 거리를 나타내는 것으로 보통 A지점에서 B지점 사이의 거리, 갑과 을 사이의 거리를 묻는 경우가 많다.

② 속력 : 물체의 **빠르기**를 나타내는 것으로 단위는 km/h, m/s 등을 사용한다.

③ 시간 : 보통 도착할 때까지 걸린 시간, 두 사람이 만나는 시간을 묻는 경우가 많다.

⑷ 거리 · 속력 · 시간의 공식

① 거리 공식 : 거리 = 속력 × 시간

② 속력 공식 : 속력 = $\dfrac{거리}{시간}$

③ 시간 공식 : 시간 = $\dfrac{거리}{속력}$

④ 평균 속력 공식 : 평균 속력 = $\dfrac{전체\ 이동\ 거리}{총\ 이동\ 시간}$

⑸ 단위환산

1km = 1000m = 100000cm	1cm = 0.01m = 0.00001km
1시간 = 60분 = 3600초	1초 = $\dfrac{1}{60}$ 분 = $\dfrac{1}{3600}$ 시간
24시간 = 1440분 = 86400초	

7. 일률, 기타 응용수리

⑴ 일률의 정의

물탱크나 풀장에 물을 채우는 문제, 공장에서 제품을 완성하는 문제 등이 출제된다. 이런 문제들에서 가장 중요한 것은 시간과 일의 양 중 어떤 것이 문제의 중심이 되는지를 파악하는 것이다.

① 일률 : 단위 시간 동안에 행한 일의 양이다.

② 일의 양 : 같은 일을 두 사람 이상이 나누어서 수행할 경우 전체 일의 양은 1이다.

③ 동일한 시간 동안 일을 할 경우 일의 양과 일률은 비례한다.

④ 동일한 양의 일을 할 경우 일률과 시간은 반비례한다.

⑵ **일률의 공식**

① 일률$=\dfrac{일의\ 양}{시간}$

② 일의 양 $=$ 일률$\times$시간

③ 시간$=\dfrac{일의\ 양}{일률}$ (단, 일의 양은 1로 놓는다.)

⑶ **나이**

나이 계산 문제는 보통 가족 간의 나이 차이나 합을 물어보는 유형으로 출제된다. 나이 계산 시 10의 자리가 x, 1의 자리가 y이면, $10x+y$로 표현한다.

⑷ **시간**

시간 문제는 시침과 분침이 일치하는 시각을 찾는 문제가 많이 출제된다.

① 분침은 1시간에 360° 회전하기 때문에 분당 6°만큼 회전한다.

② 시침은 1시간에 30° 회전하기 때문에 분당 0.5°만큼 회전한다.

⑸ **날짜, 요일**

날짜 문제는 요일을 맞추는 문제나 며칠인지를 맞히는 문제가 주로 출제된다.

① 일주일은 7일을 주기로 반복된다.

② 날짜에서 7로 나눈 나머지로 요일을 알 수 있다.

③ 1년이 365일이면 52주 1일이므로 매년 같은 날짜의 요일은 1일씩 뒤로 밀린다.

　　✎ 단, 윤년은 366일이기 때문에 2일씩 뒤로 밀린다.

확인학습

01 마트에서 민지, 하니, 해린이 구매한 사탕은 모두 30개이다. 민지와 하니가 구매한 사탕의 비는 2:3이고, 민지와 해린이 구매한 사탕의 비는 4:5일 때, 하니가 구매한 사탕의 개수를 구하면?

① 10개

② 12개

③ 14개

④ 16개

해설 민지 : 하니 : 해린 $= 4 : 6 : 5$이므로 하니가 구매한 사탕의 개수는 $30 \times \dfrac{6}{4+6+5} = 12$(개)이다.

02 가로, 세로, 높이가 각각 45cm, 30cm, 15cm인 직육면체 모양의 블록이 있다. 이 블록을 일정한 방향으로 빈틈없이 쌓아 가장 작은 정육면체를 만들려고 할 때, 필요한 블록의 개수는 몇 개인가?

① 24개

② 30개

③ 36개

④ 40개

해설 직육면체 모양의 블록의 가로, 세로, 높이에 해당하는 45, 30, 15의 최소공배수를 구해 보자.

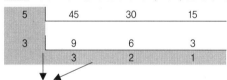

$5 \times 3 \times 3 \times 2 \times 1 = 90$(최소공배수)

블록을 쌓아 만들 수 있는 가장 작은 정육면체는 한 변의 길이가 90cm인 정육면체이다.

$45 \times 2 = 90$, $30 \times 3 = 90$, $15 \times 6 = 90$이므로

필요한 블록의 개수는 $2 \times 3 \times 6 = 36$(개)이다.

03 동전 3개를 동시에 던질 때, 앞면이 2개 이상 나오는 경우의 수는?

① 4가지

② 5가지

③ 6가지

④ 7가지

해설 앞면이 2개 나오는 경우 : (앞면, 앞면, 뒷면), (앞면, 뒷면, 앞면), (뒷면, 앞면, 앞면)의 3가지

모두 앞면이 나오는 경우 : (앞면, 앞면, 앞면)의 1가지

따라서 덧셈의 법칙을 이용하면 앞면이 2개 이상 나오는 경우의 수는 $3 + 1 = 4$(가지)이다.

04 흰 공이 2개, 검은 공이 3개 들어 있는 상자에서 동시에 2개의 공을 꺼낼 때, 꺼낸 두 개의 공이 같은 색일 확률은?

① $\dfrac{6}{25}$ 　　　　　　　　　② $\dfrac{3}{5}$

③ $\dfrac{1}{8}$ 　　　　　　　　　④ $\dfrac{2}{5}$

해설 꺼낸 2개의 공이 모두 흰 공일 경우, 모두 검은 공일 경우는 동시에 일어나지 않는 사건이므로 두 경우를 더하면 된다.

꺼낸 두 공 모두 흰 공일 확률 : $\dfrac{2}{5} \times \dfrac{1}{4} = \dfrac{2}{20}$

꺼낸 두 공 모두 검은 공일 확률 : $\dfrac{3}{5} \times \dfrac{2}{4} = \dfrac{6}{20}$

$\dfrac{2}{20} + \dfrac{6}{20} = \dfrac{8}{20} = \dfrac{2}{5}$ 이다.

05 혜인의 올해 연봉은 작년 연봉에서 80% 인상되었고, 이는 작년 대비 30% 오른 것에 500만 달러를 더한 것과 같다고 한다. 이때 혜인의 올해 연봉은 얼마인가?

① 1,800만 달러 　　　　　② 1,850만 달러
③ 1,900만 달러 　　　　　④ 1,950만 달러

해설 작년 연봉을 a(만 달러)라고 하면 올해 연봉은 $(1+0.8)a$(만 달러)이다.
$1.8a = 1.3a + 500$
$\therefore a = 1000$
따라서 올해 연봉은 $1,000 \times 1.8 = 1,800$(만 달러)이다.

06 채원, 윤진 두 사람이 일을 하는데 채원이 8일, 윤진이 5일 동안 하면 완성할 수 있는 일을 채원이 4일, 윤진이 10일 동안 일하여 완성하였다. 이 일을 윤진이 혼자 한다면 며칠이 걸리는가?

① 12일 　　　　　　　② 13일
③ 14일 　　　　　　　④ 15일

해설 전체 일의 양을 1로 놓고 채원, 윤진이 하루에 할 수 있는 일의 양을 각각 x, y라 하면
$\begin{cases} 8x+5y=1 \\ 4x+10y=1 \end{cases}$
위 식을 연립하여 풀면
$\therefore x = \dfrac{1}{12}, \ y = \dfrac{1}{15}$
따라서 윤진이 일을 혼자 하면 15일이 걸린다.

Answer　**01.** ②　**02.** ③　**03.** ①　**04.** ④　**05.** ①　**06.** ④

추리능력

1. 수열 · 문자열 추리

(1) 직선형 수열 · 문자열

수 또는 문자의 나열에서 +, −, ×, ÷ 등의 연산을 사용한 일정한 규칙을 찾아 그 다음에 나올 숫자나 문자를 추리하는 유형이다. 규칙을 쉽게 찾을 수 있는 단순한 문제부터 두 가지 이상의 규칙이 적용된 복잡한 문제가지 문제의 종류가 매우 다양하다.

① **일반형**: 인접한 두 항의 증가나 감소와 같은 일정한 규칙을 찾는 수열이다. 증감폭이 동일한 경우(ⓐ, ⓑ), 증감하는 숫자에 규칙이 적용되는 경우(ⓒ), 곱셈이나 나눗셈이 적용되는 경우(ⓓ, ⓔ) 등이 있다.

ⓐ 2 4 6 8 10 …
ⓑ 100 95 90 85 80 …
ⓒ 1 3 7 13 21 …
ⓓ 2 4 8 16 32 …
ⓔ 100 50 25 12.5 …

---

② **건너뛰기형**: 짝수번째 항과 홀수번째 항을 따로 나누어 규칙을 찾는 수열

---
100 −91 90 −82 80 −73 70 −64 60 −55 50 …

위 수열의 홀수 항은 10씩 감소하며 짝수 항은 9씩 증가하는 규칙을 가진다. 수의 배열에서 동일한 숫자가 연속적으로 보이는 경우의 대부분은 건너뛰기형이다.

---

③ **시리즈형**: 항의 증감 규칙이 하나의 시리즈를 이루는 수열

---
2 4 7 11 13 16 20 22 25 29 …

위 수열은 +2, +3, +4의 규칙이 반복된다.

📙 더 알아보기 ┃ 자주 나오는 수열 규칙

- **피보나치 수열**: 앞 두 항의 합이 다음 항이 되는 수열
  예 1 3 4 7 11 18 29
- **군수열**: 전체적으로 규칙이 있는 것이 아닌, 묶여진 군 안에서 규칙이 존재하는 수열
  예 [2 5 7] [1 8 9] [−3 2 −1] [6 −3 3]
  → 첫 번째 항과 두 번째 항의 합이 세 번째 항의 값이 된다.
- **제곱과 관련된 수열**: 각 수의 제곱으로 이루어진 수열
  예 1 4 9 16 25 36
  → 1^2, 2^2, 3^2, 4^2, 5^2, 6^2의 규칙이다.

(2) 도형형 수열 · 문자열

도형형 수열은 배열방법에서 차이가 있을 뿐 직선형 수열과 규칙이 동일하다. 박스나 가지치기 형태의 문제가 출제된다. 박스에 있는 숫자나 문자 배열의 경우 시계방향이나 상하, 좌우, 대각선 방향 등 다양한 관점에서 규칙을 찾아야 한다.

① **행렬형** : 사각형에 숫자나 문자를 배열하며 상하, 좌우, 대각선 방향으로 증감을 따지는 형태이다.

6	12	36
11	22	66
8	16	48

가로방향으로 ×2, ×3의 규칙을 가진다.

② **테이블형** : 각 상자 안의 숫자나 문자들이 일정한 규칙에 따라 가로 또는 세로로 배열되어 있다. 그 규칙을 찾아 빈칸에 들어갈 숫자나 문자를 찾는 형태이다.

A	c	마	G	자	k
ㄱ	3	V	ㅅ	IX	?

위 수열(문자열)에는 한글, 알파벳, 로마자, 숫자가 모두 사용되었다. 각 문자를 알파벳과 한글자음 순서를 고려하여 숫자로 치환하면 아래와 같다.
A c 마 G 자 k → 1 3 5 7 9 11
ㄱ 3 V ㅅ IX → 1 3 5 7 9 ?
따라서, ?에는 11번째에 맞는 숫자 또는 문자가 들어가는데, 윗줄 'c'의 아래에 '3'이 오므로 숫자 11이 들어가는 것이 알맞다.

③ **도형형** : 도형 또는 그래프의 형식으로 문자와 숫자를 추리하는 형태다.

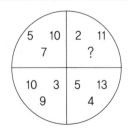

사분원 안에 들어있는 수의 합이 22로 일정한 규칙을 갖고 있다. 2+11+?=22가 되어야 하므로, ?에 해당하는 수는 9이다.

2. 도형추리

(1) 진행형

도형이 왼쪽에서 오른쪽으로 진행됨에 따라 변화하는 규칙을 찾아 ?에 들어갈 도형을 찾는 유형이다.

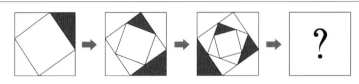

정사각형 안에 내접하는 또 다른 정사각형이 윗변에 색과 함께 단계마다 추가되고 또한 색칠된 영역은 단계마다 시계방향으로 90°씩 이동하는 규칙이다. 따라서, ?에 들어갈 도형은 아래와 같다.

도형이 변하는 규칙의 패턴은 크게 다음과 같이 살펴볼 수 있다.

① **위치변화**: (반)시계 방향으로 이동, 90도 회전, 180도 회전 등

② **색 반전**: 색칠된 부분은 색이 없어지고, 색이 없는 부분은 색이 칠해짐

③ **도형 요소 증가 · 감소**: 진행 방향으로 갈수록 선(또는 다른 도형이나 요소)이 생기거나 없어짐

④ **꼭짓점 수 증가 · 감소**: 삼각형, 사각형, 오각형…

(2) 비례식형

A : B = C : ? 형태의 문제로 출제된다. A : B에서 두 도형의 관계를 C : ?에 적용시켜 ?에 들어갈 도형을 추리해 내는 유형이다.

A : B = C : ? 유형이다. A : B를 보면, A가 시계방향으로 90도 회전한 것이 B가 된다. 따라서, ?에 들어갈 그림은 아래와 같다.

(3) 행렬형

도형을 □□□ 에 배열한 후 배열되지 않은 1개의 위치에 들어갈 도형을 묻는 유형이다.

(4) 규칙전환형

어떤 숫자·문자·도형들이 주어진 기호에 의해 변화하는 도식이 주어진다. 이 도식에서 기호들이 어떠한 규칙을 갖고 있는지 파악해야 한다. 보통 규칙은 주어진 것의 순서나 배열을 바꾸거나 색을 반전하는 것 등으로 주어진다. 처음 보았을 때 다소 까다로워 보일 수 있으나, 연습만 충분히 하면 풀 수 있는 문제 유형이다.

1234 * ♥ = 4321
1234 * ◇ = 4231
위와 같은 규칙이 주어진다면, ♥와 ◇는 각각
♥ : 배열을 거꾸로 바꾸기
◇ : 첫 번째 자리와 마지막 자리 바꾸기
라는 규칙임을 추론할 수 있다. 따라서, ABCDE * ◇ =?가 주어진다면, ?에는 ABCDE의 첫 번째와 마지막 자리를 바꾼 'EBCDA'가 들어가야 함을 알 수 있다.

---

3. 언어추리

여러 가지 조건이나 상황이 주어지고, 이에 대한 질문이 주어지는 형태의 문제다. 조건에 따라 방이나 건물에 사람이나 그룹을 배치하는 방법을 묻는 문제, 토너먼트 문제, 순서를 정하는 문제, 수치를 비교하는 문제, 주어진 알리바이에 따라 범인을 찾는 문제 등 유형이 매우 다양하다. 주어진 조건에 따라 추론이 필요한 유형으로, 난이도가 높은 편이다.

> **더 알아보기** ┃ 언어추리 유형 및 풀이법
>
> **1. 대표유형**
> • 순서 나열하기 : 길찾기, 탁자에 사람 배치, 요일 찾기, 층 배치
> • 토너먼트 : 진출팀 고르기, 점수 결과 맞추기
> • 고르기 : 대표 선출하기, 거짓말쟁이 고르기
> • 명제문제 : 정언, 가언조건 활용
>
> **2. 풀이법**
> • 조건을 도표나 그림 등으로 시각화하여 하나씩 채워나간다.
> • 감이 잡히지 않는 경우, 선택지 내용을 하나씩 문제의 조건에 넣어보면서 답을 찾는 것도 방법이다.

01 다음 숫자의 나열에서 공통된 규칙을 찾아 빈칸에 알맞은 것을 고르면?

2 4 7 12 20 33 ( )	

① 40　　　　　　② 48　　　　　　③ 54　　　　　　④ 61

해설 앞의 두 수를 합한 값에서 1을 더한 값이 다음 항이 된다.

02 다음 도형 안 숫자의 나열에서 공통된 규칙을 찾아 ?에 알맞은 것을 고르면?

?	10	21
76		32
65	54	43

① 81　　　　　　② 86　　　　　　③ 87　　　　　　④ 89

해설 10부터 시계방향으로 +11의 규칙이다.

03 배열되어 있는 도형의 일정한 규칙을 찾아 ?에 들어갈 알맞은 도형을 고르면?

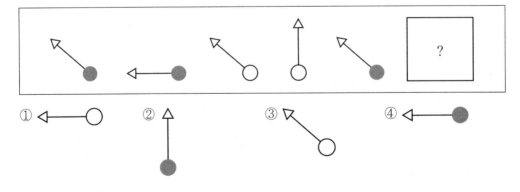

해설 앞의 도형 4개가 반복되고 있는 규칙이다.

04 〈보기〉 도식의 기호들은 규칙에 따라 주어진 문자나 숫자를 변화시킨다. 규칙을 찾아 ?에 알맞은 것을 고르면?

┤ 보기 ├
0D38 * ☆ = 83D0
CKSL * ▼ = LKSC

CL8S * ▼ * ☆ = ?

① SL8C   ② C8LS
③ L8LC   ④ 8CLS

해설

☆ : 배열을 거꾸로 바꾸기
▼ : 첫 번째 자리와 마지막 자리 바꾸기

CL8S * ▼ = SL8C, SL8C * ☆ = C8LS

05 A, B, C, D, E의 5개 회사가 5층의 건물의 각 층을 사용하고 있다. B와 C 간 층수의 차이가 A와 B 간 층수의 차이와 같다. D가 E보다 더 높은 층에 있고 A는 5층에 있으며 C가 1층에 있을 때, 다음 중 참인 것은?

① A와 E는 인접 층이다.
② B와 E는 인접 층이다.
③ E는 2층보다 높은 층에 있다.
④ D는 2층에 있다.

해설 A-B, B-C 사이 층수 차이가 같다고 했고 A는 5층, C가 1층이므로 B는 3층에 위치한다.
D가 E보다 높은 층이므로 D가 4층, E가 2층이다.
정리하면, C가 1층, E가 2층, B가 3층, D가 4층, A가 5층에 있다.

Answer   1. ③   2. ③   3. ④   4. ②   5. ②

Chapter

06 공간지각능력

1. 지각력

제시된 그림과 같은(다른) 도형을 찾는 유형, 그림을 90도 또는 180도 회전한 모양을 찾는 유형으로 출제된다.

다음 도형과 같은지 다른지 여부를 (a), (b) 중에 찾아보자.

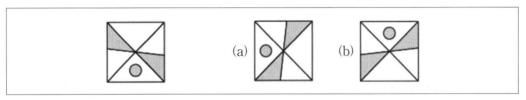

(a)는 원래의 도형을 반시계방향으로 90도 회전한 모양이므로 같은 것이다.

(b)는 원래의 도형에서 색칠된 삼각형 부분과 색칠된 원의 위치가 모두 다르므로 같은 것이라 할 수 없다.

2. 전개도

(1) 입체도형에 맞는 전개도 찾기

주어진 입체도형을 펼쳤을 때 나올 수 있는 전개도를 찾는 유형이다.

다음 입체도형의 전개도를 찾아보자.

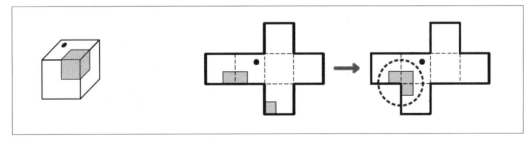

왼쪽 전개도를 접으면, 위와 같이 한쪽 지점에 칠해진 세 면이 모이게 되므로, 주어진 입체도형의 전개도임을 알 수 있다.

(2) 전개도로 입체도형 찾기

입체도형으로 전개도를 찾는 유형보다는 난이도가 낮다고 할 수 있다. 전개도에 나타난 입체도형의 특징, 즉 선이나 무늬의 위치 등을 찾아 선택지에서 하나씩 지워나가면서 답을 찾는 것이 방법이다.

3. 블록

정육면체형의 블록을 쌓은 모양을 보고 그 개수를 세고, 유추하는 문제가 주로 출제된다.

(1) 블록 개수 세기

제시된 블록 개수를 세는 유형, 블록의 앞·뒤를 보여주고 전체 블록의 개수를 세는 유형으로 출제된다. 블록의 개수를 셀 때는 1층(단), 2층, 3층, 4층…으로 나누어 세는 것이 좋다. 다음과 같은 블록을 쌓아놓은 모양에서, 블록의 개수를 세어 보자.

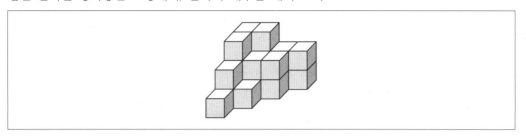

1층 : 10개, 2층 : 8개, 3층 : 3개
이므로 블록의 개수는 총 21개이다.

(2) 블록 결합

2×2×3, 3×3×2 등 제시된 육면체 블록을 만들기 위해 필요한 블록을 유추하는 문제이다. 두 가지 모양의 블록을 결합했을 때 나올 수 있는(없는) 모양을 찾는 유형, 문제에서 두 개의 블록 A, B를 제시한 뒤 C를 찾는 유형 등으로 제시된다.

블록이 3차원으로 제시되기 때문에 눈에 보이지 않는 부분까지 머릿속에 그릴 수 있어야 한다. 상당히 난해한 유형이나 한 번 풀이 방법을 터득하면 문제를 수월하게 풀이할 수 있으므로 반복적인 연습을 해야 한다.

다음과 같은 두 가지 모양의 블록을 결합했을 때 나올 수 있는 형태를 찾아보자.

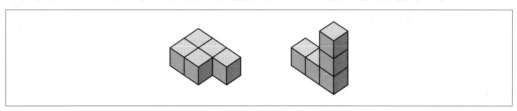

아래와 같은 모양이 나올 수 있다.

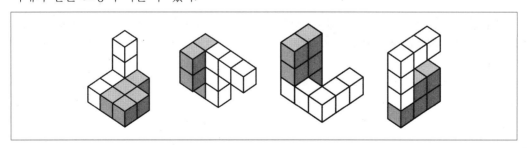

(3) 블록 겉넓이

쌓인 블록의 칠할 수 있는 면의 수를 묻는 문제, 겉넓이를 묻는 문제로 출제된다. 칠할 수 있는 면의 수는 밑면을 제외하는 경우가 있으므로 이에 유의한다.

블록의 겉넓이 = [정면에서 본 넓이 + 위에서 본 넓이 + 오른쪽(왼쪽)에서 본 넓이] ×2

4. 기타 유형

(1) 펀치

종이를 접은 뒤 구멍을 뚫거나 가위로 오려 낸 후, 종이를 다시 펼쳤을 때의 모양을 찾는 유형이다. 종이 형태는 정사각형, 직사각형, 원형이 제시된다. 종이를 접는 방향과 순서가 중요하다. 접는 선의 기준선이 선대칭이며, 접는 순서와 반대로 풀이하는 것이 요령이다.

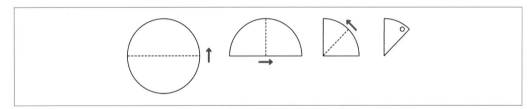

종이를 펼쳤을 때의 그림은 아래와 같이 나타낼 수 있다.

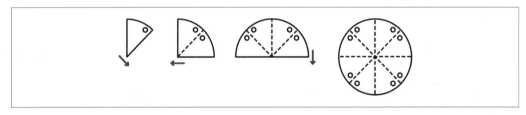

접는 선을 찾은 후 선대칭 기준선을 잡고 구멍을 접는 선을 기준으로 대칭시킨다.

(2) 투상도

입체도형을 앞, 옆, 위에서 보았을 때의 도형 형태를 보여주고 이것이 어떤 입체도형을 나타내는 것인지 선택지에서 고르는 유형이다.

(3) 조각 배열

그림을 잘랐을 때 나올 수 없는 조각(도형)을 찾는 유형, 주어진 조각(도형)들을 재배열하여 나오는 도형을 찾는 유형 등으로 출제된다.

⊘ 유형별 풀이법

유형	세부사항
지각력	평면도형의 회전과 대칭의 움직임의 방향과 규칙을 인지하고 문제를 풀어 나간다.
전개도	정육면체뿐만 아니라 정사면체, 육각기둥 등의 다양한 모양의 전개도가 출제될 수 있으므로 다양한 문제를 풀어 보아야 한다.
블록	블록 개수 세기의 경우 블록을 세기에 좋은 곳으로 이동시켜 세는 연습을 하여야 하고, 최대·최소 개수 세기의 경우 평면도를 중심으로 개수를 판별하는 연습을 하여야 한다.
펀치	최종 접은 모형을 전 단계의 모형에 투영시켜 반대로 접은 선을 중심으로 대칭성을 이용하여 그려 나가는 방법이 정석적인 풀이법이다. 그러나 선택지를 분석하여 접은 선에 대한 대칭성을 중심으로 소거법을 이용하여 푸는 방법을 사용하면 실전에서 훨씬 더 도움이 될 것이다.
투상도	선택지 도형들을 투상도와 비교하며 정답이 될 수 없는 부분을 제거하면서 푸는 것이 요령이다.

www.pmg.co.kr

01 제시된 도형과 같은 도형을 고르면?

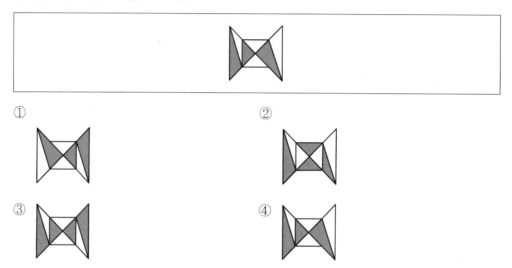

02 제시된 전개도를 접었을 때 나올 수 있는 입체도형은?

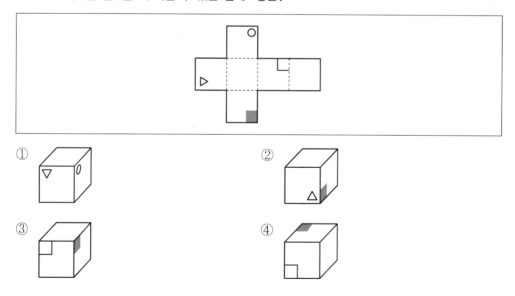

03 다음은 앞과 뒤에서 본 블록의 모양이다. 블록의 개수는?

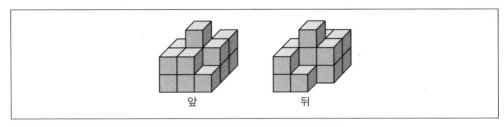

① 14개   ② 15개   ③ 16개   ④ 17개

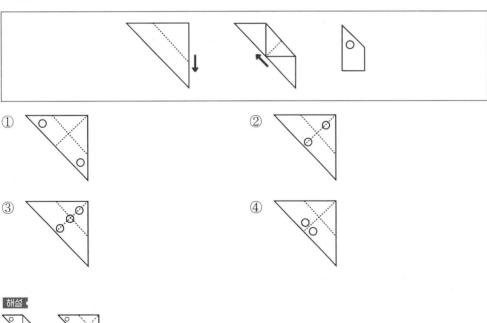

앞 : 3개(가로) × 2개(세로) × 2개(높이) = 12개
뒤 : 3개
∴ 12개 + 3개 = 15개

04 종이를 화살표 순서대로 접은 후 구멍을 뚫고 다시 펼쳤을 때의 그림으로 알맞은 것은?

Answer   1. ④   2. ③   3. ②   4. ①

기초영어

1. 영단어

영어 단어의 의미를 묻는 유형, 단어의 스펠링(spelling)을 묻는 유형, 문장 속 단어를 유추하여 찾는 유형 등으로 출제된다. 특히 자동차 관련 영단어와 일상생활에서 쓰이는 영어 표현들은 알아두어야 한다. 아래 자동차 관련 영단어는 꼭 외워두자.

> **세단(Sedan)** 고정된 지붕과 하나의 객실에 2열의 좌석을 설치한 4~6인용 승용차. 보통 4도어 승용차
>
> **하드 톱(Hard Top)** 일반적으로 센터 필러(측면 기둥)가 없는 세단형 승용차
>
> **쿠페(Coupe)** 본래 2인승 세단을 의미하나 최근에는 2도어에 지붕이 낮고 스마트한 형태의 승용차를 지칭한다.
>
> **해치 백(Hatch Back)** 다목적용 승용차로서 하드 톱, 쿠페 뒤에 게이트(백도어)를 가진 승용차
>
> **컨버터블(Convertible)** 일반적으로 객실의 루프(지붕)가 접히는 승용차
>
> **리무진(Limousine)** 운전석과 뒷좌석의 사이가 유리 칸막이로 차단된 구조이며 주로 VIP용으로 쓰이는 호화차량
>
> **스테이션 왜건(Station Wagon)** 객실 좌석의 뒤쪽에 화물을 실을 수 있는 승용차. 세단의 변형으로서 좌석을 밀게 하여 그 뒷부분을 화물실로 하고 뒷면에 문을 설치한 승용차
>
> **라이트 밴(Light Van)** 운전실과 화물실이 일체로 된 객실을 가진 승용차로 화물차 개념의 승용차
>
> **원 박스 카(One Box Car)** 레저용으로 많이 쓰이는 자동차로 미니 버스의 개념
>
> **캡 오버 트럭(Cab Over Truck)** 운전대가 기관의 위에 위치하고 있는 트럭
>
> **픽업(Pick Up)** 지붕이 없는 화물실을 운전실의 후방에 설치한 소형 트럭
>
> **풀 트레일러(Full Trailer)** 총 하중을 트레일러만으로 지탱되도록 설계되어 선단에 견인구 즉, 트랙터를 갖춘 트레일러
>
> **실린더 헤드(Cylinder Head)** 자동차 엔진의 본체를 구성하는 부품으로, 실린더 블록 위쪽에 있으며 밸브장치가 부착되어 있다.
>
> **실린더 블록(Cylinder Block)** 자동차 엔진의 본체를 구성하는 부품으로, 연료의 열에너지를 기계적 에너지로 변환하는 역할을 하며, 냉각수 통로, 오일 통로와 엔진의 각 부속품이 부착되어 있다.
>
> **하이브리드 자동차(Hybrid Electric Vehicle)** 2가지 이상의 동력원을 함께 사용할 수 있는 자동차
>
> **전기자동차(EV, Electric Vehicle)** 자동차의 구동 에너지를 전기에너지로부터 얻는 자동차
>
> **수소연료전지 자동차(FCEV, Fuel Cell Electrical Vehicle)** 수소와 공기 중의 산소를 반응시켜 얻은 전기로 모터를 구동하는 자동차
>
> **이모빌라이저 시스템(Immobilizer System)** 차량 도난방지를 위하여 엔진 컨트롤 모듈에 등록된 키에 의해서만 시동이 가능하도록 한 자동차 도난방지 시스템
>
> **크루즈 컨트롤(CC, Cruise Control)** 주행 중 일정 속도를 유지하게 해주는 기술
>
> **FCA(Forward Collision-avoidance Assist)** 시스템 충돌을 피하거나 충돌 위험을 줄여 주기 위한 장치

LDW(Lane Departure Warning System) 차로 이탈 경고 전방 주행 영상을 촬영하여 차선을 인식하고 이를 이용하여 운전자가 의도하지 않은 차로 이탈 검출 시 경고하는 시스템

LKA(Lane Keeping Assist) 차로 이탈 방지 보조차로 이탈 경고 기능에 조향력을 부가적으로 추가해 차량이 좌우측 차선 내에서 주행 차로를 벗어나지 않도록 하는 기능

BCW(Blind-spot Collision Warning) 시스템 후측방 충돌 방지 보조 시스템

클러치(Clutch) 동력을 전달 및 차단하는 기능을 하는 부품

CVT(Continuously Variable Transmission) 무단 변속기

종감속장치(Final Reduction Gear) 추진축의 회전 동력을 직각 방향으로 뒤차 축에 전달하고 감속하여 회전력을 증대시킴

차동기어(Differential Gear) 선회 시 좌우측 바퀴의 회전수 차이를 두어 원활한 회전이 이루어지도록 하는 기능

하이포이드 기어(Hypoid Gear) 종감속장치의 하나로, 베벨 기어의 일종

LSD(Limited Slip Differential) 차동제한 장치

4WS(4 Wheel Steering) 4륜조향. 4륜 자동차의 앞뒤 바퀴를 함께 조향하는 방식

휠 얼라인먼트(Wheel Alignment) 자동차 바퀴가 정확하게 정렬되어 있는지 확인하고 조정하는 것

캠버(Camber) 자동차를 앞에서 보았을 때 노면수직선과 타이어의 중심선이 이루는 각도

제동장치(Brake System) 자동차를 감속 또는 정지시키거나 주차 상태를 유지하는 데 사용되는 장치

캘리퍼(Caliper) 실린더에 공급된 오일 압력에 의해 피스톤이 작동하여 패드를 디스크에 밀착시키는 역할

ABS(Anti-Lock Brake System) 자동차 급제동 시 바퀴가 잠기는 현상을 방지하기 위해 개발된 특수 브레이크

EBD(Electronic Brake force Distribution) 기계적 방식이 아닌 전자적으로 뒷바퀴의 제동력 분배를 제어하는 시스템

VDC(Vehicle Dynamic Control) 차량의 자세를 안정적으로 유지하기 위한 센서

직류(Direct Current) 시간이 경과함에 따라 전압의 크기와 방향이 변화하지 않는 전기

교류(Alternating Current) 시간이 경과함에 따라 전압의 크기와 방향이 변화하는 전기

다이오드(Diode) 전류가 한쪽 방향으로만 흐르는 반도체

트랜지스터(Transistor) N형과 P형 반도체가 접합된 반도체

2. 생활영어

자연스러운 대화 표현, 말(문장)의 의도, 단문의 내용파악 등 간단한 회화 위주의 문제가 출제된다. 기본이 되는 아래의 생활 영어표현은 꼭 알아두자.

What can I do for you? 무엇을 해(도와) 줄까요?
= Can I help you? = May I help you?

Here you are. (물건이) 여기 있어요.
= Here it is.(단수) = Here they are.(복수)
✎ Here we are : 다 왔다. (목적지에 도착했음을 알리는 표현)

How do I get to Seoul station? 서울역에는 어떻게 가나요?
= Can you tell me how to get to Seoul station?
= Can you tell me where Seoul station is?
= Can you show me the way to Seoul station?

That sounds great! 그거 좋은 생각이네요!
= That sounds good! = That's a good idea!

How do you like Korean food? 한국 음식이 입에 맞나요?
= Do you like Korean dishes?
= What do you think of Korean food?
✎ How do you like ~?는 '~이 얼마나 마음에 들었니?'라는 의미로 대답은 I love it(아주 마음에 들었어), Very much(대단히 좋았어), Not too bad(괜찮았어)와 같이 쓸 수 있다.

How would you like your steak? 스테이크 어떻게 구워 드릴까요?
✎ 답변 : Rare, please. 살짝만 익혀 주세요.
　　　 Medium, please. 중간 정도로 익혀 주세요.
　　　 Well-done, please. 바싹 익혀 주세요

Fasten your seat belt please. 좌석(안전)벨트 매 주십시오.
= Buckle up.

Would you like to drink something? 뭘 좀 마시겠어요?
✎ Would you like to ~?는 제안이나 권유를 나타내는 표현이다.

I'd like to help the sick. 나는 아픈 사람들을 돕고 싶어.
✎ I'd는 I would의 줄임말이며, would like to는 '~을 하고 싶다'는 뜻이다.

Pardon me? 다시 말씀해 주세요.
= Excuse me? = I beg your pardon?
= Would you repeat? = What did you say?

How long does it take to get there? 거기에 도착하는 데 얼마나 걸리나요?
✎ 답변: It takes about an hour by bus. 버스로 약 한 시간쯤 걸립니다.

What's new? 무슨 일 있니?, 새로운 것이 있니?, 잘 지내니?
= How have you been?

Have a seat. 자리에 앉아.
= Take a seat, please.

Is anybody home? 집에 누구 있어요?

Help yourself. 마음껏 먹어.
= Help your self to the food. = Enjoy your meal.

We've had a good time. 즐거웠어.
= We had fun. = We enjoyed ourselves.

Oh, never mind. 아, 신경 쓰지 마.
= Take it easy.

Let me introduce you to my mom. 너를 우리 엄마께 소개할게.
✎ Let me~는 '~하겠다'는 나의 의지와 함께 상대방의 허락을 구하는 표현
  Let me help you. 도와줄게. Let me go. 가게 해줘.

Make yourself at home. 편하게 지내라.(행동해라)
= Make yourself comfortable.
= Feel at home, please.

How about eating out tonight? 오늘밤 외식하는 것이 어때요?
= What about eating out tonight?
= Let's eat out tonight.
= Why don't you eat out tonight?

How come? 왜? 어째서?
= Why?

Shall we make it at six? 6시에 만날까요?

May I try this on? 이것을 입어봐도 될까요?
✎ try on은 '입어보다, 써보다, 신어 보다' 등의 뜻

Do you mind opening the door? 문 좀 열어 주시겠어요?

✍ mind(동명사 취함)는 '꺼려하다'의 뜻으로 답변은 반대로 한다.

대답할 때 긍정이면 No, I don't.(꺼려하지 않아요. 열어 드리죠.), 부정이면 Yes, I do.(예, 꺼려해요. / 열기 싫어요.)

I get your points. 말씀하신 뜻을 알겠어요.

= I understand. = I got it.

What makes you think so? 무엇 때문에 그렇게 생각하니?

= Why do you think so?

Do you really meant it? 진심이세요?

= Do you mean what you say? = Really? = Are you serious?

✍ mean it.(진심이에요.) = I'm serious.

I have a headache. 머리가 아파요.

✍ 'have + 병명'은 '~가 아프다'는 뜻이다.

　　sore throat 인후염　　　　headache 두통

　　toothache 치통　　　　　stomachache 복통

　　have(= get = catch) a cold 감기 걸리다

It's been (such) a long time. 오래간만이다.

= Long time no see.

= I haven't seen you for a long time.

Take it easy. 잘 가라! (몸조심해!)

✍ 원래는 '편하게 생각해라. 쉬엄쉬엄 해라.'의 뜻으로 헤어질 때 하는 인사말로도 쓰인다.

May I speak to Mr. Kim? 김 씨와 통화할 수 있을까요?

✍ 전화에서 찾는 사람이 없을 때 쓸 수 있는 말 : He's not in. 안 계세요

It's a pity that he is sick. 그가 아프다니 안됐다.

= I'm sorry that ~

What happened? 무슨 일이 생겼지?

= What's the matter (with you)?

= What's up? = What's wrong?

You're welcome. (고마움에 대한 답변으로) 천만이요.

= Don't mention it. = My Pleasure. = Never mind.

He is on the line. 통화 중이에요.

You must be kidding. 농담이겠죠.
= No kidding. = Are you teasing me?

That's all right. 괜찮아요.
= That's O.K. = No problem.

None of your business. 상관 마세요.

Here or to go? 여기서 드실 건가요, 가져가실 건가요?
= Take-away or to stay?

Please give my love to everyone. 모두에게 안부 전해 주세요.
= Please say hello to everyone.
= Give my regards to everyone.

Can I come in for a second? 잠깐 들어가도 되나요?
= Do you mind if I come in?
✎ 답변 : Please go ahead. Come on in. 그러세요. 어서 들어오세요.

It's up to you. 당신 마음대로 하세요.
= It depends on you. = Whatever you want.

How soon can you finish it? 그거 끝내는 데 얼마나 걸리나요?

Turn off the T.V, please. 티비 좀 꺼 주세요.
✎ 켜 달라는 표현은 Turn on. 소리 좀 낮춰 달라는 말은 Turn down the volume, please이다.

I'm sorry I'm a stranger here myself. 저도 여기는 처음입니다.

3. 기타 어휘, 독해

어휘	• 비례식형 영단어 추론 문제 • 빈칸에 들어갈 어휘 추론 문제 • 유의어, 반의어를 찾는 문제
독해	• 주제 · 제목 찾기 • 문장배열 • 글의 내용 파악

확인학습

01 다음은 자동차와 관련된 단어이다. 이 중 영어 표기가 잘못된 것은?

① 클러치 − clutch
② 노킹 − knocking
③ 실린더 − cilinder
④ 피스톤 − piston

해설 ③ 'cylinder'가 맞는 표기이다.

02 다음 중 영어 표기가 잘못된 것은?

① 범퍼 − bermper
② 핸들 − handle
③ 컨테이너 − container
④ 헤드라이트 − headlight

해설 'bumper'가 바른 표기이다.

03 다음 대화의 밑줄 친 부분에 들어가기에 가장 적절한 말은?

A : May I help you?
B : Sure. I'd like to see some sweaters.
A : This way, please.
B : Oh, this red sweater is beautiful. _____
A : Sure. This sweater becomes of you.

① Is this the sale price?
② May I see an I.D?
③ How much is it?
④ Can I try this on?

해설 A : 무엇을 도와드릴까요?
B : 네, 스웨터를 좀 보려고 하는데요.
A : 이쪽에 있습니다.
B : 오, 이 빨간색 스웨터가 예쁘네요. 입어 봐도 될까요?
A : 그럼요. 이 스웨터가 잘 어울리시네요.
① 할인된 가격인가요?
② 신분증 좀 볼 수 있을까요?
③ 이거 얼마인가요?
④ 입어 봐도 될까요?

04 제시된 말에 대한 답변이 나머지 셋과 다른 것은?

> Why don't you stay for a while?

① That sounds nice.
② It's fine with me.
③ That's good idea.
④ Thanks, but I'd rather not.

해설 '잠시 있다 가실래요?(Why don't you stay for a while?)에 대한 답변으로 ①, ②, ③은 모두 긍정적인 답변이다.
④은 '감사합니다만, 사양할게요'라는 의미로 이를 거절하는 부정적 답변이다.

05 다음 단어와 다른 의미를 가진 어휘를 고르면?

> unusual

① rare   ② uncommon
③ exceptional   ④ average

해설 unusual : 특이한
①, ②, ③은 '드문, 흔하지 않은, 예외적인'의 의미이다.
average는 '평균의, 보통의'의 의미를 가진다.

06 두 단어의 관계가 나머지 셋과 다른 하나는?
① efficient － effective   ② mental － physical
③ order － command   ④ respect － admire

해설 ② mental － physical 정신적인 － 육체적인(반의 관계)
① efficient － effective 효율적인 － 효과적인(유의 관계)
③ order － command 시키다 － 명령하다(유의 관계)
④ respect － admire 존경하다 － 존경하다(유의 관계)

Answer   1. ③   2. ①   3. ④   4. ④   5. ④   6. ②

회사상식 · 일반상식

01 현대자동차 회사상식

1. 회사개요

회사명	현대자동차(주)
설립일	1967년 12월 29일
상장일	1974년 6월 28일
대표이사	정의선, 장재훈, 이동석
대표업종	자동차 제조업
자본금	1,488,993백만 원
자산총계	233,946,415백만 원
본점주소	서울시 서초구 헌릉로 12

2. 기업이념

(1) **경영철학(Management Philosophy)**

창의적 사고와 끝없는 도전을 통해 새로운 미래를 창조함으로써 인류 사회의 꿈을 실현한다.

(2) **비전(Vision)**

자동차에서 삶의 동반자로, 휴머니티를 향한 진보(Progress for Humanity)

(3) **핵심가치(Core Values)**

① **고객 최우선(Customer)** : 최고의 품질과 최상의 서비스를 제공함으로써 모든 가치의 중심에 고객을 최우선으로 두는 고객 감동의 기업 문화를 조성한다.

② **도전적 실행(Challenge)** : 현실에 안주하지 않고 새로운 가능성에 도전하며 '할 수 있다'는 열정과 창의적 사고로 반드시 목표를 달성한다.

③ **소통과 협력(Collaboration)** : 타 부문 및 협력사에 대한 상호 소통과 협력을 통해 '우리'라는 공동체 의식을 나눔으로써 시너지효과를 창출한다.

④ **인재존중(People)** : 우리 조직의 미래가 각 구성원들의 마음가짐과 역량에 달려 있음을 믿고 자기계발에 힘쓰며, 인재존중의 기업문화를 만들어 간다.

⑤ **글로벌 지향(Globality)** : 문화와 관행의 다양성을 존중하며 모든 분야에서 글로벌 최고를 지향하고 글로벌 기업시민으로서 존경 받는 개인과 조직이 된다.

3. 국내/국외 공장

(1) 국내 공장

① 울산공장

　㉠ 여의도 면적 1.5배에 달하는 부지, 5만 톤 급 선박 3척이 동시에 접안 가능한 세계 최대 규모의 단일공장이다.

　㉡ 국내 최초 독자모델, 국내 최초 독자기술 차량생산, 세계 10대 엔진까지 한국 자동차산업의 살아 있는 역사가 있는 공장이다.

　㉢ 환경친화시설 구축 및 하이브리드 자동차, 세계 최초 수소전기 자동차 양산 등 환경보호를 위한 지속적인 노력을 하는 공장이다.

　㉣ 1968년 설립된 공장으로 근무인원은 32,000명이고, 공장면적은 축구장의 670배인 5,000,000m²이다.

　㉤ 생산차종은 승용차 7종, SUV/MPV 8종, 소형상용차 1종 등 현대자동차 대부분의 모델을 생산한다.

　㉥ 5개의 완성차 공장과 엔진 및 변속기 공장, 수출전용부두를 포함하고 있고, 하루 평균 6,000대, 연간 140만 대의 차량을 생산한다.

　㉦ 공장 내부는 문화회관(홍보관), 1공장, 2공장, 3공장, 4공장, 5공장, 엔진/변속기 공장, 도로주행 시험장, 아산로, 수출부두로 구성되어 있다.

② 아산공장

　㉠ 환경친화적이고 혁신적인 생산라인을 구축한 완전 자립형 첨단 자동차 친환경 생산기지이다.

　㉡ 국내 개발 로봇, 무인 운반차량 및 레이저 유도 차량 등 다양한 첨단 설비를 적용한 해외 첨단공장의 산실이다.

　㉢ 중대형 베스트셀러 모델인 쏘나타, 그렌저 차종을 생산하는 데 특화되어 있는 핵심 생산시설을 갖췄으며, 현대자동차의 두 번째 전용 전기차 아이오닉 6의 생산도 이루어지는 공장이다.

　㉣ 공장의 지붕을 활용한 태양광 발전소로 10MW의 국내 최대 지붕 발전량으로 연간 5,600톤의 CO_2를 감축한다.

　㉤ 1996년 완공된 공장으로 근무인원은 4,000명이고, 공장면적은 축구장 243배인 1,830,000m²이다.

　㉥ 연간 완성차는 30만 대, 연간 엔진 생산은 60만 대이다.

　㉦ 공장 내부는 홍보관, 프레스공장, 차체조립공장, 도장공장, 의장공장, 엔진/소재공장, 도로주행시험장, 환경친화시설, 태양광 발전소로 구성되어 있다.

③ 전주공장

　㉠ 승용을 제외한 트럭, 특장차, 중대형 버스 등을 생산하는 세계 최대 상용차 공장이다.

　㉡ 엔진공장, 소재공장, 트럭/버스 생산 공장, 주행시험장, 출고센터를 완비하여 개발부터 생산, 출고까지 가능한 독립 생산 시스템을 가지고 있다.

    ⓒ CNG 하이브리드 버스, 수소연료전지 버스, 전기버스 등 친환경 버스를 개발 및 양산하고 있다.

    ⓔ 1995년 완공된 공장으로 근무인원은 6,100명이고, 공장면적은 축구장 172배인 1,300,000m² 이다.

    ⓜ 생산차종은 버스 7종, 트럭 3종, 득수차 7종이고, 연간 완성차는 103,000대, 연간 엔진 생산은 85,000대이다.

    ⓗ 각종 첨단 생산시설과 차체용접용 로봇을 도입하는 등 상용차 공장으로서는 높은 자동화율을 실현한 하이테크 자동차 공장이다.

    ⓢ 공장 내부는 버스공장, 트럭 1공장, 트럭 2공장, 트럭 3공장, 소재공장, 엔진공장, 홍보관, 주행시험장, 출고센터로 구성되어 있다.

(2) 국외 공장

① 앨라배마공장
    ㉠ 현대자동차 해외 공장의 표준 모델 생산
    ㉡ Harbor Report 북미 자동차 생산 조사에서 6년 연속 언론 선정 최고의 공장으로 선정
    ㉢ 엔진 및 조립 최우수 공장으로 5년 연속 선정

② 중국공장
    ㉠ 3개 공장의 연 생산량 1,050,000대
    ㉡ 총 30만 대 생산이 가능한 제4공장과 제5공장 설립 예정
    ㉢ 2014년 베르나(한국 모델명은 엑센트)로 중국 내 소형차 최다 판매 기록

③ 인도공장
    ㉠ 인도 등 신흥 시장을 위한 제조 기지
    ㉡ 플렉서블 엔진 공장 운영
    ㉢ EON, i10, i20 등 전략 차량 생산

④ 체코공장
    ㉠ i시리즈 등 유럽 시장에 맞는 전략적인 차종 생산
    ㉡ 2014 체코 국가 품질상 '엑설런스상' 2년 연속 수상

⑤ 튀르키예공장
    ㉠ 현대자동차 최초의 해외 공장
    ㉡ 2014년 총 100만 대 이상의 차량 생산

⑥ 러시아공장
    ㉠ 현지 시장에 맞는 솔라리스(한국 모델명은 엑센트) 등 전략적인 모델 생산
    ㉡ 2014년 러시아 국가 품질상 수상

한권으로 다잡는
현대자동차·기아 생산직 필기시험

Part
01

필
수
이
론

⑦ 브라질공장

    ㉠ 상파울루에 위치

    ㉡ HB20 등 현지 시장에 맞는 전략적인 차종 생산

    ㉢ 2014 브라질 차량 소비자 만족도 조사 1위

4. 공유가치 창출(CSV, Creating Shared Value)

(1) 비전

> Progress for Humanity

(2) 미션

> 공유가치 창출(CSV)을 통한 사회 임팩트 확산과 지속가능한 기업 생태계 구축

(3) CSV 이니셔티브

> Hyundai Continue

(4) 중점 영역 및 추진 방향

	Continue earth	Continue mobility	Continue hope
중점 영역	지구와 사람의 공존을 위한 노력을 계속한다.	자유로운 이동과 연결을 위한 노력을 계속한다.	미래세대의 희망을 위해 노력을 계속한다.
추진 방향	생태계 복원, 자원순환, 기후변화 대응, 생물다양성 보전 활동	이동약자/소외지역 아동 지원, 교통안전기술 지원, 미래 모빌리티 연계 활동	미래세대 교육, 성장 지원, 인재 육성 활동

5. 환경(Environmental)

(1) 탄소중립

현대자동차의 비전인 'Progress for Humanity'에는 이동의 편의를 위한 발전은 물론 지속 가능한 미래를 위한 약진도 포함된다. 현대자동차는 2045년 탄소중립 달성을 위한 '기후변화 통합 솔루션'을 수립하였고, 클린 모빌리티(Clean Mobility), 차세대 이동 플랫폼(Next-generation Platform), 그린 에너지(Green Energy)를 핵심으로 전동화 역량 확대와 재생에너지 전환 등을 통하여 미래 세대를 위한 지속 가능한 운영 체제를 확립할 예정이다.

Chapter 08 회사상식·일반상식 **137**

① **탄소중립 목표 설정 방법론** : 온실가스 배출 현황을 파악하고자 온실가스 프로토콜 기업표준 (GHG Protocol Corporate Standard)에 따라 전사 Scope 1, Scope 2 배출량을 측정·검증하고 있다. 또한, 업스트림 및 다운스트림과 협력을 바탕으로 Scope 3를 측정·검증하고 있다. 해당 Scope 1, Scope 2, Scope 3 데이터와 IRENA, EIA, IEA, BP의 기후변화 전망 보고서, '2℃ 이하 시나리오' 및 '1.5℃ 시나리오' 분석을 종합하여 2045년 탄소중립까지 2030년, 2035년, 2040년 달성해야 할 탄소감축 경로(Path)를 설정하였다.

② **탄소중립 달성을 위한 5대 핵심 영역**

   ㉠ **전동화 전환** : 탄소 감축을 넘어 탄소 제로화를 추진하기 위해 2035년 유럽 시장, 2040년 내로 주요시장 모든 판매 차량의 100% 전동화 전환 달성을 목표로 한다. 버스와 대형 트럭 등 상용차 역시 2028년까지 전 차종 전동화 라인업을 구축하고, 2035년 한국 시장을 중심으로 점차 타 지역까지 100% 전환을 추진할 것이다. 2023년 이후, 수소전기차 라인업도 1종에서 3종으로 확대할 예정이다. 2023년 하반기 넥쏘 페이스리프트, 스타리아급 FCEV모델, 2025년 이후 대형 SUV급 FCEV 모델을 검토 중이다.

   ㉡ **사업장 탄소중립** : 자동차 제조과정에서 배출되는 탄소 저감을 위해 재생 에너지로 전환하고, 고효율 모터, 인버터 적용 등 생산 공정의 에너지 효율화와 수소 에너지 활용을 통해 2045년까지 사업장 탄소중립을 목표로 노력하는 중이다. 특히, 2045년 100% 재생에너지 충당을 목표로 한 RE100 선언을 'The Climate Group'으로부터 승인받았다. 인도생산법인은 태양광 자가 발전 설비를 설치하고, 풍력으로 생산된 재생에너지를 구매하는 등의 노력으로 전체 전기 에너지 사용량의 약 35.5%를 재생에너지로 전환하였고, 인도네시아 생산법인에는 3.2MW 규모의 태양광 패널이 설치되어 있다.

   ㉢ **공급망 탄소중립 유도 및 지원** : 현대자동차는 협력사의 품질 개선, 기술력 향상 지원뿐만 아니라, 탄소중립 실천을 유도하고 지원할 계획이다. 협력사의 탄소 배출량을 모니터링하여, 실질적인 탄소감축 활동이 추진될 수 있도록 탄소중립 이행 가이드를 제공하고 있다.

   ㉣ **사회적 탄소 감축** : LNG 등 화석연료를 연소하는 과정에서 발생하는 탄소를 포집하여 처리하는 CCUS(Carbon Capture Utilization & Storage) 기술을 상용화하기 위해 지속적인 시장 모니터링과 기술 개발을 추진하고 있다. 또한, 폐차 부품으로부터 회수된 폐자원, 지역사회 등으로부터 수거한 폐플라스틱을 재활용한 소재를 적용하는 등 자원순환을 통한 사회적 탄소 감축에도 기여하고 있다.

   ㉤ **수소사업 시너지 창출** : RE100 이행과 연계하여 재생에너지를 확보하기 위해, 탄소 배출 없이 생산되는 그린수소 활용 및 전환을 확대할 예정이다. 그린수소는 현대자동차 사업장 운영을 위한 수소 발전설비 및 공정의 LNG 대체용으로 사용될 것이다.

③ **수소생태계 조성**

   ㉠ **그린수소 활용** : 그린수소는 물의 전기분해를 통해 얻어지는 수소로, 태양광 또는 풍력 같은 재생에너지를 통해 얻은 전기에너지를 활용하여 수소와 산소를 생산하며 생산 과정에서 이산화탄소 배출이 전혀 없어 '궁극적인 친환경 수소'로 불린다. 현대자동차는 그린수소 기술을 활용하여 수소전기차의 제조원가와 수소 생산 비용을 대폭 낮추고자 노력하고 있다.

      ⓛ **수소 모빌리티 확대**: 2021년 9월, '하이드로젠 웨이브(Hydrogen Wave)'를 통해 누구에게나, 어떤 것에도, 어디에서나 늘 수소가 사용되도록 하겠다는 2040 수소사회 비전(Hydrogen for Everyone, Everything, Everywhere)을 발표하였다. 이와 함께, 무인 운송 시스템인 '트레일러 드론'부터 '재난 구호 차량', '수소 고성능차' 등 다양한 수소 모빌리티도 선보였다. 또한, 글로벌 자동차 업계 최초로 2028년까지 모든 상용차 라인업에 수소연료전지를 탑재하겠다는 목표 달성을 위한 단계적 이행 방안도 제시하였다.

      ⓒ **수소 충전 인프라(LPG 리포머 공동 개발)**: 현대자동차는 국내 수소충전 인프라 및 사우디 아라비아 내 수소전기차 보급 확대를 추진하고, 보다 견고한 수소탱크 생산 및 차량 경량화 관련 글로벌 경쟁력 확보를 위하여 사우디아람코와 협업을 진행하고 있다. 사우디아람코는 기존 석유자원을 활용하여 수소를 생산하는 기술을 확보하고, 이를 글로벌 사업으로 확대하기 위해 현대자동차의 리포머 기술을 접목하는 등 LPG 리포머의 개발 및 사업 협력을 논의하고 있다. 양사는 2022년 6월 공동개발협약을 체결하고, 공동개발한 LPG 리포머는 LPG 충전소를 활용하여 2023년에 실증을 진행할 계획이다.

(2) 재활용 생태계 조성

현대자동차는 폐차 회수 및 재활용에 관한 '생산자책임(Extended Producer Responsibility)' 의식에 입각하여, 폐차의 재활용 가능성을 향상시킴과 동시에 폐차 처리 시 발생하는 환경영향을 저감하기 위해 지속적으로 노력하고 있다. 차량을 판매하는 국가 및 지역별 폐차 회수 · 처리 규제를 준수하며, 자체적으로 또는 폐기물 처리업체와 협력을 통해 폐차 회수 · 처리 및 재활용률을 증대시키고 있다. 이를 위해, 차량 개발단계부터 재활용을 고려한 디자인 및 설계를 강화하고 있으며, 부품 및 소재를 재활용성 관점에서 평가하여 차량에 적용하는 등 선형(생산 – 소비 – 폐기) 방식에서 순환형(생산 – 소비 – 재생) 사업 체계로 전환해 나가고 있다.

(3) 유해물질 관리

현대자동차는 모든 유해물질을 최소화하고 엄격하게 관리하고자 노력하고 있다. 제품 내 유해물질뿐만 아니라, 생산공장에서 사용되는 유해물질도 국내 법규 또는 국제 기준에 따라 분류하고 알맞은 조치를 시행 중에 있다. 2002년 12월 당사 자체 유해물질 관리기준(4대 중금속)을 수립하였으며, 이후 국내 산업안전보건법, 화학물질관리법, 유럽연합(EU) REACH 등 각국의 유해물질 규제에 선제적으로 대응하여 고객과 근로자, 그리고 모든 이해관계자의 안전과 건강을 지키고, 지역 생태계에 미칠 수 있는 악영향을 최소화하고자 노력하고 있다.

6. 현대자동차 기술 관련 내용

(1) 로보틱스

로보틱스는 현대자동차그룹의 미래 성장동력인 5대 신사업 중 하나이다. 사람과 한 몸이 되어 신체의 한계를 보완해주는 웨어러블 로봇과 무진동 차량처럼 정숙하고 안정적인 움직임을 구현하면서도 정보 제공·안내·배송 등 비대면 접점 역할을 수행하고 더 나아가 사람과 소통할 수 있는 차별화된 서비스 로봇, 마이크로 모빌리티 등 3대 로봇 분야가 있다. 이처럼 현대자동차는 '인류를 위한 진보(Progress for Humanity)'를 목표로 가지고 로보틱스 분야를 4차 산업혁명을 위한 미래 성장동력으로 삼아 적극적인 개발을 이어가고 있다.

(2) 하이브리드 자동차

하이브리드 차량은 내연기관 차량 대비 적은 공해 유발과 탁월한 연비 효율을 가진 친환경 자동차이다. 쏘나타의 경우, 하이브리드 모델이 탄소를 79g/km(국내 기준) 배출하여 가솔린 모델 (131g/km)에 비해 탄소를 39% 감축할 수 있다. 현대자동차는 현재 대형 SUV와 소형 승용차급을 제외하고 전 차급에서 하이브리드 모델을 판매하고 있다. 특히 SUV 세그먼트는 세단 대비 탄소 배출량이 많아 2019년 코나 하이브리드, 2020년 투싼과 쏘싼타페 하이브리드를 출시하여 탄소 배출량을 감축하였다.

(3) 전기차

전기에너지를 활용하여 달리는 모든 친환경차를 뜻한다. 하이브리드, 플러그인 하이브리드, 수소 연료전지차 등이 모두 포함되나, 국내에서는 주로 배터리에 충전된 전기를 이용하여 달리는 배터리 전기차(BEV)를 일컫는다. 배터리 전기차는 화석 연료를 전혀 사용하지 않는 대표적인 친환경차로, 최근 기후 문제가 심각해지면서 세계적으로 높은 관심을 받고 있다. 현대자동차는 2016년 아이오닉 출시를 시작으로 본격적으로 전기차 개발을 시작하였다. 2018년 대중 브랜드 최초 SUV 전기차 코나EV와 2021년 최초 E-GMP(Electric-Global Modular Platform) 기반 전기차 아이오닉 5를 출시하는 등 전 세계 전기차 시장을 주도하고 있다. 한편, G80 EV와 GV60 등 제네시스 브랜드의 전기차 출시도 본격화하고 있다.

(4) 수소전기차

탄소를 포함한 오염물질을 전혀 배출하지 않고, 오직 에너지와 물만 발생시키며, 운행 중 대기에 있는 초미세먼지를 제거할 수 있어 미래 친환경 모빌리티로 주목받고 있다. 현대자동차는 2013년 투싼ix로 세계 최초의 수소전기차를 출시하였고, 2018년에는 차세대 연료 전지시스템을 탑재한 넥쏘 수소전기차를 출시하였다. 넥쏘는 내연기관 차량에 버금가는 성능과 3단계 공기 정화시스템을 동시에 갖춘 차량으로, 1회 충전에 609km 주행이 가능하다.

(5) 자율주행

운전자가 차량을 조작하지 않아도 스스로 주행하는 자동차로, 스마트카 구현을 위한 핵심 기술이다. 자율주행차를 위해서는 고속도로 주행지원시스템(HDA)을 비롯해 후측방 경보시스템(BSD), 자동 긴급제동시스템(AEB), 차선이탈 경보시스템(LDWS) 등이 구현되어야 한다.

자율주행 기술은 시스템이 운전에 관여하는 정도와 운전자가 차를 제어하는 방법에 따라 비자동화부터 완전 자동화까지 점진적인 단계로 구분된다. 2016년 국제자동차기술자협회(SAE International)가 분류한 레벨 0~5(총 6단계)가 글로벌 기준으로 통하고 있으며, 레벨 0은 비자동화, 레벨 1은 운전자 보조, 레벨 2는 부분 자동화, 레벨 3은 조건부 자동화, 레벨 4는 고도 자동화, 레벨 5는 완전 자동화 단계이다.

(6) 스마트팩토리

제품을 조립, 포장하고 기계를 점검하는 전 과정이 자동으로 이뤄지는 공장으로 정보통신기술(ICT)의 융합으로 이뤄지는 차세대 산업혁명인 4차 산업혁명의 핵심으로 꼽힌다. 스마트팩토리는 모든 설비와 장치가 무선통신으로 연결되어 있기 때문에 실시간으로 전 공정을 모니터링하고 분석할 수 있다. 스마트팩토리에서는 공장 곳곳에 사물인터넷(IoT) 센서와 카메라를 부착시켜 데이터를 수집하고 플랫폼에 저장해 분석하는데, 이렇게 분석된 데이터를 기반으로 어디서 불량품이 발생하였는지, 이상 징후가 보이는 설비는 어떤 것인지 등을 인공지능이 파악하여 전체적인 공정을 제어한다.

(7) 미래항공 모빌리티(AAM)

AAM(Advanced Air Mobility)은 항공 모빌리티 시장에서 새롭게 부상하고 있는 카테고리로, NASA(미국 항공우주국)의 정의에 따르면 '항공 서비스가 부족하거나 항공 서비스를 받지 못하는 장소 사이에 사람과 화물을 이동하는 항공 운송 시스템'을 의미한다. 즉, 도심 안에서의 이동을 제공하는 도심항공 모빌리티(UAM: Urban Air Mobility)와 도심과 도심 사이를 연결하는 역할을 하는 지역 간 항공 모빌리티(RAM: Regional Air Mobility)를 아우르는 개념이다. 현대자동차는 여기에 친환경 콘셉트를 더하여 현대자동차가 추구하는 AAM을 정의 내리고, 누구나 이용할 수 있는 안전하고 혁신적인 AAM 시스템과 지구와 인류 모두에게 이로운 친환경 기체 개발에 주력하고 있다. AAM은 비대화된 도시의 문제를 해결할 것으로 예상되며, 빠른 성장이 예상되는 시장이다. 자동차와 항공기의 단점을 보완한, 혁신적인 미래 도심 이동수단이 될 AAM 시장 선점을 위해 현대자동차는 2022년 1월 기존의 UAM사업부를 AAM본부로 격상하고 미래항공 솔루션 개발에 박차를 가하고 있다. 현대자동차그룹의 미국 UAM 독립법인 슈퍼널(Supernal)을 통해 2028년 미국에서 UAM 서비스를 시작한다는 목표를 밝혔으며, 2030년 이후 RAM 기체를 상용화할 계획도 세웠다. 아울러 보잉, 롤스로이스, 마이크로소프트 등 글로벌 유수 기업들과 파트너십을 맺고 AAM 시장 개척과 생태계 구축을 위해 협력하고 있다.

7. 주요 자동차 사양(지능형 안전기술)

(1) 충돌 방지

① **전방 충돌방지 보조** : 선행 차량 또는 전방의 보행자와 충돌 위험 시 클러스터 팝업 메시지와 경고음을 발생시키며, 필요 시 제동을 통하여 충돌방지를 보조한다.

② **후측방 충돌방지 보조** : 차로 변경을 위해 방향지시등 스위치를 조작할 때, 후측방 차량과 충돌 위험이 감지되면 경고를 해준다. 평행 주차상태에서 전진 출차 중, 후측방 차량과 충돌 위험이 감지되면 자동으로 제동을 도와준다.

(2) 고속도로 주행보조

고속도로 및 자동차 전용 도로 주행 시 앞차와의 거리를 유지하며 운전자가 설정한 속도로 곡선로에서도 차로 중앙을 유지하며 주행하도록 도와준다.

(3) 지능형 속도제한 보조

전방 카메라를 이용하여 속도 제한 표지판을 인식하여, 주행 시 도로의 제한 속도를 초과하지 않도록 도와주는 주행 안전 기능이다.

(4) 진동경고 스티어링 휠

전방 차량과의 충돌/차량의 차선 이탈/후측방 충돌 위험 시, 운전자 주의 경고 시 스티어링에 진동을 주어 경고한다.

(5) 스마트 크루즈 컨트롤

운전자가 설정한 속도를 유지해주고, 앞 차의 움직임에 맞춰 차간거리를 조절하며 안전한 거리를 유지하도록 돕는다.

(6) 운전자 주의경고

주행 중 운전 패턴, 주행 시간 등을 판단하여 운전자의 주의 수준을 알려주고, 일정 수준 이하로 떨어지면 휴식을 권유하여 안전하게 주행할 수 있도록 도와준다.

(7) 안전 하차

① **안전 하차 경고** : 정차 후 탑승자가 차에서 내리려고 도어를 열 때, 후측방에서 접근하는 차량이 감지되면 경고를 해준다.

② **안전 하차 보조** : 정차 후 하차를 위해 도어를 열 때 후측방 접근 차량이 감지되면 경고하고, 도어가 열리지 않도록 전자식 차일드 락을 잠김 상태로 유지한다.

8. 자동차 제조공정 및 정비/서비스 프로그램

(1) 자동차 제조공정

① 프레스(Stamping) : 상하운동을 하는 프레스 기계에 금형 장착 후 고압으로 철판을 변형시켜 차량 총중량의 50% 이상을 차지하는 프레임, 바디 패널 등을 생산한다.

② 차체조립(Welding) : 패널들을 조립, 용접하여 차의 모양을 만드는 공정으로 높은 정밀도가 요구되며 최초로 차체 스타일 형성 및 튼튼한 조립으로 안정성을 확보한다.

③ 도장(Paint) : 부식으로부터 소재 보호, 색상으로 외관 향상, 다른 차량과 구별하는 기능을 한다. 세계 각지의 다양한 기후와 환경에 대한 내구성 개선 공정이다.

④ 의장(Assembly) : 차체에 내장, 편의사양 등 실내외 부품 장착 후 엔진, 트랜스미션, 차축 등 기계부품 조립 및 전장부품과 배선, 배관 작업으로 차량이 완성된다.

⑤ 검수(Inspection) : 완성된 차량의 휠 얼라인먼트 조정과 브레이크 및 배기가스 테스트 등 기능 검사를 실시하며 하자 발견 시 수정 작업을 하여 출고 전 품질 관리를 한다.

(2) 정비/서비스 프로그램

① 블루 기본 점검 : 차량이 최상의 상태를 유지할 수 있도록 승용차는 8년 8회, 상용차는 3년간 총 7회 무상점검을 제공하는 서비스이다.

② 바디케어 서비스 : 신차 출고일로부터 최대 1년(또는 주행거리 20,000km) 동안 단독사고로 인해 발생하는 차량의 외장 손상에 대해 판금, 도장, 교체 등을 보장해주는 현대자동차만의 차별화된 고객 서비스이다.

③ 워런티 플러스 : 현대자동차가 제공하는 무상 보증기간 만료 후, 추가 계약 기간/주행거리 동안 보증 기간을 연장하는 서비스이다.

④ 긴급출동 서비스 : 노상에서 차량고장으로 주행이 어려운 상황에 처할 경우, 긴급출동 지원센터로 연락하면 즉시 출동하여 조치해주는 서비스이다.

⑤ 찾아가는 비포 서비스 : 아파트 단지 관공서, 기업체 등 고객이 요청한 장소를 방문하여 차량 점검을 해주는 서비스이다.

⑥ 홈투홈 서비스 : 직접 정비업체를 방문하기 어려운 고객을 방문하여 차량을 인수하고, 수리 후 다시 인계해주는 서비스이다.

⑦ 과잉정비 예방 프로그램 : 블루핸즈에서 과잉정비 의심 수리 발생 시 외부 보험사 조사 결과에 따라 과청구 금액의 100~1,000%(최대 1천만 원 한도)까지 보상하는 제도이다.

⑧ 고객 차량 지원 서비스 : 보증수리 입고 고객의 편의를 위해 수리 기간 동안 차량을 제공해주는 서비스이다.

02 기아 회사상식

1. 회사개요

회사명	기아(주)
설립일	1944년 12월 11일
상장일	1973년 7월 21일
대표이사	송호성, 최준영
대표업종	자동차 제조 및 판매
자본금	2,139,317백만 원
자산총계	120,426,413백만 원
본점 주소	서울특별시 서초구 헌릉로 12(양재동)

2. 기아 경영체계

기아는 1944년 설립 이후 지난 78년간 글로벌 자동차 브랜드로 성장해왔다. 2021년부터는 '기아자동차'에서 '기아'로 사명과 로고를 변경하며 새로운 브랜드 지향점과 비전을 선포, 자동차 제조회사를 넘어 모빌리티 브랜드로 도약 중이다. 이에 기아는 2027년까지 전기차 풀라인업 구축을 통해 친환경차의 대중화를 주도하며, 목적 기반 모빌리티(PBV)와 모빌리티 서비스 사업을 확대해 지속가능한 모빌리티 솔루션을 제공하고자 한다.

기아는 Planet, People, Profit의 3대 축을 중심으로 하는 중장기 전략 'Plan S' 실현과 지속가능경영 활동을 기반으로 '지속가능한 모빌리티 솔루션 프로바이더'로 자리매김할 것이다.

(1) 브랜드 목적

> Movement inspires Ideas
> 우리는 새로운 생각이 시작되는 공간과 시간을 만든다.

(2) 기업비전

> Sustainable Mobility Solution Provider
> 지속가능한 모빌리티 솔루션 프로바이더

(3) 기업전략

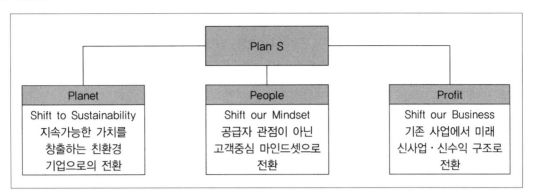

3. 지속가능경영 추진체계

(1) ESG 추진 로드맵

By 2021년	By 2025년	By 2030년
체계구축	내재화 및 가치창출	선도기업 도약
국내외 평가/규제 대응	전사전략/밸류체인 연계 강화	Best Practice 구축

(2) ESG 개선과제

① **탄소중립 추진체계 구축** : 밸류체인별 감축 목표 수립 및 전략과제 추진

② **사업장 탄소 저감 추진** : RE100 달성계획 구체화 / 온실가스 모니터링 시스템 구축

③ **안전 시스템 강화** : 통합 안전환경 관리시스템 구축, 국내외 전 사업장 동일 규격(ISO) 인증 획득

④ **공급망 ESG 체계 정립** : 글로벌 1차 협력사 대상 ESG 수준 진단 및 개선방안 도출

⑤ **임직원 인권보호 강화** : 전 사업장 대상 인권영향평가 결과 공시 및 취약 영역 개선 추진

⑥ **이사회 투명성 개선** : 이사회 평가 시행 및 운영 개선 / 지배구조 공시 강화

⑦ **윤리경영 관리 강화** : 임직원 교육 강화(직장윤리, 반부패 등), 비윤리행위 제보건수 공시

(3) ESG 비전

영감을 주는 미래를 위한 지속가능한 움직임
Sustainable Movement for an Inspiring Future

(4) ESG 핵심가치

Cleaner & Circular	지구를 위한 친환경/순환경제 선도 환경에 대한 부정적인 영향을 최소화하고 재생 및 재활용 등의 자원 선순환을 통해 지속가능한 환경을 구축
Safe & Satisfying	모두가 안전하고 만족하는 사회 구축 임직원, 고객, 파트너, 지역사회 모두에게 안전뿐만 아니라 행복과 만족까지 전달하는 동반자
Transparent & Trustworthy	투명하고 신뢰성 있는 거버넌스 확립 지속가능성을 위한 노력과 과정을 투명하게 공개하고, 지속적인 개선을 통해 신뢰를 획득

4. 기아의 친환경/순환경제

(1) 2040 글로벌 RE100 달성

① 기아의 '2045 탄소중립' 선언 : 2045년까지 탄소배출량을 2019년 대비 97% 감축하며, 궁극적으로는 상쇄 방안 확보 등을 통해 자동차의 공급, 생산, 사용, 물류, 폐기 등 가치사슬 전 단계의 탄소 순 배출량을 '0'으로 만들겠다는 선언

② 2040년까지 생산 기지 전력의 100%를 재생에너지로 대체

  ㉠ 탄소 배출을 단계적으로 줄이기 위해 제조환경부터 친환경적으로 바꿔나가고 있다.

  ㉡ 2022년 4월에는 기업이 사용하는 전력량의 100%를 재생에너지로 전환하는 것을 목표로 하는 글로벌 이니셔티브인 RE100에 가입했으며, RE100 달성을 위해 생산기지 내 모든 전력을 2030년까지 63%, 2040년까지 100% 재생에너지로 전환하겠다는 목표를 설정하였다.

  ㉢ 해외 생산거점인 Autoland 슬로바키아가 2019년부터 100% 재생에너지 전기로 가동되고 있으며, 다른 생산거점에도 태양광 발전시설 설치를 진행하는 등 태양광 발전을 통한 전력 사용량 증가가 기대된다.

③ RE100 달성 로드맵

2025년	2030년	2040년
12% 달성	63% 달성	100% 달성

(2) 전동화 전환을 통한 '사용' 단계 탄소 감축

기아는 우수한 EV 제품군을 잇따라 출시하며 국내 및 글로벌 EV 시장의 흐름을 주도하고 있으며, 앞으로도 내연기관 차량 대비 탄소 배출량이 현저히 적은 EV 차량의 판매량과 비중을 꾸준히 늘려 나갈 계획이다.

(3) 전과정평가(Life Cycle Assessment) 수행

① 전과정평가(LCA)를 통한 탄소배출량 산정 및 감축 전략 수립 : 자동차의 탄소배출량은 운행과정에서 발생하는 직접배출량 이외에도 원소재 채취, 부품 제작, 차량 조립, 에너지원의 생산, 정비, 폐기, 그리고 각 단계 사이의 수송에 이르기까지 전 과정에서 발생하는 간접 배출량을 고려해야 한다. 기아는 전과정평가(Life Cycle Assessment, LCA)를 수행함으로써 이를 총체적으로 평가하고 환경영향을 정량화하고 있다. 이를 통하여 각 단계별 영향을 분석하고, 개선 우선순위를 선정하여 탄소 저감 전략을 수립한다. 특히 EV9을 시작으로, 2023년부터 양산되는 모든 신차의 전과정평가를 수행하고 있다.

② 대형 SUV 최초로 e-GMP 적용한 EV9의 전과정평가 결과 : 2023년 4월 출시된 EV9은 현대자동차그룹의 전기차 전용 플랫폼인 e-GMP를 적용한 최초의 대형 SUV이다. 전과정평가 결과, 대용량(99.8 kWh) 고전압 배터리를 탑재함에 따라 원소재 채취 단계에서 탄소배출량이 증가하였으나 전동화 차량의 특성상 운행 단계에서의 직접 탄소배출량은 '0'이며, 에너지원(전기)의 생산 과정을 고려하더라도 동급 내연기관 차량 대비 전 과정 탄소배출량이 23% 저감됐다.

(4) 갯벌 식생복원을 통한 자연자본 보호

해양수산부는 해양 생태자원을 보호하고 갯벌의 탄소 흡수력을 강화하기 위해 갯벌 식생복원 시범사업을 추진하고 있으며, 기아는 해양수산부의 유일한 민간 기업 파트너로 협력하여 갯벌 식생복원 사업을 추진할 예정이다. 이를 위해 2022년 11월 기아와 해양수산부의 '갯벌 식생복원 협력사업 추진' 업무협약이 체결되었다. 기아는 식생복원 이후 해양 생태계의 변화와 탄소 흡수 효과 등을 과학적으로 측정하고 모니터링한 연구결과를 국제 사회에 발표하여, 국내 갯벌이 가진 무한한 생태적 잠재력과 가치에 기반한 기후변화 대응 역량을 알리고자 한다.

(5) 순환경제 선도를 위한 폐제품 재활용 생태계 구축

① EV 폐차 및 폐배터리 순환경제체계 마련 : 기아는 EV 폐차 및 폐배터리 회수 단계에서의 재활용 순환 체계를 구축함으로써 EV 차량의 친환경적 가치를 더욱 높이고자 노력하고 있다. 폐차 업체를 대상으로 재활용률을 높이기 위한 차량해체 매뉴얼을 제공하고, 재활용 처리 비용을 지원하여 지속적으로 재활용률을 향상시킴으로써 2024년까지 법정 기준인 95%의 폐차 재활용률 달성을 목표로 하고 있다.

② 폐배터리 재사용 확대를 위한 협업 : 글로벌 자동차 시장이 전기차를 중심으로 재편되고 있는 만큼, 폐배터리 순환 시스템 구축은 더욱 중요해질 것으로 예측된다. 2022년 6월, 기아는 독일 철도물류 회사인 도이치 반(Deutsche Bahn)의 자회사이자 폐배터리 재사용 스타트업인 앙코르(Encore)와 폐배터리 납품 계약을 체결함으로써 수명을 다한 쏘울 EV(PS)의 배터리를 앙코르에 공급하게 되었으며, 납품된 배터리는 배터리 팩 테스트를 거쳐 재활용 또는 에너지 저장장치(ESS)의 부품으로 사용하게 된다.

(6) 지속가능성을 위한 디자인

① Action 1-Leather-free : 기아는 자동차 내부에 들어가는 가죽 소재 사용을 점진적으로 중단해 나갈 예정이다. 궁극적으로는 가죽 사용을 완전 중단하고자 하며, 대신 옥수수, 유칼립투스 등의 바이오 소재가 추가된 바이오 PU(Bio Polyurethane)를 사용할 계획이다. 바이오 PU는 가죽과 동일한 느낌을 구현하면서도 내구성이 우수하며, 탄소 배출량과 독성 화학물질도 줄일 수 있다.

② Action 2-10 Must have items : 기아의 모든 신규 모델에 적용될 10가지 지속가능한 소재를 일컫는다. 바이오 PU, 재생 PET 패브릭, BTXfree 페인트 등은 기아 제품의 지속가능성 실현에 기여할 것이다.

• PP+Bio PE plastic	• PCM[1] plastic
• Bio PU	• Bio PU foam
• Bio paint	• BTX free paint
• Recycled PET fabric	• Recycled PET fishing net carpet
• Recycled PET yarns	• Recycled PET felt

③ Action 3-BIO Fabrication : 기아는 선행 연구의 일환으로 자사의 소재를 바이오 가공하고자 한다. 버섯 뿌리에서 발견되는 균사체로 가죽 대체 소재를 개발하는 것도 이에 해당한다.

(7) 재활용 플라스틱 사용 확대를 위한 노력

① 재활용 플라스틱 활용 추진 체계 구축 : 기아는 2%인 완성차의 재활용 플라스틱 사용률을 2030년까지 20% 이상으로 끌어올릴 계획이며, 목표의 실현을 위해 플라스틱 재활용 소재 확대적용 TFT 운영, 폐차 네트워크 시범사업 운영을 통한 폐차 부품 플라스틱 회수 등 관련 기술 연구개발과 구현에 힘쓰고 있다. 특히, 재활용 플라스틱 적용 확대 로드맵에 따른 실행 과제 도출, 관련 부문 협업 논의 등의 역할을 담당할 재활용 플라스틱 협의회를 구성함으로써 전사적 협업 체계도 마련되었다.

② 친환경 플라스틱 재활용 확대를 위한 협약 체결 : 현대차-기아 CTO 기초소재연구센터는 국내에서 연간 4만 4,000톤 수준으로 발생되는 폐어망의 재활용 소재 및 부품화 기술을 개발하고 있다. 이를 통해 폐자원을 활용한 플라스틱 재활용을 선도하고 있으며, 2022년 11월에는 동원산업과 참치 어획용 폐어망을 자동차 부품으로 재활용하는 협력 관계 구축을 위해 '친환경 플라스틱 재활용 추진' 협약을 체결했다.

(8) 오션클린업

① 기아와 오션클린업의 파트너십 체결 : 2022년 4월 기아는 오션클린업과 파트너십을 체결하였다. 오션클린업은 강에서 유입되는 플라스틱을 차단하는 방법과 이미 바다에 축적된 플라스틱을 제거하는 두 가지 방법으로 해양 플라스틱 및 쓰레기 제거 활동을 하고, 이때 오션클린업이 자체 개발한 정화 시스템이 사용된다. 오션클린업은 이 시스템을 활용해 2040년까지 떠다니는 해양 플라스틱의 90%를 제거할 수 있을 것으로 예상하고 있다. 또한, 오션클린업이 바다에서 수거한 플라스틱을 기아가 차량에 용품/부품으로 재자원화하는 계획을 수립하였다.

② 기아와 오션클린업, 공동의 미션과 비전

ⓐ 공동의 미션

우리는 지속가능한 지구의 일원으로서 플라스틱 없는 바다를 위한 여정을 함께 한다

ⓑ 공동의 비전

우리는 순환하는 밸류체인을 위해 노력하며, 수거한 플라스틱이 자연환경에 다시 버려지지 않도록 서로에게 자원을 제공할 방법을 찾는다.

5. 기아가 추구하는 사회

(1) 기아의 가치와 행동

기아는 고객 중심, 사람 중심의 문화를 조직문화의 지향점으로 삼고, '기아의 가치와 행동(Kia Values & Behaviors)'을 제정했다.

사람을 생각합니다	• 우리는 개인의 배경, 문화, 정체성을 존중하고 있는 그대로의 모습으로 임할 수 있도록 서로를 배려합니다. • 우리는 개인의 성공이나 일시적 성과가 아닌 동료, 고객, 세상을 위한 더 나은 결정을 내립니다. • 우리는 동료, 고객, 세상에 긍정적 영향을 주는 명확하고 실천가능한 목표를 세웁니다.
함께, 더 멀리 나아갑니다	• 우리는 공동의 목표를 달성하기 위해 팀과 지역의 경계를 넘어 함께 일합니다. • 우리는 적극적으로 조언을 구하고, 다른 의견에 귀를 기울이며, 서로의 생각에 건설적으로 도전합니다. • 우리는 최종 결과뿐만 아니라 과정도 인정하고 축하합니다.
서로에게 힘을 실어줍니다	• 우리는 일을 시작하기 전에 합의된 목표를 설정하고, 이를 달성할 수 있도록 서로 믿고 응원합니다. • 우리는 서로에게 솔직하고, 투명하게 정보를 공유합니다. • 우리는 약속에 책임을 집니다.
과감히 한계에 도전합니다	• 우리는 끊임없이 질문하며, 매일 배우고 성장합니다. • 우리는 위험요인을 분석하고 예측하며 이를 기꺼이 감수하고, 실패를 배움의 기회로 활용합니다. • 우리는 새로운 해결책을 찾기 위해 명확한 목적을 가지고 대담하게 현상에 도전합니다.
어제보다 더 나은 오늘을 추구합니다	• 우리는 항상 고객의 입장에서 생각하며, 고객의 니즈를 충족하고 불편함을 해소하기 위해 끊임없이 노력합니다. • 우리는 품질과 생산성을 높이기 위해 업무의 우선순위를 정하고 일하는 방식을 단순하게 합니다. • 우리는 데이터와 우리의 생각을 균형 있게 고려하여 최적의 판단을 내리고 신속하게 실행합니다.

(2) 임직원 안전과 건강을 지키는 정책과 기술

① 안전환경방침과 로드맵, 활동을 통한 사업장 안전환경 고도화 : 기아는 '사람과 환경을 먼저 생각하며 안전문화의 가치를 창조하는 활동이 우리의 일상이 되게 한다'는 미션하에, 안전환경방침의 비전 및 기본원칙을 설정하여 준수하고 있다. 글로벌 전 사업장의 안전환경체계 통합 및 2025년까지 안전환경 수준 4 달성을 목표로 하며, 모든 임직원들이 이를 위해 안전환경 관련 법규 준수와 안전환경 리스크 최소화, 환경오염 물질 배출 최소화, 안전이 내재화된 조직문화 구축을 위해 노력한다. 2023년에는 중대재해 예방을 위한 노사공동 안전보건 선포식을 개최했다. 이 선포식을 통해 '2023년 노사공동 안전보건 선포문'을 공개하는 한편, '기아 10대 안전수칙' 해설서를 배포했다.

② 스마트 안전 기술 활용 : 기아는 임직원들이 업무 중 위험한 상황에 처하지 않도록 최첨단의 스마트 안전 기술이 장착된 로봇을 활용한다. 순찰 로봇 스팟(Spot), 인간형 로봇 아틀라스(Atlas)는 사람의 손길이 닿기 힘든 곳에서 위험한 임무를 대신 수행한다.

　㉠ 순찰 로봇 스팟(Spot) : 보스턴 다이나믹스 사의 스팟(Spot)은 산업용 점검 로봇(Industrial Inspection Robot)으로서 고온, 혹한 등 극한의 환경이나 사고 발생 지역, 방사능 오염 지역 등의 위험한 작업 현장에서 인간을 대신하여 데이터를 수집하고 임무를 안전하게 수행할 수 있습니다. 또한 'Data Keeper', 'Moving IoT'라는 별명답게 향후 더욱 다양한 환경에서 활용하기 위해 여러 응용 기술 또한 함께 개발되고 있다.

　㉡ 인간형 로봇 아틀라스(Atlas) : 아틀라스(Atlas)는 다목적 휴머노이드 로봇이자 현대차그룹 초격차 로보틱스 기술의 집약체이다. 유압 동력 관절을 통해 인간과 유사한 움직임을 구현하여 이동할 수 있고, 감지 센서를 통해 다양한 지형에서도 자세를 유지할 수 있는 것이 특징이다. 아직은 선행 연구 목적으로 개발 중이지만 미래에는 그리퍼 기술, 자세 제어, 문제해결 능력을 더욱 고도화하여 인간과 함께 다양한 임무를 수행할 것으로 기대하고 있다.

(3) 함께 성장하는 지속가능한 공급망 구축

① 동반성장 지원을 통한 건강한 공급망 생태계 고도화 : 기아는 함께 일하는 협력사와의 동반성장에도 큰 노력을 기울이고 있다. 특히 안정적인 공급망 생태계를 구축하기 위해 3대 동반성장 추진 전략을 시행하고 있다. 전략의 주요 내용은 다음과 같다.

　㉠ 글로벌 경쟁력 육성
　　• 자동차부품산업진흥재단에 현대차그룹 1,193억 원 출연
　　• 중소협력사 스마트공장 구축 지원 : 2019~2022년 4년간 총 200억 원 출연, 803개 사 지원

　㉡ 지속성장 기반 강화
　　• 원자재 가격 연동제 운영 : 원자재 변동분을 분기 단위로 부품 단가에 반영하는 제도
　　• 자금지원 프로그램 운영
　　• 글로벌상생협력센터 운영

   © 동반성장 문화 정착

    • 상생협력 5스타 제도 운영 : 1차 협력사의 2차 협력사에 대한 상생협력 수준을 평가 후 업체 선정 시 인센티브를 부여하는 제도

    • 공정거래 협약 운영

    • 투명구매실천센터 운영 : 제도개선 건의, 투명/윤리위반행위 신고에 대한 개선 및 조치

  © 공급망 리스크 관리를 위한 협력사 ESG 지원 및 수준 진단 : 기아는 협력사의 ESG 실천을 ESG 경영의 중요한 요소로 여겨, 수시로 ESG 평가 및 모니터링을 실시해 협력사의 ESG 수준을 관리한다.

⑷ 고객경험 향상을 통한 만족도 제고

 ① 고객접점 서비스 고도화 : 고객이 기아라는 브랜드를 경험하며 겪게 되는 프로세스를 통합적으로 시각화한 고객여정지도(Customer Journey Map)를 모든 고객접점에 공유하여 각 프로세스에 개선이 필요한 부분을 모색하고 있으며, 정기적인 고객경험(CX) 진단을 통해 부정적인 경험을 파악하고 이를 개선할 수 있도록 지속적으로 관리하고 있다. 또한 대고객 직원 대상으로 적극적 고객응대 캠페인과 공감 CS교육, 1:1이미지 컨설팅 등을 제공함으로써 직원 고객마인드 제고를 위한 노력을 이어 가고 있다.

 ② 고객 중심 경영의 실천과 성과 : 기아고객센터와 기아커넥트센터를 통해 접수된 고객의 의견은 관련 부문에 전달되며, 특히 고객불만 중 중점관리 9개 영역을 선정하여 신속하게 처리함으로써 불만 확산을 통제하는 동시에 재발을 방지하는 등 체계적으로 대응하고 있다.

 ③ 친환경 경험 공간으로 리뉴얼된 기아 스토어

 ④ 대고객 정비 서비스 강화

⑸ 고객 만족을 위한 제품과 서비스

 ① 쾌적한 주행 경험을 제공하는 EV 상품 전략 : 기아는 향후 더욱 크게 증가할 EV 차량 고객들이 보다 안전하고 편리한 주행을 경험함으로써, 최상의 만족도를 누릴 수 있도록 EV 상품을 업그레이드하기 위한 특화 전략을 구축하였다. 커넥티비티(Connectivity), 자율주행(Autonomous), 성능(Performance), 디자인(Design) 4개 부문의 특화 전략에 따라, 기아는 EV 상품 전략을 지속적이고 구체적으로 실현하여 전동화 리딩 브랜드로 거듭나고자 한다.

 ② 고객 니즈 맞춤형 모빌리티, PBV : 기아는 목적 기반 차량인 PBV(Purpose-built Vehicle)를 통해 미래 자동차 이용 고객의 니즈와 모빌리티 시장의 다변화에 선제적으로 준비하고 있다. 기아 PBV는 고객지향 특화 프로세스를 통해 고객이 상품 구성 단계부터 직접 참여해 사양을 제안하고, 이를 개발 과정에 반영한다.

 ③ 전기차 공유 서비스 '위블 비즈' : '위블 비즈'는 EV 차량과 관련 웹/앱 솔루션, 차량 유지관리 및 충전 관리까지 토탈 솔루션으로 제공하는 기아의 기업 또는 기관 고객 대상 모빌리티 서비스이다.

④ 기아 프리미엄 카 구독형 서비스 '기아플렉스': '기아플렉스'는 고객이 원하는 기아의 프리미엄 라인업 풀옵션 차량을 구독하여 경험할 수 있는 서비스이다. 현재 서울, 인천, 경기, 부산, 대전 지역에서 이용할 수 있으며, 고객이 사용하고자 하는 일시와 장소에 맞춰 차량을 배송 및 반송하는 딜리버리 서비스도 제공된다.

⑹ 사회공헌 활동

① 사회공헌 가치체계

사회공헌 미션	인류의 안전하고, 자유롭고, 지속가능한 삶에 기여한다.		
핵심영역	친환경	모빌리티	챌린지
추구가치	기후변화 대응·생태 보호	자유롭고 안전한 이동	미래세대의 성장·자립

② 초록여행: 장애인들의 여행을 지원하는 사회공헌 활동으로, 2012년부터 시작됐다. 2022년 12월 기준 '초록여행'의 누적 이용 횟수는 15,561회, 이용 인원은 75,264명이다. 장애인 당사자가 직접 운전할 수 있고 휠체어 수납까지 가능하도록 장애인 친화적으로 개조된 카니발 차량을 제공하고, 필요한 경우 운전 기사와 경비, 유류 등도 지원하고 있다. 2022년 10주년을 맞아 고객의 니즈에 기반한 단거리 이동을 시범적으로 지원하고, 이를 점차 확대할 계획이다.

③ 그린라이트 프로젝트(Green Light Project, GLP): 저개발국가 주민들의 도전, 성장, 자립을 돕는 사회공헌 활동. 기아가 10년간 전 세계 9개국 12개 거점을 대상으로 최소 3년의 장기적 지원을 거친 후, 해당 정부에 공식 이양함으로써 자립을 지원하는 방식의 프로젝트이다. 2012년부터 아프리카 8개국에 초·중·고등학교. 보건소, 직업훈련학교 등 GLP센터 14개를 건립하였고, 학부모 및 마을위원회를 대상으로 시설과 프로그램을 운영할 수 있는 교육·노하우를 전수했다. 모바일 클리닉·모바일 스쿨·스쿨버스 등 차량 25대도 함께 지원했으며, 이를 통해 도움의 손길이 닿기 어려운 아프리카 지역 곳곳의 주민 76만 3,321명에게 필수 보건의료 및 교육·직업훈련 등의 모빌리티 솔루션을 제공했다.

㉠ GLP 10년 총 사업비: 143.5억 원

㉡ 지역: 아프리카 8개국 11개 사업장 지원(가나, 르완다, 말라위, 모잠비크, 에티오피아, 우간다, 케냐, 탄자니아)

㉢ 인프라: 교육·의료·직업훈련 시설 14개 건립, 이동 차량 25대 지원

㉣ 성과: 10년간 창출된 사회적 성과 약 371.6억 원

6. 사업장 안내

(1) 본사

① 기아 본사

② 국내사업본부(Kia360)

(2) 연구소

① 남양연구소

② 환경기술연구소

(3) AutoLand

① AutoLand 광명 : 한국 자동차 산업의 요람, 기아의 모태공장 일괄 생산 체제로 이루어진 국내 최초 종합 자동차 공장이다.

㉠ 면적 : 17만 평

㉡ 연간 생산능력 : 31.3만 대

㉢ 생산 차종 : 카니발, K9, 스팅어

② AutoLand 화성 : 세계적 규모의 자동차 생산기지, 최신의 첨단설비와 자동화 시설을 갖춘 종합 자동차 생산 공장이다.

㉠ 면적 : 100만 평

㉡ 연간 생산능력 : 53.1만 대

㉢ 생산 차종 : K3, 니로, K5, K7, 쏘렌토, 모하비, EV6

③ AutoLand 광주 : 호남 자동차 산업의 요람, 수출 전략 기지이다.

㉠ 면적 : 36만 평

㉡ 연간 생산능력 : 47.7만 대

㉢ 생산 차종 : 스포티지, 봉고트럭, 대형버스, 군용차, 셀토스

7. 공장별 일반 현황

(1) 기아 한국 공장

① 생산량 : 1,591,000대

② K3, K5, 스포티지, 쏘렌토 등을 생산

(2) 기아 중국 공장

① 생산량 : 890,000대

② K3, K5, 셀토스, 스토닉 생산

(3) 기아 멕시코 공장

① 생산량 : 400,000대

② 프라이드, K3 생산

(4) 기마 미국 공장

① 생산량 : 340,000대

② K5, 쏘렌토, 텔루라이드, 스포티지 생산

(5) 기아 슬로바키아 공장

① 생산량 : 330,000대

② 스포티지, 씨드, 벤가 생산

8. 기아 Line-up

승용차	모닝	레이	리오(Rio)	페가스(Pegas)	K3	씨드(Ceed)	K5	스팅어	K8	K9
RV(Recreational Vehicle)	KX1	쏘넷(Sonet)	스토닉	쏘울	KX3	셀토스	스포티지	엑씨드(Xceed)	카렌스	쏘렌토	모하비	카니발	텔루라이드
친환경차	[하이브리드] K5	K8	니로	쏘렌토	스포티지	니로 플러스 [플러그인 하이브리드] K3	씨드(Ceed)	니로	쏘렌토	엑씨드(Xceed)	스포티지	니로 플러스 [전기차] K3	쏘울	니로	EV6	봉고3	EV9	니로 플러스
상용차	봉고3(K2500/K2700)	그랜버드
CKD(Complete knock Down)	자동차 부분품(엔진 등)

9. 기아 대표모델

(1) EV6

기아 최초의 전용 전기차 EV6는 기존 전기차의 한계를 극복하고 신기술 적용과 차량 제원 최적화로 미래 전기차의 비전을 제시했고, 2022년 유럽 올해의 차, 2022년 레드닷어워드, 2022년 대한민국 올해의 차를 수상하였다.

① **18분 초고속 충전** : 18분 만에 10%에서 80%까지 초고속 충전이 가능하다.

② **i-PEDAL 모드** : 차세대 일체형 PE(Power Electric) 시스템을 이용하여 긴 주행거리를 구현하고, 저중심 설계 및 후륜 구동 기반으로 뛰어난 주행성능을 제공한다. 가속페달만으로 가속과 감속, 정차까지 가능한 i-PEDAL 모드를 적용했다.

③ **단 한번의 충전으로 475km 주행** : EV6의 77.4kWh 대용량 배터리를 통해 충전 스트레스를 최소화했다.

④ **원격 스마트 주차 보조(직각주차 및 평행 주차, 출차 기능 포함)** : 차량 외부에서 원격으로 주차 및 출차가 가능하다. 또한 탑승 후 조작 시에는 조향, 차속을 자동으로 제어하여 주차 및 출차를 도와준다.

⑤ **파노라믹 커브드 디스플레이** : 12.3인치 클러스터와 내비게이션이 통합된 커브드 디스플레이를 적용하여 와이드하면서도 고급스러운 실내 인테리어를 구현했다. 또한, 원격 제어 및 안전 보안 서비스 등이 제공되는 첨단 커넥티드 카 서비스 '기아 커넥트'를 통해 사용자 편의성을 높였다.

(2) EV9

EV9은 기아의 전기차 라인업 최상위에 위치하는 플래그십 모델로, 이용자들이 자유로우면서도 안전한 주행을 경험할 수 있도록 돕는 다양한 혁신적 기술이 도입되었다.

① **혁신적인 e-GMP와 4세대 기술** : EV9의 실내는 전기차 전용 플랫폼 e-GMP로 설계해 공간의 활용성을 높였으며, 99.8kWh의 대용량 배터리를 탑재하고 있다.

② **고속도로 부분 자율주행 시스템(HDP)** : 새로운 고속도로 자율주행 시스템으로 EV9의 레벨3 고속도로 부분 자율주행을 실현했다.

③ 기아 커넥트 스토어를 통해 지점/대리점 방문 없이도 디지털 상품이나 사양을 편리하게 추가 구매할 수 있다.

④ 특허 출원 중인 세계 최초 B필러 신규 연결 구조 기술 적용과 특별한 차체 설계를 통해 동급 최고 수준의 안전성을 확보했다.

⑤ **폐기물 업사이클링 소재 적용** : 기아는 EV9을 통해 재활용 선순환 구축에 기여하고자, 콘셉트카 제작 단계부터 바다에서 건진 폐어망이나 재활용 폐플라스틱 병, 비건 가죽 등 폐기물의 업사이클링 소재를 적용하였다. 실제로 양산된 EV9 또한 이러한 디자인 철학을 고스란히 이어받아, '지속가능한 디자인 전략'에 따른 다양한 친환경적 소재를 사용하였다. 실제로 EV9에 사용한 재활용 플라스틱이나 바이오 친환경 소재를 적용한 부품의 중량은 약 34kg에 달한다.

03 한국사

1. 국가의 성립과 발전

(1) 선사시대

구분	구석기	신석기	청동기	철기
연대	약 70만 년 전	BC 8000	BC 2000~1500	BC 500
유물	뗀석기(긁개, 밀개, 주먹도끼, 자르개, 슴베찌르개, 뚜르개), 골각기	• 이른 민무늬토기, 덧무늬 토기, 눌러찍기문토기, 빗살무늬 토기(일본 조몬 토기에 영향) • 간석기(돌팽이, 돌삽, 돌보습) → 농기구 출현	• 덧띠새김무늬토기, 민무늬토기, 미송리식토기, 붉은 간토기 • 간석기(반달돌칼) • 비파형 동검, 거친무늬 거울(서북방설)	• 검은 간토기, 덧띠 토기 • 간석기 • 철제 농기구, 철제 무기ㆍ연모 • 세형 동검(거푸집 – 한국식 동검) • 중국과 활발한 교류
유적	전국적 분포: 단양 금굴, 공주 석장리, 연천 전곡리, 청원 두루봉 동굴, 단양 수양개	움집(반지하형ㆍ원형ㆍ방형), 조개더미(옹기)	움집(장방형ㆍ지상형), 고인돌, 돌무지ㆍ돌널무덤	지상형 가옥, 귀틀집, 돌무지ㆍ돌널ㆍ독무덤, 널무덤(청동기＋철기)
경제	수렵, 어로	농경 시작 (조, 피, 수수 등)	벼농사 시작, 가축 사육 증가	농경(벼농사 발달), 목축(밭갈이 가축 이용), 어업교역
사회	무리사회, 이동생활	씨족 중심 부족사회, 평등 모계 사회, 원시신앙	군장사회(군장국가) ※ 선민사상: 울주 반구대 암각화	친족공동체(연맹왕국)
일본에 영향		조몬 토기	야요이 토기	가야토기－스에키 토기

⑵ **초기 국가의 성장**

① **고조선의 성립(국가의 시초)** : 청동기문화에 기반, 군장지배사회 → 철기문화의 발전. 만주와 한반도 각지에 삼한, 부여, 동예, 옥저, 고구려 등 초기 국가(연맹·부족 국가) 형성 → 주변지역 정복, 삼국 형성의 기반 마련

② **초기 국가의 성격**

구분＼국가	부여	고구려	옥저	동예	삼한
정치	• 마가, 우가, 저가, 구가(4출 → 대사자, 사자) • 5부족 연맹	• 대가(상가, 고추가, 대로, 패자) → 사자, 조의, 선인 • 5부족 연맹 • 제가회의	• 읍군, 삼로(군장국가)		• 신지, 견지, 읍차, 부례(군장), 제사장(소도) → 제정 분리
경제	• 말, 주옥, 모피 • 반농반목	• 맥궁 • 약탈 경제(부경)	•5곡, 소금, 어물	• 단궁, 과하마, 반어피, 방직기술	• 쌀, 철(변한)
제천 행사	영고(12월), 은정월	동맹(10월)	×	무천(10월)	수릿날(5월), 계절제(10월)
사회	순장, 형사취수제, 일부다처제, 우제점복, 1책 12법	후장, 데릴사위제, 형사취수제, 점복, 1책 12법	세골장(가족 공동묘), 민며느리제	족외혼, 책화(씨족사회 유풍)	두레, 독무덤, 초가지붕의 반움집(귀틀집)

⑶ **삼국의 발전 과정**

구분	고구려	백제	신라
2세기	• 태조 : 계루부 고씨 왕위 세습 • 고국천왕 : 진대법, 부자 왕위 세습	–	–
3세기	• 동천왕 : 오 교류·위 견제, 서안평 공격	• 고이왕 : 왕위 세습, 율령 반포(고대왕국체제 기반 완성), 6좌평제도, 한강 완전 차지	–
4세기	• 미천왕 : 서안평 차지, 낙랑·대방 축출(고조선 고토 회복) • 소수림왕 : 전진 교류, 불교 수용, 태학 설립, 율령 반포	• 근초고왕 : 요서(일시 정복)·산둥·일본(고대 상업권 형성) 진출, 불교 수용, 부자 세습	• 내물왕 : 왜군 격퇴(4세기 말 고구려 광개토대왕의 도움), 김씨 왕위세습·마립간(고대왕국 기반 마련)

5세기 (삼국 항쟁 1기)	• 광개토대왕(영락) : 요동 차지, 신라의 왜군 격퇴(400) • 장수왕 : 남하정책(국내성 → 평양) → 나 · 제동맹, 남한강 차지(중원고구려비), 경당(지방 사학) • 문자왕 : 동부여 복속	• 문주왕 : 웅진(공주) 천도 • 비유왕 : 나 · 제동맹(433)	• 눌지왕 : 부자 왕위 세습, 나 · 제동맹, 불교 수용
6세기 (삼국 항쟁 2기)	귀족연립 정치기(왕권 약화)	• 무령왕 : 22담로(왕족 파견) • 성왕 : 사비(부여) 천도, 22부 설치, 불교 전파(일본)	• 지증왕 : 한화(漢化)정책, 우산국(울릉도) 복속 • 법흥왕 : 율령 반포(고대 왕국체제 완성), 병부 설치, 상대등제도, 불교 공인 • 진흥왕 : 남한강 상류(단양 적성비), 한강 하류 차지(북한산진흥왕순수비), 대가야(창녕비), 함경도 진출(마운령, 황초령비), 화랑도 설립
7세기 (삼국 항쟁 3기)	• 여 · 수전쟁(살수대첩, 612) • 여 · 당전쟁 : 천리장성(보장왕) → 안시성 싸움(645) • 보장왕 : 고구려 멸망(668)	• 무왕 : 익산 천도 시도(익산미륵사지석탑) • 의자왕 : 백제 멸망(660)	• 나 · 당 연맹 → 백제(660) → 고구려(668) 멸망 • 나 · 당 전쟁(670~676) : 매소성 싸움, 기벌포 싸움 → 삼국 통일(676)

✎ 삼국이 한강유역을 차지한 순서(전성기) : 백제(4세기) → 고구려(5세기) → 신라(6세기)

(4) 남북국 시대

구분	신라	발해
7세기	• 무열왕 : 최초 진골 왕위 계승, 집사부 시중 강화 • 문무왕 : 고구려 멸망, 삼국통일 완성 • 신문왕 : 김흠돌의 모역사건, 전제왕권 확립, 지방행정조직, 군사조직 정비, 국학 설립, 6두품 등용	• 고구려 멸망(668) • 대조영의 발해 건국(698)
8세기	• 성덕왕 : 국학 정비, 발해 공격 시도 • 경덕왕 : 중국식 명칭 사용, 녹읍 부활, 불국사 · 석굴암 창건, 성덕대왕신종 주조	• 무왕 : 대당 강경책, 말갈 통합, 돌궐 연결, 만주 · 연해주 차지, 신라 견제, 돌궐 · 일본과 친선관계 • 문왕 : 대당 화친책, 황제국가체제, 당과 국교 수립, 3성 6부제 도입, 주자감 설치, 신라도 개설 • 5대 성왕 : 상경 용천부로 환도
9세기	• 헌덕왕 : 김헌창의 난(822), 김범문의 난(825) • 흥덕왕 : 완도에 청해진 설치(828) • 문성왕 : 장보고의 난(846) • 진성여왕 : 원종 · 애노의 난(889)	• 선왕 : 최대 전성기, 말갈족 복속, 요동 진출, 5경 15부 62주 지방제도 정비, 해동성국
10세기	• 신라 멸망(935)	• 대인선 : 거란에 멸망(926)

⑸ **고려의 발전 과정**

구분	왕조별 주요 사건
전기 (10~11세기)	• 태조: 개국공신이나 관리에게 역분전 지급, 취민유도정책(세율 1/10 인하), 흑창설치, 노비해방, 서경 중시 → 북진정책의 발판으로 삼음, 발해유민포섭 → 거란 강경외교(만부교 사건, 942), 훈요 10조 발표, 사심관제도, 기인제도, 숭불정책, 풍수지리사상 수용 • 광종: 주현공부법 실시, 노비안검법 실시, 과거제 실시, 공복 제정, 칭제건원, 불교정비, 제위보 설치, 송과 통교 • 경종: 시정전시과 시행 • 성종: 유교 정치 지향(최승로의 시무 28조), 중추원과 삼사 설치, 당의 3성 6부제 기반 중앙관제 정비, 도병마사와 식목도감 설치, 지방관 파견, 향리제도, 노비환천법 실시, 의창·상평창 설치, 건원중보 주조, 국자감 설치, 연등회·팔관회 폐지, 거란의 1차 침입 → 서희의 외교담판(993) → 강동 6주 획득 • 현종: 5도 양계 지방제도 정비, 나성 축조, 팔관회·연등회 부활, 7대 실록 편찬, 거란의 2차 침입, 거란의 3차 침입 → 귀주대첩(1019) • 덕종: 천리장성 축조 • 문종: 송 국교 재개, 최전성기, 기인선상법, 동서대비원 설치, 불교 장려, 경정전시과 시행
중기 (11~12세기)	• 숙종: 화폐 주조, 별무반 설치 • 예종: 윤관의 여진정벌, 동북 9성 축조, 국학, 혜민국 설치 • 인종: 이자겸의 난(1126), 묘청의 난(1135), 김부식의 삼국사기 편찬 • 의종: 무신의 난(1170) → 무신정권 성립
후기 (12~13세기, 무신집권기)	• 명종: 정중부, 경대승, 이의민, 최충헌 등 무신들의 실권장악, 김보당의 난(1173), 조위총의 난(1174), 망이·망소이의 난(1176), 김사미·효심의 난(1193) • 최씨 무신집권기: 최충헌 – 반대파 숙청, 만적의 난(1198), 봉사 10조 건의, 교정도감, 도방 설치, 조계종 후원
원 간섭기 (13~14세기)	• 고종: 원의 침입, 문화재 소실, 강화도 천도, 팔만대장경 조판, 유학 장려 최우 – 정방, 서방 설치, 삼별초 조직, 원의 쌍성총관부 설치 • 원종: 무신정권의 종료, 개경 환도(1270), 친원정책, 삼별초의 항쟁, 원의 탐라총관부 설치, 1차 일본정벌 • 충렬왕: 일연 삼국유사 편찬, 이승휴 제왕운기 저술, 성리학 도입, 정동행성 설치(원의 2차 일본정벌) • 충선왕: 정방 폐지, 신진사대부와의 결속력 강화, 소금과 철의 전매, 만권당 설치 • 공민왕: 반원 개혁정치, 정동행성 이문소 폐지, 2성 6부 체제 복구, 쌍성총관부 탈환, 요동지방 공략, 정방 폐지, 전민변정도감 설치, 신돈의 등용, 성균관 설치, 홍건적의 침입, 왜구토벌
말기 (14세기)	• 우왕: 이성계의 위화도 회군, 직지심체요절 인쇄 • 창왕: 이성계의 섭정, 쓰시마섬 정벌, 신진사대부의 정권 장악 • 공양왕: 고려 멸망

(6) 조선의 발전 과정

구분	왕조별 주요 사건
전기 (14~16세기)	• 태조 : 조선건국, 한양 천도, 숭유억불, 농본억상, 사대교린 정책 • 정종 : 개경 천도(1399), 2차 왕자의 난(1400) • 태종 : 한양 재천도(1405), 승정원·의금부 설치, 사병 폐지, 신문고제도 실시, 호패법 실시, 양전사업, 혼일강리역대국도지도 제작 • 세종 : 의정부 서사제 실시, 집현전 설치, 이상적 유교정치 구현, 훈민정음 창제, 측우기 등 과학기구 제작, 4군 6진 개척, 쓰시마섬 정벌 • 문종 : 유교적 이상정치, 동국병감, 고려사 편찬, 병제 정비 • 세조 : 6조 직계제 실시, 유향소 폐지, 경국대전 편찬 착수, 북진 정책, 직전법 실시 • 예종 : 직전수조법 실시 • 성종 : 경국대전 완성, 홍문관 설치, 사림파 등용, 관수관급제 실시 • 연산군 : 무오사화(1498), 갑자사화(1504) • 중종 : 비변사 설치, 폐정개혁, 신진사대부 등용, 기묘사화(1519), 현량과 폐지 • 명종 : 을사사화(1545), 임꺽정의 난(1559) • 선조 : 이황, 이이 등 인재 등용, 유학 장려, 임진왜란(1592)
중기 (16~18세기)	• 광해군 : 서적 편찬, 사고 정비, 명·후금과 중립 외교 • 인조 : 친명배금정책, 정묘호란(1627), 병자호란(1636) • 효종 : 북벌계획 수립, 군제개편, 대동법 실시, 상평통보 유통, 나선정벌 • 현종 : 예송논쟁 • 숙종 : 환국의 시기, 대동법의 전국적 실시, 토지사업 추진, 상평통보 본격 통용, 5영체제
후기 (18~20세기)	• 영조 : 탕평책 실시, 균역법 보급, 신문고 부활, 청계천 준설, 동국문헌비고 발간 • 정조 : 인재 등용, 전제개혁, 규장각 설치, 실학 발전, 화성 건설 • 순조 : 훈련도감 정상화, 세도정치, 천주교 대탄압, 홍경래의 난(1811) • 헌종 : 오가작통법 실시 • 고종 : 대원군과 명성황후의 세력다툼, 열강의 문호개방의 압력, 임오군란, 헤이그 밀사사건으로 퇴위(1907)

2. 제도의 시대별 특성

(1) 중앙정치제도

① 삼국시대 : 국왕 중심의 일원적 통치체제

구분	고구려	백제	신라
관등	대대로 이하 10여 관등	6좌평 이하 16관등	이벌찬 이하 17관등
수상	대대로	상좌평(내신좌평)	상대등~집사부, 시중
관명	~형, ~사자	~솔, ~덕	~찬, ~마
관청	내평, 외평, 주부	6좌평, 22부(사비시대)	상대등, 병부, 위화부
합의제도	제가회의	정사암	화백회의

② 남북국시대

　㉠ 통일신라 : 집사부를 중심으로 14개 관청으로 정비. 전제왕권의 확립으로 시중의 지위가 강화됐으나, 말기에는 왕권의 약화로 상대등의 세력이 강화됨. 신문왕 때 국학을 설립하는 등 유교정치이념 적극 수용

　㉡ 발해 : 3성 6부 제도. 당의 3성 6부제+3성의 독특한 운영방식. 유교적 성격의 6부 명칭

구분	합의제 기구	행정기구	감찰	수상	특수행정구역
통일신라	화백회의	집사부 등 14부	사정부	시중	5소경(사신)
발해	정당성	3성 6부	중정대	대내상	5경

③ 고려 : 당의 3성 6부제를 많이 본떴으나 송제(중추원과 상사)도 받아들이는 한편, 고려의 독자적인 제도(도병마사와 식목도감)도 채택함

④ 조선 : 왕도정치 구현, 숭유정책, 성리학적 정치사상의 정착

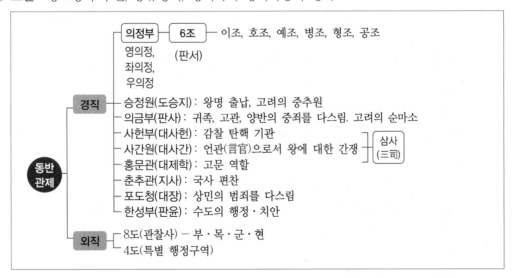

(2) **지방제도**

① **삼국시대** : 행정조직과 군사조직이 밀착되어 군사적 성격이 강함

② **통일신라**

　㉠ 신문왕 때 9주 5소경의 지방제도 마련

　㉡ **상수리제도** : 지방세력 견제를 위해 지방호족을 중앙에 머물게 한 제도로 고려 기인제도, 조선 경저리제도의 시초

　㉢ **향 · 소 · 부곡의 설치** : 특수행정구역

③ **발해** : 5경(京) 15부(府) 62주(州)로 조직. 부에는 도독(都督), 주에는 자사(刺史) 파견, 주 밑에는 현을 두어 현승 파견, 촌락은 토착세력인 수령이 지배함

④ **고려**

　㉠ 성종 때 12목을 설치하여 지방관 파견 → 현종 때 4도호부(후에 5도호부) → 8목으로 개편 → 이후 크게 5도(안찰사)와 양계(병마사)로 구분

　㉡ **향 · 소 · 부곡** : 특수행정구역. 향 · 부곡 주민은 농업에, 소(所)의 주민은 수공업에 종사

⑤ **조선**

　㉠ 전국을 8도로 나누고, 도(관찰사) 아래에 부 · 목 · 군 · 현(長 수령, 현령)을 둠

　㉡ **유향소(향청, 향소)** : 지방자치기관. 군 · 현의 수령을 보좌하는 고문기관으로, 향촌의 덕망 있는 인사를 뽑아 좌수로 삼음

　㉢ **경재소** : 지방관서의 출장소 격으로, 정부와 유향소 간의 연락 기능을 담당

(3) **군사제도**

① **삼국시대**

　㉠ **고구려** : 성을 단위로 편성. 국가에서 병력 동원 시 대모달(大模達) · 말객(末客) 등의 군관이 지휘

　㉡ **백제** : 중앙 각 부에는 500명의 군대 배치, 각 방에는 방령이 군대 통솔

　㉢ **신라** : 중앙 − 사자대, 시위부, 지방 − 6정, 서당

② **통일신라** : 중앙군 9서당, 지방군 10정

③ **발해** : 10위로 조직. 각 위마다 대장군과 장군을 두어 통솔

④ **고려**

　㉠ 중앙군 + 주현군(의무병)의 2원적 조직

　㉡ **중방** : 무관의 합의기관으로 무신정변 이후 권력의 중추기구가 됨
　　[중방 → 장군방 → 낭장방 → 산원방 → 교위방(무관의 합의기관)]

⑤ **조선**

　㉠ **중앙군** : 5군영 설치

　㉡ **지방군** : 속오군체제. 양반부터 노비까지 모두 편제된 양 · 천 혼성군. 농한기에 군사훈련을 하고 유사시에 전투에 참가

(4) 토지제도

① **삼국시대** : 왕토(王土)사상, 귀족이나 장군에게 식읍이나 녹읍 지급

② **통일신라** : 녹읍제 폐지, 관료전 지급(689, 신문왕 9년) → 농민에게 정전(丁田) 지급(722, 성덕왕 21년) → 귀족들의 반발로 녹읍제 부활(757, 경덕왕 16년)

③ **고려**

　㉠ **전시과 제도** : 관직이나 직역을 담당한 사람들에게 지위에 따라 전지와 시지(柴地)를 차등 있게 지급한 것. 토지에 대한 수조권 지급, 세습 불인정

　㉡ **정비과정** : 역분전(태조, 공신에게 지급) → 시정전시과(경종) → 개정전시과(목종, 관등을 기준으로 지급) → 경정전시과(문종, 직관에게 지급) → 녹과전(원종, 경기 8현 지급) → 과전법(공양왕, 직산관에 지급)

④ **조선**

　㉠ **과전법** : 전직, 현직 관료 지급

　㉡ **직전법** : 현직 관료에게만 수조권 지급, 규모 축소

　㉢ **직전법하의 관수관급제** : 농민이 국가에 전조 납부, 국가가 전조를 수조권자에게 지급

　㉣ **직전법 폐지와 녹봉 지급** : 수조권 지급의 완전 소멸, 현물 녹봉제 실시

✅ **전시과와 과전법의 비교**

구분	전시과(고려)	과전법(조선)
공통점	• 토지 국유제 원칙, 사망이나 퇴직 시 국가 반납(세습 불가) → 예외 있음 • 현직관리·퇴직관리에게 지급(직산관) • 관등에 따라 차등 지급(1품~18품)	
차이점	• 토지 + 시지 지급 • 전국이 지급 대상 • 경작권이 보장 안 됨 • 공음전, 공신전, 외역전 등은 세습	• 토지(전지)만 지급 • 경기에 한하여 지급 • 경작권이 보장됨 • 수신전과 휼양전 세습

(5) 조세제도

① **삼국시대**

　㉠ **고구려** : 조(租)는 곡식, 인두세는 베나 곡식으로 받음

　㉡ **백제** : 조(租)는 쌀, 세(稅)는 쌀·명주·베 등을 받음

　㉢ **신라** : 통일 후에도 조(租)·용(庸)·조(調) 실시

② **고려**

　㉠ **조세(租稅)** : 토지 소유자에게 부과. 비옥한 정도에 따라 3등급으로 나누어 부과. 민전은 1/10, 공전은 1/4, 사전은 1/2

　㉡ **공납(貢納)** : 토산물을 현물로 납부하는 제도. 호구를 9등급으로 나누어 부과, 상공(常貢 : 각 지방의 특산물)과 별공(別貢 : 수공업품)

　㉢ **역(役)** : 국가가 정남(丁男 : 16~60세까지의 남자)으로부터 노동력을 수취하는 제도

　㉣ **잡세** : 선세·염세·상세 등 특수 생산분야 종사자에게 과세

③ 조선

    ㉠ **조세제도** : 농민은 국가에 전세·공납·역 부담

    ㉡ **지대(地代)** : 타조법(수확량을 1/2로 나눔 → 지주에게 유리)과 도조법(풍흉에 관계없이 매년 일정량을 지주에게 바침 → 소작인에게 유리)

    ㉢ **농민의 부담 가중**

- **공납** : 방납 → 농민 유랑·족징·인징 → 수미법 주장(이이, 류성룡) → 대동법
- **군역** : 요역화로 군역 기피 → 대립제 → 방군 수포제 → 군역 수포제 → 대립가의 부담으로 도망자 속출 → 군적 문란, 농토 황폐
- **환곡** : 원곡의 1/10 이자 징수, 고리대로 변화, 이자부담 가중 → 유민 발생

> **더 알아보기**   **대동법**
>
> 방납(防納)의 폐해 방지와 재정 확보 목적. 광해군 1년(1608)에 이원익·한백겸의 주장으로 현물로 바치던 공납(상공(常貢))을 토지 결수에 따라 쌀(대동미)로 받음. 산간지방은 베나 돈으로 받음
> - **실시** : 선혜청의 주관하에 경기도부터 시행. 숙종 34년(1708) 토지 1결당 12두로 통일하고 전국 시행(잉류 지역인 함경, 평안도 제외) → 1884년 지세(地稅)에 병합되면서 폐지됨
> - **결과** : 지주부담의 증가, 공인의 등장, 별공과 진상의 존속, 농민부담 감소, 자유상공업의 발달, 국가수입의 증가 등

(6) 과거 및 교육제도

① 과거제도

    ㉠ **통일신라의 독서출신과(독서삼품과)** : 신라의 관리등용법. 원성왕 4년(788)에 태학감에 설치한 것으로, 관리 채용을 위한 일종의 국가시험제도. 우리나라 최초의 관리채용 시험제도였으나 골품제도로 말미암아 제대로 시행되지 못함

    ㉡ **조선시대의 과거제도** : 정기시험인 식년시(3년마다 한 번씩 시행)와 부정기시험인 증광시(특별한 경사가 있을 때), 별시와 정시(국가적 보통 경사가 있을 때), 알성시(왕이 성균관 문묘를 배알할 때), 별시, 정시 등이 있음

② 교육제도

    ㉠ **고구려** : 태학(소수림왕 2년에 설치된 최초의 국립대학. 귀족 자제 입학), 경당(지방 사립학교)

    ㉡ **통일신라** : 신문왕 때 국학 설립(682) → 경덕왕 때 태학감으로 개칭, 15~30세의 귀족 자제 입학

    ㉢ **발해** : 문왕 때 국립대학인 주자감 설치

    ㉣ **고려** : 성종 때 지방 12목에 경학·의학박사 파견, 중앙에 국립대학인 국자감 설치

    ㉤ **조선**

- **인문교육** : 중앙에 성균관과 4부 학당, 지방에 향교, 16세기 이후 서원 설치, 서당
- **기술학교** : 의학은 전의감, 역학(譯學)은 사역원, 천문·지리는 관상감, 산학은 호조, 율학은 형조에서 교육

3. 문화와 사상

(1) 삼국의 역사서

① 고구려 : 소수림왕, 영양왕(600) → 유기(留記) 100권, 신집(新集) 5권(이문진)

② 백제 : 근초고왕(재위 346~375) → 서기(書記, 고흥)

③ 신라 : 진흥왕(545) → 국사(國史, 거칠부)

(2) 삼국의 불교 수용

국가	수용시기	전래	발달
고구려	소수림왕 2년(372)	전진의 순도	삼론종 융성
백제	침류왕 1년(384)	동진의 마라난타	율종 융성
신라	• 전교 : 5세기 눌지왕 때 • 공인 : 법흥왕 14년(527)	• 고구려의 묵호자 • 이차돈의 순교	• 왕실과 결합(법흥왕) • **불교 정비(진흥왕)** : 국통, 주통, 군통 • 세속오계(진평왕) : 원광법사

(3) 성리학

① 성리학의 정착

㉠ 고려 말에 전래, 보급, 15세기 조선 정치의 중심이 됨

㉡ 조선 후기 성리학의 이념적 대립으로 붕당 격화

구분	훈구파(관학파)	사림파(사학파)
연원	고려 말 혁명파 신진사대부	고려 말 온건파 신진사대부
정치적 견해	• 개혁의 논리를 내세워 적극적인 정치혁명에 참여, 역성혁명 주도 → 유교 국가 운영에 학문적 이론 제공 • **정치 목적** : 중앙집권, 부국강병	• 소극적 개혁, 고려 왕조에 대한 의리와 명분 주장 → 향촌 건설과 교육에 주력 • **정치 목적** : 향촌자치, 유교적 왕도정치
중심인물	정도전, 권근	김종직, 조광조
학문 및 사상적 경향	• 사장적 경향 • 불교·도교·풍수지리설·민간신앙 등을 포섭하여 사회 안정 도모	• 경학적 경향 • 성리학 이외의 사상은 이단으로 철저히 배격
역사의식	자주적 역사관(단군 조선 중시)	존화주의적·왕도주의적 역사관 (기자 조선 중시)
활동시기	**15세기 정치 주도** : 세종, 세조 때 수준 높은 근세문화 창조	**15세기 말 성종 때 중앙 정계 진출** : 훈구세력과 정치적 갈등 야기(사화), 16세기 이후 사회 주도(붕당정치)
영향	15세기 민족문화 발달	16세기 성리철학 발달

② **성리학의 융성**: 16세기 사림, 도덕성과 수신(修身)을 중시 → 이기론의 발달

구분	주리파	주기파
성격	도덕적 원리 중시	경험적 현실 중시
선구자	이언적	김시습, 서경덕
집대성	이황 → 영남학파(김성일, 유성룡)	이이(도덕＋현실) → 기호학파(조헌, 김장생)
당파	동인 등 집권화	서인 계열, 재야학자
예법	주자가례(朱子家禮)를 중시	가례집람(家禮輯覽)을 중시
영향	• 이황: '동방의 주자', 일본 성리학에 영향(저서 : 주자서절요, 성학십도, 이학통록) • 성리학의 주류 → 한말 위정척사사상과 의병운동의 사상적 기반 • 신분질서 유지와 도덕규범의 확립 • 향촌의 중소지주로서 경제적 기반을 소유	• 이이의 사상 → 실학(17세기 이후 북학파) → 한말 개화사상의 기반(저서 : 성학집요, 동호문답, 격몽요결) → 애국계몽운동 • 최한기의 경험적 철학이나 동학사상 등의 형성에 영향(진보적 개혁사상의 원류) • 성리학자로부터 이단으로 배격되어 크게 발전 못함
공통점	지나친 도덕주의로 인하여 현실적인 부국강병책을 소홀히 함	

(4) 실학사상

① 실사구시의 약칭으로 사실을 추구하여 실생활에 이용할 수 있는 학문

② 18세기 전후로 크게 융성하였으며 실증적·민족적·근대지향적 특성을 지님

구분	중농학파(경세치용학파)	중상학파(이용후생학파, 북학파)
공통점	부국강병·민생안정 추구, 양반문벌사회 모순 개혁	
차이점	• 토지 분배에 관심 • 자영농 육성, 지주제 부정 • 상공업 발달은 빈부격차를 유발하므로 상공업 및 화폐경제 발달에 대해서는 부정적	• 상공업 진흥에 일차 관심 • 지주제 수긍, 농업의 전문화·산업화·기술화, 생산력의 증대 • 국가 통제하에 상공업의 보호 육성 주장
당파	남인계, 농촌 선비	노론계 서자, 소론계
영향	한말 애국계몽사상가, 일제시대의 국학자	기술론, 해외 통상론 → 개화사상가
학문	이론적, 체계적	외국여행 경험, 견문
비고	• 대표적 인물 : 유형원 → 이익 → 정약용 • 한계 : 유교적 이상국가 추구	• 대표적 인물 : 유수원 → 홍대용 → 박지원·박제가 • 의의 : 유교적 이상국가 탈피

4. 근현대사

(1) 일제 식민통치의 변화

구분	지배형태	수탈형태	국제정세	민족의 독립 활동
1단계(1910~1919)	헌병경찰통치	토지조사사업	제국주의	의병 활동
2단계(1919~1931)	문화정치	산미증산계획	민족자결주의	3·1운동
3단계(1931~1945)	민족말살정치	군수공업화	전체주의	대한민국임시정부 활동

(2) 근대사 주요사건

1871	신미양요	제너럴셔먼호 사건을 빌미로 미국이 강화도 침략 → 조선 승리
1875	운요호사건	일본의 포함외교 → 강화도조약 체결, 일본에 개항함
1876	강화도조약	최초의 근대적 조약, 불평등조약
1882	조·미수호통상조약	원산·인천·부산항 개항, 불평등조약(치외법권, 최혜국조관), 협정관세
	임오군란	친청(親淸), 일본과 제물포조약 체결(박영호 파견, 태극기 첫 등장)
1884	갑신정변	최초의 근대적·정치적 개혁, 친일(親日), 14개조 개혁안, 한성조약(조-일), 톈진조약(청-일)
1885	거문도사건	영국이 남하하는 러시아를 견제하기 위해 불법 침략
1889	방곡령사건	일본의 경제수탈에 대한 조선 관권의 저항
1894	동학농민운동	반봉건·반외세의 민족운동(제폭구민, 보국안민) → 청·일 전쟁의 원인, 갑오개혁에 영향, 의병 운동 활성화 계기
	갑오개혁	근대사회로의 계기, 타율적 개혁(군제개혁 소홀, 토지균분 않음), 친일 내각 •**홍범14조**: 갑오개혁 이후의 신정부에서 내정개혁과 자주독립의 기초를 확고히 하기 위해 발표한 14개 조의 강령
	청·일전쟁	시모노세키조약 체결(일본의 요동 및 대만, 조선 주도권 독차지)
1895	삼국 간섭	친러 내각, 독일·프랑스와 협동(일본, 요동 반환)
	을미사변, 을미의병	을미개혁: 단발령, 양력, 우편제
1896	독립협회	•자주국권, 자강개혁, 자유민권 •1898년 보수파와 황실 측근의 모함으로 해산 → 대한 자강회, 대한협회로 계승
	아관파천	친러 내각, 열강의 이권 침탈 강화(근거 - 최혜국조관)
1897	대한제국 선포	연호-광무, 광무개혁 추진(개혁방향 - 구본신참)
1898	만민공동회	헌의 6조(중추원식 의회제), 이권수호운동
1904	러·일전쟁	일본 승리. 포츠머스조약 체결(1905) → 일본의 한국지배권 확립, 남만주 진출
1905	을사조약, 을사의병	러·일전쟁에서 승리한 일본 을사조약 강제 체결(조선의 외교권 박탈, 통감부 설치) → 고종의 무효 선언, 일제 규탄, 조약 폐기 운동 확대, 장지연의 '시일야 방성대곡' → 을사의병(민종식, 최익현, 임병찬, 신돌석 등)
1907	국채보상운동	대구 → 전국, 영세한 서민층 다수 참여, 부유층 참여 저조
	정미 7조약	차관정치, 군대 해산(한일신협약)
	헤이그 특사 파견	이상설, 이준, 이위종 → 고종 강제 퇴위, 군대 해산 → 정미의병
1909	항일운동	안중근(이토 히로부미 사살), 이재명(이완용 저격)
1910	국권 피탈	한일병합조약

(3) 현대사 주요사건

8·15 광복	연합군 승리의 결과이자 독립 투쟁의 결실
국토의 분단 및 신탁통치 반대 운동	38도선 분할(1945.9.) → 모스크바 3상 회의에서 신탁 통치 결정(1945.12.) → 반탁운동 전개(1945.12.) → 미·소 공동위원회(1946.3, 1947.5.)
대한민국 정부 수립	유엔에서 한국 총선거안 가결(1947.11.) → 남한만의 총선거(5·10총선거)로 제헌국회 소집(1948.5.31) → 민주 헌법 제정(1948.7.17) → 대한민국 정부 수립(1948.8.15, 대통령 이승만) → 파리 유엔총회에서 남한을 대한민국 유일의 합법정부로 공인(1948.11.)
6·25전쟁	북조선인민공화국 수립(1948.9.) → 6·25전쟁 발발 → UN군 참전(인천상륙작전) → 중공군 개입으로 전쟁 교착상태 → 휴전협정(UN의 휴전 제의)
이승만 정부	발췌개헌(직선제 도입, 1952), 사사오입 개헌(연임금지조항 폐지, 1954)으로 장기집권 도모 → 3·15 부정선거 → 학생 및 시민의 궐기 → 4·19혁명(1960) → 이승만 하야, 자유당 정권 붕괴(1960.4.)
박정희 정부	• 5·16군사정변(1961): 박정희를 중심으로 한 군부세력이 사회적 무질서와 혼란을 구실로 군사 쿠데타를 일으켜 정권을 잡고 헌정 중단 • 민주화 세력에 대한 탄압: 인민 혁명당 사건(1964.8.), 동백림 사건(1967.7.) • 국가발전: 경제 개발 5개년 계획, 새마을운동 및 농촌발전, 경부고속도로 건설 • 유신체제(1972~1979): 비상계엄령 선포 및 유신헌법 제정 → 국내·국제적 반발을 일으킴(유신반대운동(1973.10.), 민청학련 사건(1974.4.), 대미·대일외교 악화) → 야당의 총선승리(1978), 2차 석유파동(1979), YH무역사건(1979.8.), 부마항쟁(1979.10.)으로 정권 약화 → 10·26사태로 유신체제 종결
전두환 정부	• 12·12사태: 신군부 세력이 실권 장악 • 5·18 광주 민주화 운동(1980): 계엄령 해제, 전두환 퇴진, 언론 자유 보장, 유신 잔당 타도 등을 요구('서울의 봄') → 비상계엄 확대 조치, 삼청교육대 설립 • 수출 증대: 3저 호황으로 수출 증대 이룩, 자동차산업, 전자, 반도체산업의 발달 • 6월 민주 항쟁(1987.6.10): 박종철 고문 사건과 4·13 호헌 조치로 전국적 시위 발발 → 대통령 직선제를 골자로 하는 6·29 선언 발표

04 경영 · 경제

1. 경제 일반

(1) 경제 관련 이론

① 그레셤의 법칙(Gresham's law) : '악화는 양화를 구축한다'는 말로 유명한 법칙으로, 영국의 T. 그레셤이 16세기에 제창한 학설. 어느 한 사회에서 악화(소재가 나쁜 화폐)와 양화(예컨대 금화)가 동일한 가치를 갖고 함께 유통될 경우 악화만이 그 명목 가치로 유통되고, 양화는 그 소재 가치가 있기 때문에 오히려 재보로서 이용되거나 혹은 사람들이 가지고 내놓지 않아 유통에서 없어지고 만다는 것이다.

② 세이의 법칙(Say's law) : 자유경쟁 경제하에서는 일반적인 생산과잉은 발생하지 않고 공급은 그 스스로의 수요를 창출한다고 한 세이의 시장이론. '판로의 법칙'이라고도 한다. 그러나 세계 대공황으로 모순이 일어났으며, 케인스의 유효수요 원리에 의하여 비판받았다.

③ 슈바베의 법칙(Schwabe's law) : 독일 통계학자 슈바베가 발견한 근로자의 소득과 주거비에 대한 지출의 관계법칙. 소득수준이 높으면 높을수록 집세에 지출되는 금액은 커지지만 전체 생계비에 대한 주거비의 비율은 낮고, 소득이 낮을수록 전체 생계비에 대한 주거비의 비율은 높아지는 것을 말한다. '엥겔의 법칙'은 근로자의 소득과 식료품비와의 관계를 나타낸 것으로 저소득 가계일수록 식료품비가 차지하는 비율이 높고, 고소득 가계일수록 식료품비가 차지하는 비율이 낮다는 것이다.

④ 공유지의 비극(tragedy of commons) : 개인과 공공의 이익이 서로 맞지 않을 때 개인의 이익만을 극대화한 결과 경제 주체 모두가 파국에 이르게 된다는 것으로, 미국 생태학자 하딘(G. J. Hardin)이 주장했다. 예를 들어 주인이 없는 한 목초지가 있을 경우(외부효과), 비용을 들이지 않기 위해 마을 사람들 모두 이곳에 소를 방목해 풀을 먹이게 되고, 결과적으로 이 목초지는 황폐화된다는 것이다. 이를 해결하기 위한 방안으로 국가가 경제활동에 개입해 통제하거나 개인에게 소유권을 줘 개인이 관리하도록(사유화) 하는 것이 있다.

⑤ 필립스곡선(Phillips curve) : 실업률이 낮으면 임금상승률이 높고 실업률이 높으면 임금상승률이 낮다는 반비례 관계를 나타낸 곡선. 원래 필립스곡선은 임금상승률과 실업률 간의 관계를 표시했으나, 현재는 물가상승률과 실업률 간의 반비례 관계를 나타내는 것이 일반적이다. 그러나 오일쇼크 이후 선진국에서는 불황이 계속되어도 물가상승률은 저하되지 않는 스태그플레이션 양상이 강해 필립스곡선은 맞지 않는다는 견해가 유력해지고 있다. 이 견해를 이론적으로 분석, 일반화한 것이 합리적 기대학파다.

⑥ 래퍼곡선(Laffer curve) : 세율과 세수의 관계를 나타낸 곡선으로 미국의 경제학자 아더 래퍼 교수가 주장한 이론. 일반적으로 세율이 높아질수록 세수는 늘어나지만 래퍼 교수에 따르면 일정 세율(최적 세부담율)을 넘으면 반대로 세수가 줄어드는 현상이 나타난다고 한다. 세율이 지나치게 올라가면 근로의욕의 감소 등으로 세원 자체가 줄어들기 때문이다. 그러므로 이때는 세율을 낮춤으로써 세수를 증가시킬 수 있다는 것이다. 1980년대 미국 레이건 행정부의 조세인하 정책의 이론적 근거가 되었으며, 이로 인해 미국 정부의 거대한 재정적자 증가가 초래되었다.

⑦ 엥겔계수(Engel's coefficient) : 가계 총지출액에서 식료품비가 차지하는 비율이다. 엥겔법칙은 소득수준이 높아짐에 따라 엥겔계수가 점차 감소하는 현상을 말한다. 1857년에 독일 통계학자 엥겔(E. Engel)이 노동자의 가계조사 결과 이 같은 법칙을 발견했다.

⑧ 에인절계수(angel coefficient) : 가계 총지출에서 수업료, 과외교습비에다 장난감 구입비, 용돈 등을 포함한 교육비가 차지하는 비율. 전반적으로 불황 속에서 에인절계수가 높아지는데, 이는 대체로 부모들이 교육비를 미래에 대한 투자로 인식해 불황이 심할수록 교육비 지출을 늘리기 때문이다.

⑨ 지니계수(Gini's coefficient) : 소득분배의 불평등 정도를 나타내는 지수로, 이탈리아 통계학자 지니(C. Gini)가 제시했다. 지니계수는 0과 1 사이의 값을 가지며 0에 가까울수록 소득분배가 균등하다는 의미이다. 즉, 지니계수가 0에 가까울수록 소득분배도가 평등하며, 0은 완전평등, 1은 완전불평등 상태를 나타낸다. 일반적으로 지니계수가 0.4를 넘으면 소득분배가 상당히 불평등한 것으로 본다. 소득 불평등 정도가 심한 경우, 국가의 강력한 조세정책, 복지정책, 공정한 경쟁을 보장하는 등의 방법으로 조정할 수 있다.

(2) 경기 관련 용어

① 인플레이션(inflation) : 화폐가치가 떨어져서 일반 물가수준이 지속적으로 상승하는 현상이다. 물가상승 유발 요인으로는 원화가치 하락, 민간 저축 감소, 정부지출 증가, 유가 상승, 중앙은행의 통화량 증가 등을 들 수 있다. 대체로 인플레이션이 발생하면 소득의 재분배(정액소득자·채권자는 실질소득 감소로 불리하고, 사업가·채무자는 실질소득 증가로 유리)를 가져오며, 저축의 감소(화폐 보유자보다 실물자산 보유자 유리)와 비생산적인 투기(부동산 투기)를 초래하며 근로의욕 및 투자활동을 위축시켜 경제성장을 방해한다. 이러한 인플레이션을 막기 위해 소비 억제, 저축 장려, 통화량 감축, 금리 인상, 대출 억제 등의 정책이 취해진다.

더 알아보기

스태그플레이션 (stagflation)	경기침체하의 인플레이션. '스태그네이션(stagnation)'과 '인플레이션(inflation)'의 합성어로, 경제활동이 침체되고 있음에도 물가상승이 계속되는 저성장·고물가 상태를 말한다. 스태그플레이션보다 정도가 심한 것을 슬럼프플레이션(slumpflation)이라고 한다.
애그플레이션 (agflation)	'농업(agriculture)'과 '인플레이션(inflation)'의 합성어로, 농산물 가격의 급등으로 물가가 상승하는 현상을 말한다. 영국의 경제주간지 <이코노미스트>가 처음 사용한 용어다. 애그플레이션의 원인은 지구온난화에 따른 식량생산 감소, 바이오연료 붐, 사료용 곡물 사용 증가 등이다.
아이언플레이션 (ironflation)	철(iron)과 인플레이션의 합성어로 기초원자재인 철강 가격 인상으로 인해 일어나는 인플레이션을 말한다. 아이언플레이션이 문제가 되는 것은 철강재는 모든 산업에 사용되기 때문에 철강 가격의 인상은 전 산업의 가격 인상을 야기하기 때문이다.

② **더블 딥(double dip)** : 'double'과 'dip(급강하하다)'의 합성어로, 경기가 일시적으로 회복 조짐을 보이다가 다시 침체 국면으로 빠져드는 현상. 이중 침체, 이중 하강 등으로도 부르며 두 번에 걸쳐 저점을 형성하면서 알파벳 W자를 닮았다고 해 'W자형 경기침체'라고도 한다.

③ **디커플링(decoupling)** : 탈동조화를 뜻하는 말로, 한 나라의 경제가 특정 국가에 의존하지 않고 성장하는 현상이다. 동조화(coupling)의 반대 개념으로 세계적 투자은행인 골드만삭스가 처음 사용했다. 이 이론은 예전에는 세계 경제가 미국 경제와 같이 움직여 왔지만(커플링) 중국과 인도 등이 성장하면서 미국 경기가 둔화하더라도 다른 경제권은 큰 영향을 받지 않는다는 것이다. 경기침체에도 불구하고 강한 성장을 지속하는 경우는 하드(hard) 디커플링, 경기침체의 영향을 받지만 그 정도가 상대적으로 작은 경우는 소프트(soft) 디커플링이라고 한다.

④ **골디락스(goldilocks)** : 높은 성장 속에서도 인플레이션 우려가 거의 없는 경제 상황을 일컫는 용어. 영국의 전래동화인 <골디락스와 곰 세 마리>에서 유래한 말로, 이야기의 주인공인 골디락스는 산길을 헤매다 곰이 끓인 차갑고, 뜨겁고, 차갑지도 뜨겁지도 않은 세 종류의 수프를 발견한다. 골디락스는 세 종류의 수프 중 차갑지도 뜨겁지도 않은 수프를 선택해 만족스러운 식사를 한다. 골디락스는 이 동화의 상황을 경제 상황에 비유해 차갑지도 뜨겁지도 않은 이상적인 경제상황을 지칭하는 용어로 사용하게 된 것이다.

(3) 기타 경제 용어

① **긱 경제(gig economy)** : 산업 현장에서 필요시에 계약직이나 임시직으로 인력을 충원하는 형태의 경제를 지칭한다. 긱(gig)은 '단기 또는 하룻밤 계약으로 연주한다'는 뜻으로, 1920년대 미국 재즈공연장 등지에서 필요할 경우 연주자를 섭외해 단기로 공연한 데서 비롯됐다. 컨설팅회사인 맥킨지는 긱(gig)을 '디지털 장터에서 거래되는 기간제 근로'라고 정의했다. 긱 이코노미 노동자로는 카카오와 우버(Uber) 택시기사, 에어비엔비(Airbnb)의 숙박 제공 호스트 등이 대표적이며, 임시 계약직인 프리랜서도 포함된다.

② **블랙 스완(black swan)** : 극단적으로 예외적이고 알려지지 않아 발생 가능성에 대한 예측이 거의 불가능하지만 일단 발생하면 엄청난 충격과 파장을 가져오고, 발생 후에야 적절한 설명과 예견이 가능해지는 사건을 뜻하는 말이다. 2007년 출간된 미국 뉴욕대 교수 나심 니콜라스 탈레브의 저서에서 유래된 말로 경제 분야에서 널리 사용되고 있는데, '과거의 경험으로 확인할 수 없는 기대 영역 바깥쪽의 관측값'으로 정의한다. 블랙 스완의 대표적인 사례로는 미국 9·11 테러사건, 2008년 글로벌 금융위기 등을 들 수 있다.

③ **회색코뿔소(grey rhino)** : 개연성이 높고 파급력이 크지만 사람들이 간과하는 위험을 뜻하는 용어이다. 갑자기 발생하는 것이 아니라 계속적인 경고로 이미 알려져 있는 위험 요인들이 빠르게 나타나지만 일부러 위험 신호를 무시하고 있다가 큰 위험에 빠진다는 의미이다. 이 용어는 세계정책연구소 대표이사 미셸 부커가 2013년 1월 다보스포럼에서 처음 사용했다. 코뿔소는 몸집이 커 멀리 있어도 눈에 잘 띄며 진동만으로도 움직임을 느낄 수 있지만, 코뿔소가 달려오면 두려움 때문에 아무것도 하지 못하거나 대처 방법을 알지 못해 부인해버리는 것에 비유한 말이다. 이런 면에서 예측과 대비가 어려운 사태를 의미하는 '블랙스완(black swan)'과는 차이가 있다.

2. 경영 일반

(1) 기업결합

기업결합의 방법에는 합병, 매수, 제휴가 있으며 이 중 합병은 가장 강력하고 유효한 전략이다. 기업합병은 주식취득과 함께 기업이 외적 성장을 꾀하기 위한 전략으로 많이 이용된다. M&A (기업 인수·합병)은 상호 독립적인 두 개의 기업이 결합하여 새로운 기업을 형성하는 대표적인 기업결합이다. 그 성격에 따라 우호적 M&A(기업의 인수·합병을 상대기업의 동의를 얻어 행하는 경우)와 적대적 M&A(상대기업이 동의 없이 강행하는 경우)로 나뉜다.

⊘ 적대적 M&A 관련 주요 용어

시장매집 (market sweep)	공개매수가 공개적으로 단기간에 특정 주식을 매수하는 제도인 반면, 시장매집은 주식시장을 통해 목표 주식을 비공개적으로 원하는 지분율까지 지속적으로 매수해 나가는 전략이다. 기존의 대주주가 눈치채지 못하는 사이에 은밀하게 지분을 늘려 가는 방법으로, 공개매수에 비해 상대적으로 장기간에 걸쳐 이뤄진다. 본인 및 특수관계인의 지분율이 5%를 넘어선 경우는 1% 이상의 지분율 변동이 있을 시, 5일 이내에 감독기관(증권관리위원회와 증권거래소)에 보고하게 돼 있는 등 시장매집에 주의를 기울여야 할 부분이 많다.
위임장 대결 (proxy fight)	소수 주주나 주요 주주로부터 주주총회에서의 의결권을 위임받아 주로 현 경영진의 무능함이나 부조리 등을 이유로 현 경영진 교체의 당위성을 설득하는 전략. 그러나 위임 정도를 신뢰할 수 없으며, 기존 주주와의 마찰이 있을 수 있고, 정보가 노출되어 시간과 비용이 많이 들 수 있다.
팩맨 방어 (pac man defense)	방어자가 거꾸로 공격자의 주식을 매집하는 등 정면 대결을 하는 방법이다. 일본 비디오 전자게임 팩맨에서 나온 용어로, 매수대상 기업이 역으로 매수를 시도한 기업을 매수해버리는 상황을 총칭하며 적극적 매수방어책의 하나다.
기업사냥꾼(raiders)	자신이 매입한 주식을 배경으로 회사경영에 압력을 넣어 기존 경영진을 교란시키고 매입 주식을 비싼 값에 되파는 등 부당이득을 취하는 집단을 일컫는다.
그린메일 (green mail)	기업사냥꾼이 대주주에게 주식을 팔기 위해 보낸 편지. 그린메일러(green mailer)란 경영권이 취약한 대주주에게 보유 주식을 높은 가격에 팔아 프리미엄을 챙기는 투자자를 말한다. 이때 보유 주식을 팔기 위한 목적으로 대주주에게 편지를 보내게 되는데, 달러(초록색)라는 의미에서 그린메일이라는 이름이 붙었다. 그린메일러는 대부분 기업사냥꾼들로, 이들은 자산가치가 높거나 첨단기술을 보유하고 있으면서 대주주의 지분이 낮은 기업을 대상으로 활동을 한다. 주식을 매집한 후 기회가 오면 대주주에게 편지를 보내 주식을 매수하도록 한다.
황금낙하산 (gilden parachute)	1980년대에 기업다각화 전략의 일환으로 활발하게 전개된 M&A와 관련해 미국 월가에서 유래한 말로, 비싼 낙하산이라는 뜻에서 생긴 용어이다. 최고경영자(CEO)가 적대적 M&A에 대비해 높게 책정해 놓은 퇴직금, 스톡옵션, 명예퇴직을 전제로 한 잔여임기 동안의 보너스 등이 이에 속한다. 이는 경영자의 신분을 보장하고 기업의 입장에서는 M&A 코스트를 높이는 효과가 있으므로 적대적 M&A를 방어하는 전략으로 활용된다. 그러나 이 방법은 적대적 M&A의 위험이 없는 평상시에는 무능한 경영진에게 과도한 혜택을 부여하는 비효율성을 초래할 수 있는 단점이 있다.

곰의 포옹 (bear hug)	인수자가 공개매수 대상 기업에 대한 M&A의 당위성을 설명하고 인수에 협력할 것을 권유하는 행위. 주로 최고경영자 사이에 사적으로 이뤄져 공개되지 않는다.
백기사 (white knight)	적대적 M&A의 목표 대상이 된 기업이 모든 방어수단을 동원해도 공격을 막을 수 없는 경우 우호적인 기업인수자에게 경영권을 넘기게 되는데, 이때 우호적인 기업인수자가 백기사다. 백기사는 목표 기업을 인수하거나 공격을 차단해주게 된다. 백기사처럼 기업을 인수하는 단계까지 가지 않고 기업의 주식확보를 도와주는 세력은 백영주(white squire)라고 한다.
포이즌 필 (poison pill)	적대적 M&A에 대한 가장 강력한 방어수단의 하나로, 독을 삼킬 수 없듯이 기업을 인수할 경우 각종 비용지출 부담이 커 결국 매수를 포기하게 만드는 장치를 뜻한다. 적대적 M&A를 당할 경우를 대비해 독약처방이라고 불리는 증권(신주인수권 등 특수한 권리가 부여된 증권)을 보통주주에게 배당의 형태로 부여하여 실제로 적대적 M&A가 시도되면 주주들로 하여금 이 신주인수권을 행사하도록 함으로써 적대적 M&A를 막아내는 방법이 주로 쓰인다.
승자의 저주 (winner's curse)	경쟁에서는 이겼지만, 승리를 얻기까지 너무 많은 것을 쏟아 부어 결과적으로 많은 것을 잃는 현상을 뜻하는 말. 치열한 M&A 경쟁 속에서 지나치게 높은 가격을 써내고 인수한 기업이 그 후유증으로 어려움을 겪을 때 쓰는 말이다. 미국의 행동경제학자인 리처드 세일러가 쓴 이후 학계에서 널리 쓰인다.

⑵ 넛지효과(nudge effect)

행동경제학자인 캐스 선스타인(C. R. Sunstein)과 리처드 탈러(R. H. Thaler)가 공저한 <넛지>에서 소개한 개념이다. 넛지란 원래 '팔꿈치로 민다'는 뜻인데 이는 타인에게 특정한 선택을 넌지시 유도하는 것을 말한다. 예를 들면 남성 소변기에 경고문구보다는 파리 그림을 붙여 놓아 올바른 조준을 유도하는 것이 해당된다. 기업현장에서 넛지는 변화에 저항감이 큰 조직원들이 리더의 생각을 저항감 없이 수용하도록 도와주기 때문에 변화관리에 매우 유용한 도구로 활용될 수 있다.

⑶ 스튜어드십 코드(stewardship code)

연기금과 자산운용사 등 주요 기관투자가들의 의결권 행사를 적극적으로 유도하기 위한 자율지침을 말한다. 서양에서 큰 저택이나 집안일을 맡아보는 집사(steward)처럼 기관들도 고객 재산을 선량하게 관리해야 할 의무가 있다는 뜻에서 생겨난 용어이다. 기관투자가들이 주식 보유와 의결권 행사를 넘어서 기업과의 협력을 통해 기업 가치를 끌어올리는 것이 목적이다. 2010년 영국이 가장 먼저 도입했으며 이후 캐나다, 남아프리카공화국, 네덜란드, 스위스, 이탈리아, 말레이시아, 일본 등이 운용하고 있다. 우리나라는 2016년 12월부터 시행돼 국민연금공단이 2018년 7월 도입했다. 강제성은 없으므로 개별 기관투자가가 자율적으로 이행하면 된다.

⑷ 고용 없는 성장(jobless growth)

국가경제는 전체적으로 성장해 생산이 늘어남에도 불구하고 고용은 과거와 같이 많이 늘어나지 않아 고용 증가가 성장률에 비해 현저히 떨어지는 것. 고용 없는 성장은 산업구조의 고도화에 따른 공장자동화, 노동집약형 산업체들이 해외투자 확대 등이 원인이 되어 발생한다. 한편 고용 증가를 위해서는 제조업보다는 고용창출 효과가 훨씬 크게 나타나는 서비스업을 육성하는 것이 더욱 효과적이다.

(5) 출구전략(exit strategy)

위기 상황에서 처했던 이례적인 조치를 정상으로 되돌리는 것을 포괄적으로 가리키는 말. 원래 군사작전에서 희생 없이 전장에 투입된 군대를 철수한다는 의미로 사용되었다. 일반적으로 경기 침체기에 경기 진작을 위해 풀었던 자금을 거둬들이는 말로 많이 쓰인다. 중앙은행이 기준 금리를 올려 유동성을 환수하는 것이 대표적인 정책이며, 정부가 재정지출을 줄이는 것도 이에 해당한다.

3. 마케팅

(1) 마케팅 이론

① 롱테일(long tail) 법칙 : 상품 종류가 다양한 온라인 매장의 경우 매출의 대부분이 오프라인에 서는 판매량이 저조해 구비해 놓기 힘든 틈새상품에서 나온다는 법칙. 전체 상품의 20%에 해당하는 히트상품이 전체 매출의 80%를 불러일으킨다는 오프라인 매장의 '파레토 법칙'과 반대되는 개념으로 '역(逆) 파레토법칙'이라고도 한다. 온라인 매장의 상품별 매출곡선을 그리면 틈새상품의 매출을 나타내는 부분이 동물의 꼬리처럼 얇고 길게 보이기 때문에 롱테일(긴 꼬리) 법칙으로 불린다.

② 밴드왜건 효과(band-wagon effect) : 의사결정 시 강자나 다수파를 따라가는 심리 현상을 지칭하는 말이다. 미국 경제학자 하비 레이번슈타인(H. Leibenstein)이 처음 사용한 용어이다. 원래 밴드왜건은 행진할 때 대열의 선두에서 행렬을 이끄는 악대차로, 이 때문에 밴드왜건 효과를 '악대효과'라고도 한다. 경제학에서는 어떤 물건에 대해 수요가 많아지면 다른 사람들도 같은 물건을 찾게 돼 수요가 더욱더 증가하게 된다는 의미로 쓰인다.

③ 베블런 효과(Veblen effect) : 허영심에 의해 수요가 발생하는 현상. 그 예로 비쌀수록 더 잘 팔리는 다이아몬드가 있다. 미국의 사회학자 베블렌이 1989년 저서 <유한계급론>에서 '상층계급의 두드러진 소비는 사회적 지위를 과시하기 위하여 자각 없이 행해진다'고 말한 데서 유래되었다.

(2) 마케팅 기법·용어

① 뉴로 마케팅(neuro marketing) : 뇌과학을 통해 소비자의 무의식에서 나오는 감정·구매 행위를 분석해 이를 기업 마케팅에 적용하는 것. 경제잡지 <포춘>은 뉴로 마케팅을 '미래를 이끌 10대 새 기술'로 선정하기도 했다. 2009년 11월 22일 오리콤 브랜드전략연구소는 이 뉴로마케팅을 분석한 보고서를 발표했는데, 이에 따르면 일반 소비자는 파란색보다 빨간색 가격표에 더 강한 반응을 보이고, 10명 중 7명은 매장 입구에 들어서면 무의식적으로 오른쪽 길을 선택한다.

② 바이럴 마케팅(viral marketing) : 재미있는 내용의 동영상을 제작한 뒤 인터넷 사이트에 무료로 게재하여 이를 본 네티즌들이 퍼담기 등을 통해 서로 전달하면서 자연스럽게 인터넷상에서 화제를 불러일으키도록 하는 마케팅 방식. 2000년 말부터 확산되며 새로운 인터넷 광고 기법으로 주목받기 시작했으며, 기업이 직접 일일이 홍보하지 않아도 인터넷 사이트를 통해 소비자들이 자발적으로 기업이나 제품을 홍보하게 된다.

174 Part 01 필수이론

③ **앰부시 마케팅(ambush marketing)** : 앰부시는 '매복'을 뜻하는 말로, 앰부시 마케팅은 교묘히 규제를 피해 가는 마케팅 기법을 말한다. 특히 올림픽이나 월드컵 같은 대형 스포츠 이벤트에서 공식 스폰서가 아니면서 스폰서인 것처럼 활동해 광고 효과를 올리는 것이 대표적이다.

④ **니치 마케팅(niche marketing)** : 소비자들의 수요를 대규모로 파악하기보다는 시장을 세분화하여 특정한 성격을 지닌 소규모의 소비자를 대상으로 판매 목표를 설정하는 틈새 전략을 일컫는다.

⑤ **체리 피커(cherry picker)** : '신 포도 대신 체리만 골라 먹는 사람'이라는 뜻으로, 상품을 구매하지 않으면서 기업이 제공하는 혜택만 누리는 소비자를 말한다.

⑥ **프로슈머(prosumer)** : '생산자(producer)'와 '소비자(consumer)'의 합성어로, 앨빈 토플러 등 미래학자들이 예견한 상품개발 주체에 의한 개념. 과거 기업들이 소비자의 욕구를 파악하여 신제품을 개발하던 단계에서 발전하여, 소비자가 직접 상품의 개발을 요구하며 아이디어를 제안하고 기업이 이것을 수용해 신제품을 개발하는 것이다.

⊘ 다양한 마케팅 기법

디마케팅(demarketing)	고객의 구매를 의도적으로 줄이는 활동으로, 수요를 적절하게 관리해 제품을 합리적으로 판매하는 기법. 무분별한 고객의 증가보다는 실제 수익에 도움이 되는 고객에게만 서비스를 집중해 수익 증대를 꾀한다.
VVIP 마케팅 (VVIP marketing)	극소수의 최상류층 고객만을 대상으로 벌이는 마케팅 기법. VVIP는 'Very Very Important People'의 약칭
그린 마케팅 (green marketing)	단순한 고객의 욕구나 수요 충족에만 초점을 맞추지 않고, 자연환경 보전과 생태계 균형 등을 중시하는 시장 접근 전략
네이밍 마케팅 (naming right marketing)	기업의 지원을 받는 대신 시설에 기업의 이름을 붙이거나 빌려주는 것. 시설 소유주 입장에서는 운영비 부담을 줄일 수 있고 기업 입장에서는 이미지 제고 및 홍보 효과를 거둘 수 있다.
버즈마케팅 (buzz marketing)	인적 네트워크를 통하여 소비자에게 상품정보를 전달하는 마케팅 기법. 꿀벌이 윙윙거리는(buzz) 것처럼 소비자들이 상품에 대해 말하는 것으로, 입소문 마케팅 또는 구전마케팅이라고도 한다.
다이렉트마케팅 (direct marketing)	중간상인을 거치지 않고 소비자에게 직접 판매하는 활동. DM의 주요 수단으로는 신문, 잡지, 라디오, TV, 카탈로그, 전화, 통신판매, 방문판매 등이 있다.
노이즈마케팅 (noise marketing)	자기 상품을 각종 구설수에 휘말리게 함으로써 소비자들의 이목을 집중시켜 판매를 늘리려는 마케팅 기법
셀러브리티 마케팅 (celebrity marketing)	유명 스타를 활용한 마케팅. 유명 스타들을 패션 아이콘으로 활용하는 전략
테스트모니얼 마케팅 (testmonial marketing)	소비자나 구매자들을 직접 광고나 이벤트에 등장시켜 제품 성능을 테스트하게 한 후 증언이나 진술을 받는 방식의 마케팅 기법
소셜마케팅 (social merketing)	제품 홍보보다는 소비자·환경·사회 등 따뜻하고 인간적인 면모를 강조함으로써 기업 이미지를 제고시키는 마케팅 기법
프리마케팅 (free marketing)	서비스와 제품을 무료로 제공하는 마케팅 기법

4. 금융

(1) 환율 및 통화

① 환율 : 환율이란 어떤 통화 한 단위로 다른 통화를 얼마만큼 바꿀 수 있는가를 나타내 주는 지표다. 이는 각 통화의 가치를 결정하는 바로미터가 된다. 따라서, 대미달러의 환율이란 1달러로 우리나라 원화를 얼마만큼 바꿀 수 있는가를 나타내준다. 대미달러 환율이 떨어진다는 것은 우리나라 원화가 미 달러화에 비해 상대적으로 가치가 치솟는다는 것을 의미하며, 이를 원화의 평가절상이라 한다. 평가절상이 주는 긍정적 효과로는 국제적인 영향력 강화 제고, 물가 안정에 기여, 외채 부담 감소 등이 있고, 부정적 효과로는 수출 및 해외투자 둔화와 핫머니의 유입을 들 수 있다. 평가절하는 반대로 한 나라 통화의 대외 가치가 하락하는 것으로, 이로 인해 그 통화의 대외 구매력은 약해지고 수출 상품의 외화 표시가격도 내리게 된다. 평가절하는 수출증진이 기대되는 반면, 수입품의 가격을 상승시켜 인플레이션을 가져올 수 있다.

더 알아보기 ❘ 평가 절상과 평가 절하

평가 절상(환율 인하)	평가 절하(환율 인상)
수입 증대, 수출 감소	수출 증대, 수입 감소
국내 디플레이션 우려	국내 인플레이션 우려
외채 부담 감소	외채 부담 증가
일시적 국제수지 역조	일시적 국제수지 개선

② 통화 스와프(CRS : currency swaps) : 두 거래 당사자가 약정된 환율에 따라 해당 통화를 일정 시점에서 상호 교환하는 외환거래이다. 환시세의 안정을 목적으로 하며, 단기적인 환리스크의 헤징(hedging)보다는 주로 중장기적인 헤징 수단으로 이용된다. 자국 통화를 맡기고 상대국 통화를 빌려 오는 것이므로 내용상으로는 차입이지만 형식상으로는 통화 교환이다. 변제 시에는 최초 계약 때 정한 환율을 적용하기 때문에 시세 변동의 위험을 피할 수 있다. 예를 들어, 1월 1일 1300원을 내고 1달러를 빌리면, 만기일의 환율이 1500원이든 1000원이든 상관없이 1달러를 갚고 다시 1300원을 돌려받는 식이다.

③ 양적 완화(QE : quantitative easing) : 중앙은행이 통화를 시중에 직접 공급해, 신용 경색을 해소하고 경기를 부양시키는 통화정책을 말한다. 정책 금리가 0에 근접해 금리정책 효과가 더 이상 발휘되지 않는 비상 국면에 동원된다. 이는 중앙은행이 기준금리를 조절해 간접적으로 유동성을 조절하던 기존 방식과 달리, 국채나 다른 자산을 사들이는 직접적인 방법으로 시장에 통화량 자체를 늘리는 통화정책이다. 한 나라의 양적 완화는 다른 나라 경제에도 영향을 미칠 수 있다. 예를 들어, 미국에서 양적 완화가 시행돼 달러 통화량이 증가하면 달러가치가 하락해 미국 상품의 수출 경쟁력은 강화되나, 원자재 가격이 상승해 물가는 상승하며, 달러가치와 반대로 원화가치(평가절상, 환율 하락)는 상승한다. 한편, 양적 완화를 점진적으로 축소하는 것은 테이퍼링(tapering)이라고 한다.

④ **모라토리엄(moratorium)** : 국가가 외채의 상환시점이 찾아왔지만 채무상환을 일시적으로 연기하겠다고 대외적으로 선언하는 것. 따라서 이는 채무상환이 아예 불가능한 채무불이행(디폴트, default)이나 채무상환을 거절하는 지급거절과는 의미가 다르다. 모라토리엄이 선언되면 해당 국가는 빚 갚을 시간을 벌기 위해 정부 차원에서 긴급 발표로 해외 채권자들에게 알리고, 이를 협의를 통해 갚아 나가게 된다. 디폴트나 모라토리엄 선언국은 대외 신인도가 크게 떨어지고 구조조정, 세금 인상 등 불이익을 감수해야 한다.

(2) 주식 관련

① **서킷 브레이커(circuit breaker)** : 주가가 일정 수준 이상 급락하는 경우 투자자들에게 냉정한 투자 판단 시간을 제공하기 위해 시장에서의 모든 매매 거래를 일시적으로 중단하는 제도이다. 1987년 10월 뉴욕 증시가 대폭락한 '블랙먼데이' 이후 주식시장의 붕괴를 막기 위해 처음 도입됐고, 우리나라에서는 1998년 12월 7일부터 실시 중이다. 주가지수가 직전 거래일의 종가보다 8%(1단계), 15%(2단계), 20%(3단계) 이상 하락한 경우 매매 거래 중단의 발동을 예고할 수 있다. 이 상태가 1분간 지속되는 경우 주식시장의 모든 종목의 매매 거래를 중단하게 된다.

② **트리플위칭데이(triple witching day)** : 주가지수선물, 주가지수옵션, 개별주식옵션의 만기가 동시에 겹치는 날을 일컫는 증권용어. 파생상품의 만기가 겹치는 날이 되면 마치 세 명의 마녀(witch)에게 혼을 빼앗기듯 주가가 심하게 요동치는 경우가 많아 미국 월가에서 이를 빗대어 만든 말이다.

(3) 핀테크(FinTech)

금융(financial)과 기술(technology)의 합성어로 금융 분야에 IT 기술을 접목해 만든 새로운 유형의 금융 서비스를 말한다. 즉 금융 서비스 관련 소프트웨어 제작이나 운용 성과를 향상시킬 수 있는 기술적인 과정으로, 금융 창구에서 행해지던 업무가 인터넷뱅킹, 모바일뱅킹, ATM 등 전자금융 서비스로 대체되는 것이 여기에 포함된다. 전통적 금융 업무보다 비용이 절감되고 개인별 맞춤 업무를 볼 수 있는 등 양질의 서비스를 제공한다는 장점이 있다. 서비스 제공 주체가 금융회사이면 핀테크, IT 회사이면 테크핀이다.

05 일반상식

1. 사회·문화

(1) 사회 일반

① **유리천장(glass ceiling)** : 여성이나 소수 민족이 고위 경영자 혹은 상위 관리직으로 진출하는 것을 막는 눈에 보이지 않는 무형의 장벽을 일컫는 말이다. 유리 천장은 위를 쳐다보면 한없이 올라갈 수 있을 것처럼 투명하지만 막상 그 위치에 다다르면 보이지 않는 장벽이 더 이상의 전진을 막는다는 의미를 담고 있다. 이 말은 겉으로는 남녀평등이 이뤄진 것처럼 보이나 실상은 전혀 그렇지 못한 현실을 비유할 때 쓰인다.

② **빅 브라더(big brother)** : 1949년 조지 오웰이 발표한 소설 <1984년>에 등장하는 독재 권력의 상징. 이 소설은 가상 국가에서 자행되는 감시와 통제를 극단적으로 그리고 있다. 개인 생활 및 사상의 통제를 통해 권력을 독점한 지배기구 '빅 브라더'의 위험성을 미래소설 형식으로 제시했다. 최근 들어 컴퓨터·정보통신의 발달로 도청이나 감시카메라가 일상 생활 영역에까지 파고들면서 빅 브라더 사회가 도래했다는 지적이 나오며 자주 쓰이는 용어다.

③ **워케이션(worcation)** : 일(work)과 휴가(vacation)의 합성어로, 집이나 사무실이 아닌 원하는 곳에서 업무와 휴가를 동시에 할 수 있는 새로운 근무제도를 말한다. 이는 코로나19로 재택근무가 확산되고 원격근무가 가능한 디지털 기반이 조성되면서 늘기 시작했다. 특히 디지털 기기에 익숙하고 워라밸(일과 삶의 균형)을 중요시하는 MZ세대들의 등장이 워케이션의 확산에 많은 영향을 미치고 있다. 워케이션은 새롭고 낯선 지역에서의 업무를 통해 업무 효율성 향상은 물론 재충전의 기회를 제공한다는 이점이 있다. 이에 전문가들은 워케이션이 코로나19로 나타난 일시적인 현상이 아니라 향후 전 세계적으로 지속할 것이라는 분석을 내놓고 있다.

④ **더닝 크루거 효과(Dunning-Kruger Effect)** : 능력이 없는 사람이 잘못된 결정을 내려 부정적인 결과가 나타나도, 능력이 없기 때문에 스스로의 오류를 알지 못하는 현상으로, 심리학 이론의 인지편향(認知偏向) 중 하나이다. 더닝 크루거 효과는 미국 코넬대학교 사회심리학 교수인 데이비드 더닝과 대학원생 저스틴 크루거가 코넬대학교 학부생들을 실험한 결과를 토대로 마련됐다. 이 이론에 따르면 능력이 없는 사람은 자신의 실력을 실제보다 높게 평가하는 반면 능력이 있는 사람은 오히려 자신의 실력을 과소평가한다. 또 능력이 없는 사람은 타인의 능력을 알아보지 못하며, 자신의 능력 부족으로 발생한 결과를 알지 못한다. 이들은 훈련을 통해 능력이 향상된 후에야 이전의 능력 부족을 깨닫고 인정하는 경향을 보인다.

⑤ **컨슈머리즘(consumerism)** : 대량생산과 대량소비 추세에 따른 소비자의 권리회복을 위해 나온 기치로 1960년대 후반부터 등장한 소비자 보호 사상이다. 미국 변호사 R. 네이더의 결함자동차 적발운동 이후 이러한 기업고발형의 소비자보호 운동이 세계적으로 확산됐다. 컨슈머리즘의 구체적인 방법으로는 불매운동이나 상품의 안전성 확보를 제조업체에 의무화하는 법률의 제정 등이 있다.

⑥ 제노포비아(xenophobia) : 낯선 혹은 이방인을 뜻하는 '제노(xeno)'와 싫어한다는 뜻의 '포비아(phobia)'가 결합된 말로, 이방인에 대한 혐오현상을 나타낸다. 외국인 기피증이라고 하며 정확히는 악의가 없는 상대방이 단지 자기와 다르다는 이유만으로 무조건 경계하는 심리상태를 일컫는다. 이는 자기 과보호 의식이나 지나친 열등의식 때문에 일어나기도 한다.

⑦ '~족' 관련 용어

나우족(NOW 族)	나우란 '새로운 감각을 갖춘 나이든 여성들(New Old Women)'이라는 의미로, 20~30대 못지않게 자신에게 투자하며 쇼핑에 대한 열정을 갖고 있는 재력과 패션감각을 갖춘 40~50대 여성을 의미한다.
노무족(NOMU 族)	노무(NOMU)는 'No More Uncle(더 이상 아저씨가 아니다)'라는 의미로, 나이에 얽매이지 않는 폭넓은 사고와 행동을 지향하는 40~50대 중년 남성들을 지칭한다. 늘 자기관리에 열중하며 권위의식과 거리가 멀다.
그루밍족 (grooming 族)	몸을 치장한다는 뜻의 'groom'에서 나온 말로, 패션과 미용에 아낌없이 투자하는 남성을 지칭한다. 이들은 다양한 화장품, 패션용품 구입은 물론이고 피부과나 성형외과에서 정기적으로 피부관리를 받는 등 외모관리에 적극적이다.
나토족(NATO 族)	나토는 'No Action Talking Only(말만 하고 행동은 하지 않는다)'라는 뜻으로 사석에서는 회사를 그만두고 다른 직장으로 옮기거나 개인사업으로 독립하겠다는 의사를 강하게 밝히면서도 실제로는 사표를 내지 못하는 직장인을 이르는 말이다.
다운시프트족 (downshift 族)	고소득이나 빠른 승진보다는 비록 저소득일지라도 여유있는 직장생활을 즐기면서 삶의 만족을 찾으려는 사람들. 다운시프트는 원래 자동차를 저속기어로 바꾼다는 뜻이다. 1970년대 이후에 태어난 유럽의 젊은 직장인들 사이에서 생겨난 풍토로, 자동차의 속도를 늦추듯이 바쁜 일상에서 벗어나 생활의 여유를 가지고 삶을 즐기려는 사람들을 의미한다.
좀비족(zombie 族)	대기업이나 방대한 조직체 속에서 일을 해도 그만, 안 해도 그만이라는 식의 무사안일에 빠져 있는 직원들을 지칭하는 말. 현대의 관료화된 사회조직에서 요령과 처세술만 일찍 터득하여 무사안일주의로 살아가는 대다수의 화이트칼라들의 행태를 꼬집는 말로 쓰인다. 최근에는 대기업의 관료화 현상을 비유하는 경영용어로 사용되기도 한다.
샐러던트족(saladent 族)	직장인(salaryman)과 학생(student)의 합성어로 '공부하는 직장인'을 뜻한다.
여피족(yuppie 族)	도시나 그 주변을 기반으로 지적인 전문직에 종사하는 젊은이. 젊음(young), 도시형(urban), 전문직(professional)의 머리글자를 딴 YUP에서 나온 말로서 가난을 모르고 자란 세대 가운데 고등교육을 받고 도시 근교의 전문직에 종사하면서 고수입을 올리는 도시의 젊은 인텔리를 말한다.
코피스족(Coffice 族)	커피전문점을 사무실 삼아 일을 하거나 공부하는 사람들. 휴대전화와 노트북으로 무장한 코피스족은 윗사람 눈치를 볼 필요도 없고, 잡무와 회의에 불려다닐 필요도 없는 커피전문점에서 2~3시간 동안 자기 업무에 집중하는 경향을 보인다. 코피스족이 늘어나면서 이들을 소비층으로 끌어들이기 위해 무선인터넷 공유기와 전원, 콘센트를 구비하는 커피전문점도 점차 증가하고 있다.

니트족(neet 族)	'Not in Employment Education or Training'의 약칭으로, 취업 의욕도 없고 일도 하지 않는 젊은이들을 이르는 말. 니트는 일자리를 구할 의욕이 없다는 면에서 실업자와 구별하여 '무업자(無業者)'로 부르기도 한다. 또 고정적인 직장을 거부하거나 포기한 채 아르바이트로만 생활하는 '프리터'와도 구별된다.
파이어족(FIRE 族)	경제적 자립(financial independence)을 토대로 자발적 조기 은퇴를 추진하는 사람들. 20대부터 소비를 줄이고 수입의 대부분을 저축해 30대 말이나 40대 초반 은퇴를 목표로 한다.

⑧ '~신드롬(증후군)' 관련 용어

공소 증후군 (empty nest syndrome)	중년의 주부가 정체성에 대해 상실감을 느끼는 심리적인 현상. '빈 둥지 증후군'이라고도 한다.
램프 증후군 (lamp syndrome)	일어날 가능성이 거의 없거나 해결할 수 없는 일에 대해 지나치게 걱정하고 불안해 하는 현대인의 성향을 일컫는 심리학 용어. 과잉근심이라고도 하며, <알라딘과 요술 램프>에서 유래된 말
리플리 증후군 (Ripley syndrome)	현실을 부정하고 허구의 세계를 진실이라 믿으며 거짓된 말과 행동을 반복하는 반사회적 인격장애
모라토리엄 증후군 (moratorium syndrome)	지적·육체적으로 한 사람 몫을 충분히 할 수 있는데도 사회인으로서의 책무를 기피하는 증후군
뮌하우젠 증후군 (Münchausen syndrome)	병이 없는데도 다른 사람의 관심을 끌기 위해 아프다고 거짓말을 하거나 자해를 하는 일종의 정신질환
스탕달 신드롬 (Stendhal syndrome)	뛰어난 예술작품을 보고 순간적으로 흥분 상태에 빠지거나 호흡곤란, 현기증, 위경련, 전신마비 등의 이상 증세를 보이는 증상
스톡홀름 증후군 (Stockholm syndrome)	극한 상황에서 약자가 강자의 논리에 동화되는 현상. 1973년 스웨덴 스톡홀름 인질강도사건에서 연유되었다.
파랑새 증후군 (bluebird syndrome)	벨기에 동화 <파랑새>의 주인공처럼 장래의 행복만을 몽상하면서 현재의 할 일에 정열을 느끼지 못하는 증후군. 피터팬 신드롬, 모라토리엄 증후군과 일맥상통한다.
포모 증후군 (FOMO syndrome)	포모(FOMO)는 'fear of missing out'의 약칭. 자신만 흐름을 놓치고 있는 것 같은 심각한 두려움 또는 세상의 흐름에 자신만 제외되고 있다는 공포를 나타내는 일종의 고립·공포감을 뜻한다.
피터팬 증후군 (PPS : peter pan syndrome)	성년이 돼서도 어른들의 사회에 적응하지 못하는 '어른 아이' 같은 남성들이 나타내는 심리적 현상. 또는 중소기업이 받을 수 있는 지원을 계속 받기 위해 대기업으로 성장하는 것을 포기하는 현상

(2) 주거 관련

① **슬세권** : '슬리퍼'와 '세권(勢圈)'의 합성어로, 슬리퍼 차림으로 카페·편의점·극장·도서 관·쇼핑몰 등 각종 편의시설을 이용할 수 있는 주거 권역을 뜻한다. 대부분의 사람들이 주거지 선택에 있어서 역세권(지하철을 중심으로 500m 반경 내외의 지역)으로 대표되는 교통 등을 중시하지만, 최근 젊은 층을 중심으로 슬세권이 거주지 선택의 중요 요소로 부상하고 있다. 슬세권의 인기는 젊은 세대를 중심으로 한 1~2인 가구 증가와 관계가 깊은데, 슬세권을 중시하는 이들은 자신의 생활권 근처에 얼마나 많은 여가시설이 가까이 있는지를 우선 파악한다. 한편, '–세권' 신조어는 주로 가까운 편의시설이나 공공시설의 명칭을 따서 만들어지는데, 이는 개인의 라이프 스타일과 편리함을 중시하는 성향이 강해져 나타나는 현상으로 분석된다. 예컨대 ▷지하철역이 가까운 곳은 '역세권' ▷편의점이 근처에 위치한 곳은 '편세권' ▷스타벅스가 가까운 곳은 '스세권' ▷익일 배송 서비스인 쿠팡 로켓배송이 가능한 곳은 '쿠세권' ▷주변에 숲이 있는 곳은 '숲세권' 등으로 다양하게 지칭된다.

② **오버투어리즘(over tourism)** : 지나치게 많다는 뜻의 'over'와 관광을 뜻하는 'tourism'이 결합된 말로, 수용 범위를 넘어선 관광객이 찾아오면서 환경 생태계 파괴, 교통대란, 주거난 등의 부작용이 발생하는 현상을 말한다.

③ **메트로폴리스(metropolis)** : 대체로 인구 100만 명 이상의 인구 규모와 위성도시를 포함하여, 한 나라의 저치·경제·문화 등을 전국적으로 통합하는 기능을 하는 대도시. 라틴어의 'meter(mother)', 'polis(city)'의 합성어로, 원래 의미는 수도 또는 그리스도교의 본산이다. 이 거대도시가 더욱 고도화되면서 메갈로폴리스(megalopolis)로 발전되며 급기야는 세계 전체가 도시화되는 세계도시(ecumenopolis)로 이행된다.

④ **메갈로폴리스(megalopolis)** : 인접해 있는 몇 개의 도시가 서로 접촉, 연결되어 이루어진 큰 도시권. 문명이 발달함에 따라 메갈로폴리스의 출현은 불가피한 현상으로 나타나고 있는데, 이것은 도시계획상의 여러 가지 문제와 아울러 인구집중·공해 등 심각한 문제를 일으키고 있다.

⑤ **공동화현상(空洞化現象)** : 도심의 지가 급등과 각종 공해 등으로 인해 주민들이 도시 외곽으로 진출한 결과, 도심이 도넛 모양으로 공동화되고 외곽 지역이 밀집되는 현상. 도넛현상이라고도 한다. 이렇게 되면 도심의 주택은 줄고 결국 공공기관, 상업기관만 남게 된다. 이런 현상이 심해지면 도시 외곽의 주택지에서 도심지까지의 출퇴근은 매우 혼잡해지고 교통난이 가중되며 비능률이 심화되어 다시 도심으로 돌아오는 현상이 나타난다. 이것을 직주접근 또는 회귀현상이라고 한다. 한편, 경제학에서 공동화현상은 해외의 생산활동 비중이 높아지면서 국내 생산활동의 규모가 축소되는 것을 뜻한다. 공동화현상이 발생하면 무역 규모는 유지되지만 국내에서는 고용 문제가 생긴다.

⑥ **스프롤 현상(sprawl 現象)** : 도시의 급격한 발전과 지가의 앙등 등으로 도시 주변이 무질서하게 확대되는 현상. 교외의 도시계획과 무관하게 집값이 싼 지역을 찾아 교외에 주택이 침식해 들어감으로써 토지 이용과 도시시설 정비상 많은 문제를 야기한다. 한국에서 스프롤현상이 특히 문제가 된 것은 1970년대였다. 고도 경제성장에 따른 급속한 발전이 대도시 주변의 주택·공장의 무계획적인 건설과 지가의 앙등, 교통량의 폭주, 환경오염 등 여러 문제를 발생시켰다. 스프롤현상의 대책으로는 적절한 도시계획에 의한 인구 분산, 산업구조의 재배치 등이 거론된다.

⑦ **지역 이기주의 현상**

님비현상 (NIMBY syndrome)	'Not in my back yard'의 약칭. '내 뒷마당에는 안 된다'는 이기주의적 의미로 통용된다. 화장장, 납골당, 쓰레기 소각장, 방사성 폐기물 처리장과 같은 혐오시설의 필요성은 인정하지만, 자기 집 주변에 설치하는 것은 반대하는 대표적인 지역 이기주의 현상 ∠ 님비현상의 반대말은 핌피(PIMFY·Plaese in my front yard)현상으로 이는 지역에 유리한 사업을 서로 유치하려는 한다는 의미임
바나나 현상 (BANANA syndrome)	'Build absolutely nothing anywhere near anybody'의 약칭. '어디에든 아무 것도 짓지말라'는 뜻으로, 혐오시설의 자기 지역권 내 설치를 반대하는 지역 이기주의 현상
님투현상 (NIMTOO syndrome)	'Not in my terms of office'의 약칭. '나의 공직 재임기간 중에는 안 된다'는 뜻으로, 공직자가 혐오시설을 자신의 재임 기간 중에 설치하지 않고 임기를 마치려는 현상. 님트(NIMT)신드롬이라고도 한다. ∠ 핌투(PIMTOO·Please in my terms of office)현상은 선호시설을 자신의 임기 중에 유치하려는 현상임
노비즘(nobism)	철저한 개인주의에 바탕을 둔 사고. 이웃이나 사회에 피해가 가더라도 자신에게 손해가 없는 한 철저히 무시하는 태도. 예를 들면 공공장소에 쓰레기를 버리는 것은 상관없지만, 자신의 집 앞에 버리는 것은 용납하지 못하는 것이다.

(3) **노동 관련**

① **조용한 사직(quiet quitting)** : 직장을 그만두지는 않지만 정해진 시간과 업무범위 내에서만 일하고 초과근무를 거부하는 노동 방식을 뜻하는 신조어이다. '조용한 사직'은 미국 뉴욕에 거주하는 20대 엔지니어 자이들 플린(Zaidle Ppelin)이 자신의 틱톡 계정에 올린 동영상이 화제가 되면서 전 세계로 확산됐는데, 그는 영상에서 최근 조용한 사직이라는 용어를 배웠다며, '일이 곧 삶이 아니며(Work is not your life), 당신의 가치는 당신의 성과로 결정되는 게 아니다'라고 말했다. 이후 다른 틱톡커들도 해당 용어를 소개하고 워싱턴포스트(WP) 등의 외신에서도 이를 다루면서 널리 알려졌다. 여기다 조용한 사직이 확산된 데에는 코로나19에 따른 것이라는 분석이 높은데, 코로나를 겪으면서 삶에서 일을 우선시하는 것이 어려워졌고 원격근무·재택근무 등 새로운 근무방식이 등장한 것도 새로운 삶의 방식 등장에 큰 영향을 미쳤다는 것이다.

② **그레이칼라(gray collar)** : 화이트칼라(사무직)와 블루칼라(육체노동직)의 중간적 존재. 기술의 혁신·진보에 따라 사무가 기계화되는 것처럼 육체노동도 기계화하여 종래의 블루칼라와는 달리 화이트칼라적 성격의 작업에 종사하는 사람들을 가리킨다. 즉, 컴퓨터나 일반 전자장비 관계의 일 또는 오토메이션 장치의 감시·정비 등에 종사하는 근로자들이 해당된다.

③ **골드칼라(gold collar)** : 기발한 아이디어와 창조적 사고로 신 질서를 주도해가는 사람들을 지칭하는 말. 이들은 두뇌와 정보로 새로운 가치를 창조하여 정보화시대를 이끌어가는 능력 위주의 전문직 종사자라고 할 수 있다. 만화가, 그래픽 디자이너와 정보통신, 금융, 광고, 서비스, 첨단기술 관련 분야 종사자들이 골드칼라에 해당된다. 대표적인 인물로 빌 게이츠, 스티븐 스필버그 등이 있다.

④ **실리콘 칼라(silicon collar)** : 창의적인 사고와 뛰어난 컴퓨터 실력, 첨단기술을 바탕으로 번뜩이는 아이디어를 창출하는 고급화된 두뇌 노동자를 일컫는다. 즉, 실리콘이 컴퓨터의 반도체로서 엄청난 생산성 향상을 가져온 것처럼, 컴퓨터나 인터넷을 창의적으로 이용해서 생산성을 향상시키는 새로운 노동자 계급이다. 실리콘 칼라는 2000년대 이후 세계화·정보화 시대의 도래와 함께 신자본주의 지식사회를 선도하는 신흥계급으로 급부상했는데, 미래학자들은 이들의 자유로운 활동을 보장하는 조직이 미래 경쟁력이 있는 기업이 될 것으로 예측하고 있다.

⑤ **사보타주(sabotage)** : 프랑스어 '사보(sabot, 나막신)'에서 나온 말로 중세 유럽 농민들이 영주의 부당한 처사에 항의해 수확물을 사보로 짓밟은 데서 연유했다. 우리나라에서는 흔히 태업이라고 번역되는데 실제로는 태업보다 범위가 넓다. 태업은 노동자가 고용주에 대해 형식적으로는 일을 하면서 몰래 작업능률을 저하시키는 것을 말하지만, 사보타주는 쟁의 중에 기계나 원료를 고의적으로 파손하는 행위도 포함된다.

(4) 사회·문화 기타

① **티슈 인맥** : 한 번 뽑아서 쓰는 티슈처럼 자신이 필요할 때만 소통하고 필요 없으면 미련 없이 버리는 일회성 인간관계를 가리키는 말로, 스마트폰 및 SNS 발달과 함께 두드러진 현상 중 하나라 할 수 있다. 이와 같은 티슈 인맥이 등장한 것은 인간관계에서 오는 스트레스 때문이라는 분석이 높다. 즉, 억지로 인맥을 유지하며 관리하는 것에 피로를 느낀 현대인들이 자신과 뜻이나 생각과 맞지 않는 상대와는 더 이상 만남을 지속하지 않아도 된다는 점 때문에 일회성 인간관계를 선호한다는 것이다. 또 모바일 메신저와 SNS의 발달로 관계 맺기가 쉬워졌다는 점, 혼밥·혼술 등 혼자만의 시간을 즐기는 경향이 늘어난 점 등도 티슈 인맥의 등장과 관련이 깊다.

② **엠바고(embargo)** : 일정 시점까지 보도금지. 취재원이 요청하는 경우도 있고, 기자들끼리 합의하는 경우도 있다. 원래는 한 나라가 상대편 나라의 항구에 상업용 선박이 드나드는 것을 금지하도록 법으로 명령하는 것을 뜻한다. 최근 들어 취재 편의주의와 취재대상 봐주기라는 비난에 따라 언론계 내부에서 엠바고의 지속 여부를 두고 논란이 일고 있다. 이는 국민의 알 권리와 언론사의 특종 경쟁으로 인해 엠바고가 여러 문제를 불러일으키기 때문이다.

③ 오프 더 레코드(off the record) : 기록에 남기지 않는 비공식적 발언. 기자회견이나 인터뷰의 경우, 지상 발표를 하지 않는다는 조건을 붙여 하는 발표를 말한다. 즉, 발언자의 이야기를 정보로서 참고해 둘 뿐, 기사화해서는 안 된다는 것을 뜻한다. 이 경우 취재기자가 오프 더 레코드를 지켜야 할 의무는 없다.

④ 매슬로우의 동기이론(Maslow's motivation theory) : 인본주의 심리학의 근거로 A. H. 매슬로우가 주장한 욕구단계설. 인간에 대한 염세적이고 부정적이며 한정된 개념을 부정한다. 매슬로우의 욕구단계설에 따르면 인간의 동기에는 위계가 있어서 각 욕구는 하위단계의 욕구들이 어느 정도 충족되었을 때 비로소 지배적인 욕구로 등장하게 된다. 가장 고차원적인 상위의 욕구는 자아실현 욕구다. 하위단계부터 ▷생리적 욕구 ▷ 안전 욕구 ▷소속 및 애정에의 욕구 ▷자존 욕구 ▷자아실현의 욕구 등 5단계로 나눌 수 있다.

⑤ 플라세보 효과(placebo effect) : 약리학적으로 비활성인 약품(젖당·녹말·우유·증류수·생리적 식염수 등)을 약으로 속여 환자에게 주어 유익한 작용을 나타낸 경우. 플라세보는 '만족시키는'이라는 뜻을 가지고 있다. 가짜 약 효과라고도 하는데, 가짜 약을 먹고도 이를 진짜 약으로 생각할 경우 진짜 약을 먹은 것과 같은 효과가 있다는 것이다.

⑥ 베르테르 효과(Werther effect) : 자살의 전염현상을 일컫는 말로, 유명인이나 자신이 모델로 삼고 있던 사람 등이 자살할 경우, 그 사람과 자신을 동일시하여 자살을 시도하는 현상. 1974년 미국의 사회학자 데이비드 필립스가 최초로 언급하였다. 독일의 문호 괴테가 1774년 펴낸 소설 <젊은 베르테르의 슬픔>에서 주인공 베르테르가 연인 로테에게 실연당한 뒤 권총으로 자살한 내용을 읽은 유럽 젊은이들에게 유행처럼 자살이 번진 데서 비롯된 용어다.

⑦ 피그말리온 효과(Pygmalion effect) : 교사가 학생 개개인을 어떤 관점에서 대해주느냐에 따라 학생의 학업성취도가 달라지는 현상. 로젠탈(Rosenthal) 효과라고도 한다. 능력이 있는 학생으로 기대하고 대해 주면 학생의 능력은 더욱 신장되며 그와 반대로 능력이 없는 학생으로 기대하면 그들의 능력은 신장되지 못한다.

⑧ 미장센(mise-en-scène) : 영화의 한 프레임 내에서 배우와 세트 디자인의 고정된 배열, 즉 연출을 뜻하는 프랑스어. 카메라 전방에 있는 모든 영화적 요소인 연기, 분장, 무대장치, 의상, 조명 등이 조화된 상태로 화면 내의 모든 것이 연기한다는 관점에서 영화적 미학을 추구한 공간연출이다. 미장센은 한 화면의 내부에 동시다발적으로 많은 영화정보를 담음으로써 관객의 능동적이고 선택적인 태도를 요구한다. 관객은 화면 전체에 걸쳐 배치된 시각적 요소를 꼼꼼히 음미해야 하는 것이다.

⑨ 반달리즘(vandalism) : 도시의 문화예술작품이나 공공시설, 자연경관 등을 파괴하는 행위를 일컫는다. 5세기 초 유럽의 민족대이동 때 아프리카에 왕국을 세운 반달족이 지중해 연안에서 로마에 걸쳐 약탈과 파괴를 거듭했던 데서 유래된 말이다.

2. 정보 · 통신

(1) 챗GPT(ChatGPT)

인공지능 연구재단 오픈에이아이(OpenAI, openai.com)가 2022년 11월 공개한 대화 전문 인공지능챗봇으로, 사용자가 대화창에 텍스트를 입력하면 그에 맞춰 대화를 함께 나누는 서비스이다. 챗GPT는 오픈AI에서 만든 대규모 언어예측 모델인 GPT-3.5 언어 기술을 기반으로 하는데, GPT는 어떤 텍스트가 주어졌을 때 다음 텍스트가 무엇인지까지 예측하며 글을 생성할 수 있는 모델이다. 챗GPT는 인간과 비슷한 대화를 생성해 내기 위해 수백만 개의 웹페이지로 구성된 방대한 데이터 베이스에서 사전 훈련된 대량 생성변환기를 사용하고 있다. 이는 사람의 피드백을 활용한 강화학습(reinforcement learning)을 사용해 인간과 자연스러운 대화를 나누고 질문에 대한 답변도 제공한다. 대화의 주제는 지식정보 전달은 물론 창의적 아이디어에 대한 답변 및 기술적 문제의 해결 방안 제시 등 매우 광범위하다. 또 사용자가 대화 초반에 말한 내용을 기억해 추후 수정을 제공하기도 한다. 무엇보다 오픈AI는 챗봇의 차별 · 혐오 발언을 차단하기 위해 챗GPT에 AI 기반 조정 시스템인 '모더레이션 API(Moderation API)'를 사용했다. 다만 챗GPT는 가끔 잘못되거나 편향적인 정보를 제공할 수 있으며, 2021년 이후의 지식은 제한돼 있다는 한계도 있다.

(2) 믹스버스(mixverse)

가상의 세계관 콘셉트를 현실에 구현한 것으로, '가상의 세계관(universe)과 현실을 섞는다(mix)'는 의미이다. 현실세계와 같은 사회 · 경제 · 문화 활동이 이뤄지는 3차원 가상세계를 일컫는 메타버스(metaverse)도 믹스버스의 일환이다. 믹스버스는 가상의 세계관을 실제로 경험할 수 있게 된다는 점에서 이목을 끌며 마케팅 방식으로 자리 잡고 있다. 믹스버스 마케팅은 특히 최신 트렌드와 남과는 다른 이색적인 경험을 추구하는 MZ세대들을 겨냥한다. 믹스버스 마케팅의 예로는 유튜브 크리에이터의 콘텐츠 속에 등장하는 소품을 오프라인에서 판매하는 것이 대표적이다. 또 광고 속에서 제시한 미션을 오프라인 팝업 스토어에서 직접 참여하며 해결하는 것을 비롯해 가상세계의 콘셉트를 반영한 제품이나 음원을 출시하는 것, 부캐(부 캐릭터)를 활용해 라이브 방송을 하는 것 등이 해당된다.

(3) 메타버스(metaverse)

가상, 초월 등을 뜻하는 영단어 '메타(meta)'와 우주를 뜻하는 '유니버스(universe)'의 합성어로, 현실세계와 같은 사회 · 경제 · 문화 활동이 이뤄지는 3차원의 가상세계를 가리킨다. 메타버스는 가상현실(VR, 컴퓨터로 만들어 놓은 가상의 세계에서 사람이 실제와 같은 체험을 할 수 있도록 하는 최첨단 기술)보다 한 단계 더 진화한 개념으로, 아바타를 활용해 단지 게임이나 가상현실을 즐기는 데 그치지 않고 실제 현실과 같은 사회 · 문화적 활동을 할 수 있다는 특징이 있다. 메타버스는 1992년 미국 SF작가 닐 스티븐슨(Neal Stephenson)이 소설 <스노 크래시(snow crash)>에 언급하면서 처음 등장한 개념으로, 이 소설에서 메타버스는 아바타를 통해서만 들어갈 수 있는 가상의 세계를 가리킨다. 그러다 2003년 린든 랩(Linden Lab)이 출시한 3차원 가상현실 기반의 '세컨드 라이프(second life)' 게임이 인기를 끌면서 메타버스가 널리 알려지게 됐다. 특히 메타버스는 초고속 · 초연결 · 초저지연의 5G 상용화와 코로나19 팬데믹 상황에서 확산되기 시작했다. 즉, 5G 상용화와 함께 가상현실(VR) · 증강현실(AR) · 혼합현실(MR) 등을 구현할 수 있는 기술이 발전했고, 코로나19 사태로 비대면 · 온라인 추세가 확산되면서 메타버스가 주목받고 있다.

(4) NFT(non-fungible token)

'대체 불가능한 토큰'이라는 뜻으로, 블록체인의 토큰을 다른 토큰으로 대체하는 것이 불가능한 가상자산을 말한다. 이는 작품과 구매자 정보 등 자산 소유권을 명확히 함으로써 게임·예술 품·부동산 등의 기존 자산을 디지털 토큰화하는 암호화 기술이다. NFT는 블록체인을 기반으로 하고 있어 소유권과 판매 이력 등의 관련 정보가 모두 블록체인에 저장되며, 따라서 최초 발행자 를 언제든 확인할 수 있어 위조가 불가능하다. 또 기존 암호화폐 등의 가상자산이 발행처에 따라 균등한 조건을 가지고 있는 반면 NFT는 별도의 고유한 인식 값을 담고 있어 서로 교환할 수 없다는 특징을 갖고 있다. 예컨대 비트코인 1개당 가격은 동일하지만 NFT가 적용될 경우 하나 의 코인은 다른 코인과 대체 불가능한 별도의 인식 값을 갖게 된다.

(5) 마이데이터(mydata)

개인이 자신의 정보를 적극적으로 관리·통제하는 것은 물론 이러한 정보를 신용이나 자산관리 등 에 능동적으로 활용하는 일련의 과정을 말한다. 마이데이터는 데이터 산업 선진국에서 시행되고 있 는 서비스로, 데이터 활용체계를 기관 중심에서 정보주체 중심으로 전환하는 것이다. 즉, 개인이 자 신의 정보를 스스로 통제·관리해 해당 정보들이 본인의 의사에 맞춰 활용될 수 있도록 개인의 정보 주권을 보장하는 것이 목적이다. 이러한 과정을 지원하는 산업, 구체적으로 금융기관·통신사 등에 수집돼 있는 자신의 개인정보를 다른 기업이나 기관 등으로 이동시키는 지원 역할을 하는 것을 마이 데이터 산업 또는 본인신용 정보관리업이라고 한다. 각 개인은 마이데이터를 통해 각종 기업이나 기관 등에 흩어져 있는 자신의 정보를 한꺼번에 확인할 수 있고, 자발적으로 개인정보를 제공하면 이를 활용해 맞춤 상품이나 서비스를 추천받을 수 있다. 예컨대 소비자가 금융기관 등에 자신의 신 용정보를 마이데이터 업체에 전달하라고 요구하면 업체는 관련 정보를 취합해 고객에게 제공한다. 여기에는 은행 입출금 및 대출 내역, 신용카드 사용 내역, 통신료 납부 내역 등 사실상 개인의 모든 금융정보가 그 대상이 된다. 이러한 정보들은 개인의 재무 현황 분석 등에 활용할 수 있다.

(6) 팁스터(tipster)

정보제공자라는 뜻으로, 주로 새로 출시될 예정인 전자기기가 공식적으로 공개되기 전에 디자인 이나 성능 등의 정보를 소셜네트워크서비스(SNS) 등을 통해 미리 제공하는 사람들을 일컫는다. 이들은 전·현직 IT매체 종사자들이 많으며, 정체가 알려지지 않은 팁스터들도 있다. 팁스터들 은 제품 개발 각 단계에서 제조사, 협력업체, 물류업체 등의 경로를 거치며 새어나간 정보를 구입 하거나 메신저 등으로 제보를 받기도 하고, 직접 테스트용 기기를 받아 사용해보기도 한다고 알 려져 있다. 이렇게 모인 정보는 정보원들의 확인을 거쳐 일반에 공개한다. 팁스터들의 정보가 모두 맞는 것은 아니지만 대다수의 정보들이 출시 제품의 정보와 유사해 문제가 된다. 제조사 측에서는 보통 제품 사양을 숨겨뒀다가 공개하면서 관심을 극대화하는 방식의 마케팅을 주로 하고 있는데 팁스터의 정보 유출로 피해를 입게 되는 것이다. 이에 제조사는 직원들에게 보안서 약서를 작성하게 하고 보안 교육을 주기적으로 수하도록 하는 등의 방안을 마련하고 있다. 또 제품의 기능을 기존 단말에 넣어 디자인을 숨긴 채 테스트하기도 한다.

(7) 팝콘브레인(popcorn brain)

즉각적인 반응이 나타나는 첨단 디지털 기기에 몰두하게 되면서 현실 적응에는 둔감한 반응을 보이도록 변형된 뇌구조를 일컫는다. 이는 팝콘이 곧바로 튀어 오르는 것처럼 즉각적인 현상에 만 반응할 뿐 다른 사람의 감정 또는 느리고 무던하게 변화하는 현실에는 무감각하게 된다는 의미이다. 특히 성능이 뛰어나고 멀티태스킹이 가능한 노트북과 스마트폰의 급속한 보급으로 언제 어디서나 컴퓨터 및 인터넷 사용이 가능해지면서 확산되고 있는 현상으로, 스마트폰 폐해의 하나로 지목되고 있다. 실제 인터넷 장시간 사용자의 뇌를 촬영한 MRI 영상을 분석한 결과 인간의 뇌에서 생각 중추를 담당하는 회백질의 크기가 줄어든 것으로 조사된 바 있다.

(8) 코드커팅(cord-cutting)

시청자가 케이블방송, 위성방송 등 전통적인 유료 방송을 해지하고 인터넷TV, 스트리밍 서비스 등 새로운 플랫폼으로 이동하는 현상을 뜻한다. 미국은 2011년부터 유료방송 가입 가구 비율이 꾸준히 줄고 있으며, 이러한 추세는 전 세계적으로도 빠르게 일어나고 있다. 코드커팅이 급속히 증가하고 있는 이유로는 온라인 동영상 제공 서비스(OTT)의 성장이 꼽힌다.

(9) 사이버 불링(cyber bullying)

사이버상에서 특정인을 집요하게 괴롭히는 행동 또는 그러한 현상을 일컫는다. 즉, 소셜네트워크 서비스(SNS), 카카오톡 등 스마트폰 메신저, 휴대전화 문자메시지 등을 이용해 상대를 지속적으로 괴롭히는 행위를 말한다. 사이버 불링의 형태는 다양한데, 단체 채팅방 등에 피해 대상을 초대한 후 단체로 욕설을 퍼붓는 '떼카', 피해 대상을 대화방으로 끊임없이 초대하는 '카톡 감옥', 단체방에 피해 대상을 초대한 뒤 한꺼번에 나가 혼자만 남겨두는 '방폭' 등이 이에 해당한다. 사이버 불링의 행위가 더 확대되면 인터넷 게시판에 피해 상대에 대한 허위사실을 유포하거나 성매매 사이트 등 불법·음란 사이트에 피해 상대의 신상정보를 노출시키기도 한다. 이렇게 온라인상에 한번 올라온 욕설과 비방은 수많은 사람들이 동시에 보고 짧은 시간에 광범위하게 확산되며 삭제가 어려워 심각한 사회문제가 된다.

(10) 인스타그래머블(instagrammable)

소셜네트워크서비스(SNS)인 인스타그램(Instagram)과 'able(할 수 있는)'을 합친 말로, '인스타그램에 올릴 만하다'라는 뜻이다. 즉, SNS 업로드를 통해 과시하기 위한 목적으로 특정 장소를 찾아가 사진을 찍는 젊은 층의 소비문화를 가리킨다. 따라서 이들의 소비는 인스타그램에 올릴 만한지의 여부가 기준이 된다. 여기에 소비자들이 SNS에 올린 사진들이 온라인상에서 뜨거운 관심을 받게 되면 매출에 큰 영향력을 미치기 때문에, 마케팅 분야에서는 '인스타그래머블'이 중요한 요소로 부상하고 있다.

01 다음 중 현대자동차의 핵심가치에 대한 내용으로 옳지 않은 것은?

① 최고의 품질과 최상의 서비스를 제공함으로써 모든 가치의 중심에 고객을 최우선으로 두는 고객 감동의 기업 문화를 조성한다.

② 우리 조직의 미래가 각 구성원들의 마음가짐과 역량에 달려 있음을 믿고 자기계발에 힘쓰며, 인재존중의 기업문화를 만들어 간다.

③ 창의적 사고와 끝없는 도전을 통해 새로운 미래를 창조함으로써 인류 사회의 꿈을 실현한다.

④ 문화와 관행의 다양성을 존중하며, 모든 분야에서 글로벌 최고를 지향하고 글로벌 기업시민으로서 존경 받는 개인과 조직이 된다.

해설 ③ 현대자동차의 경영철학이다.
① 핵심가치 중 '고객 최우선'에 대한 내용이다.
② 핵심가치 중 '인재존중'에 대한 내용이다.
④ 핵심가치 중 '글로벌 지향'에 대한 내용이다.

02 다음 중 현대자동차의 2045년 탄소중립을 달성하기 위한 '기후변화 통합 솔루션'으로 옳지 않은 것은?

① 클린 모빌리티　　　　　　② 그린 에너지
③ 차세대 이동 플랫폼　　　　④ 업사이클링 프로젝트

해설 현대자동차는 2045년 탄소중립 달성을 위한 '기후변화 통합 솔루션'을 수립하였고, 클린 모빌리티(Clean Mobility), 차세대 이동 플랫폼(Next-generation Platform), 그린 에너지(Green Energy)를 핵심으로 전동화 역량 확대와 재생에너지 전환 등을 통하여 미래 세대를 위한 지속 가능한 운영 체제를 확립할 예정이다.

03 다음 중 기아의 기업비전으로 옳은 것은?

① 지속가능한 모빌리티 솔루션 프로바이더
② 새로운 생각이 시작되는 공간과 시간
③ 지속가능한 가치를 창출하는 친환경 기업
④ 공급자 관점이 아닌 고객중심 마인드셋

해설 ②는 브랜드 목적이고, ③과 ④는 기업전략인 Plan S에 속하는 내용들이다.

04 다음 중 기아의 국외 공장이 있지 않은 곳은?

① 중국   ② 체코
③ 미국   ④ 슬로바키아

> 해설 기아의 국외 공장은 중국, 멕시코, 미국, 슬로바키아에 있다.

05 단군신화가 기록된 최초의 문헌은?

① 삼국유사(三國遺事)   ② 동국통감(東國通鑑)
③ 삼국사기(三國史記)   ④ 고려사(高麗史)

> 해설 단군신화에 대한 최초의 기록은 〈삼국유사〉(1281)이며, 〈삼국사기〉에는 전하지 않는다. 단군신화에 대한 내용은 일연의 〈삼국유사〉, 이승휴의 〈제왕운기〉(1287), 집현전 학사들의 〈세종실록지리지〉(1454), 권람의 〈응제시주〉(1462), 노사신·강희맹의 〈동국여지승람〉(1481)에 각각 전한다.

06 조선 시대 다음과 같은 정책을 시행한 인물에 대한 설명으로 적절하지 않은 것은?

- 비변사 폐지
- 서원 철폐
- 대전회통과 육전조례 편찬
- 경복궁 중건

① 프랑스와 미국의 침공을 격퇴한 뒤 척화비를 각지에 세우고 서양과의 수교 거부 의지를 밝혔다.
② 천주교에 대한 대대적인 탄압을 단행하였다.
③ 집권 이전 막강한 권세를 누리던 정치세력과 연대하여 왕권 강화 정책을 추진하였다.
④ 상민에게만 징수하던 군포를 양반에게도 징수하는 호포법을 실시하였다.

> 해설 고종의 생부인 흥선 대원군 이하응이 실시한 정책들이다.
> ③ 흥선 대원군은 외척의 세도로 권세를 누렸던 안동 김씨 일족을 정계에서 몰아내고, 당파와 신분을 가리지 않고 인재를 등용하였다.

Answer   **01.** ③   **02.** ④   **03.** ①   **04.** ②   **05.** ①   **06.** ③

07 다음 사건을 발생 순서대로 바르게 배열한 것은?

> (가) 태극기가 처음 사용됨
> (나) 독립신문이 창간됨
> (다) 윤지충이 한국 천주교 사상 최초로 순교함
> (라) 장지연이 황성신문에 사설 <시일야방성대곡>을 게재함

① (가) - (다) - (나) - (라)　　　　② (가) - (나) - (다) - (라)
③ (다) - (가) - (라) - (나)　　　　④ (다) - (가) - (나) - (라)

해설 (가) 태극기는 1882년 9월 박영효를 대표로 하는 수신사 일행이 일본에서 최초로 사용했다.
(나) 독립신문은 한국 최초의 민간 신문이다. 서재필(徐載弼)이 정부로부터 자금을 지급받아 1896년 4월 7일 창간하였다.
(다) 윤지충(尹持忠)은 조선 후기의 천주교도로, 세례명은 바오로이다. 어머니가 죽은 뒤 가톨릭 의식에 따라 위패를 폐하고 제사를 지내지 않아 정조 15년인 1791년 사형에 처해졌다. 이는 한국 천주교 사상 최초의 순교였다. 한편, 프란치스코 교황은 2014년 8일 윤지충 바오로와 동료 123위에 대한 시복을 선언하고 시복식도 집전했다.
(라) 1905년 을사조약이 체결되자, 황성신문의 주필이었던 장지연은 1905년 11월 20일자 신문에 <시일야방성대곡(是日也放聲大哭)>을 게재하여 을사조약의 부당함과 전 국민의 분노를 대변하였다.

08 원/달러 환율이 오를 때 유리해지는 사람과 불리해지는 사람을 바르게 구별한 것은?

유리해지는 사람	불리해지는 사람
① 수입업자	수출업자
② 해외여행을 갈 내국인	국내여행 올 외국인
③ 해외투자를 할 내국인	국내투자를 할 외국인
④ 외국에 돈을 빌려준 사람	장시간 운전하는 택시기사

해설 환율이 오르면 외국에 돈을 빌려준 사람은 같은 외화를 받아도 더 많은 원화로 환전할 수 있어 유리하고, 택시기사는 유류비가 오를 것으로 예상되어 불리하다.

09 한국 경제가 신흥 개발도상국에는 맹렬히 추격당하고 있고, 선진국과는 기술과 품질 경쟁에서 격차가 큰 상황을 일컫는 용어는?

① 테이크 오프(take-off)　　　　② 부메랑 효과(boomerang effect)
③ 넛 크래커(nut-cracker)　　　　④ 휘슬 블로어(whistle blower)

해설 ① 후진국이 경제·사회적인 발전을 시작할 때의 상황을 비행기의 이륙에 비유한 말
② 기술이나 자본의 수혜국이 그 제공국의 시장을 잠식하는 현상
④ '호루라기를 불어 대는 사람'이란 뜻으로, 기업의 반사회적 행동을 감시하기 위해 사회정의에 입각, 기업 내의 정보를 외부로 알려주는 사람을 지칭하는 말

10 다음에 나타난 ○○씨의 태도는 다음 중 무엇으로 표현할 수 있는가?

> 서울특별시 마포구 갑 의원인 ○○씨는 최근 쓰레기소각장 설립 문제로 고민이다. 의원 출마 당시 내걸었던 공약 중 하나는 깨끗하고 쾌적한 주거환경을 만들겠다는 것이었다. 그러나 최근 마포구 일대에 쓰레기 소각장 설립을 추진하는 안이 제의되어 굉장히 고민이다. 적어도 자신의 임기에서는 일어나지 않길 바라는 일이기 때문이다.

① 바나나 현상(BANANA)   ② 님비 현상(NIMBY)

③ 핌피 현상(PIMPY)   ④ 님트 현상(NIMT)

해설 님트란 Not In My Term의 약자로 '내 임기 중엔 안 돼.'라는 뜻이다. 주어진 내용은 국회의원이 혐오시설이 자기 운영구로 들어오는 것을 개인의 안위 때문에 걱정하는 모습이다.

11 일과 가정을 모두 중요시 여겨, 이 둘의 조화를 위해 근로시간과 장소를 조정해 일하는 노동자를 가리 키는 말은?

① 그레이칼라   ② 골드칼라

③ 퍼플칼라   ④ 블랙칼라

해설 ③ 퍼플칼라(purple collar) : 일과 가정의 조화를 위해 여건에 따라 근로시간과 장소를 탄력적으로 조정해 일하는 노동자
① 사무직을 의미하는 화이트칼라와 육체노동직을 의미하는 블루칼라의 중간에 위치하는 노동자
② 두뇌와 정보를 기반으로 새롭게 가치를 창조하고 정보화 시대를 선도하는 새로운 세대이자 능력 위주의 전문직 종사자
④ 새로운 라이프스타일을 꿈꾸는 유럽의 고소득 전문직 종사자로 패션과 문화에 관심이 많다.

12 일어날 가능성이 거의 없거나 해결할 수 없는 일에 대해 지나치게 걱정하고 불안해 하는 것을 일컫는 심리학 용어는?

① 블랭킷 증후군   ② 램프 증후군

③ 쿠바드 증후군   ④ 번아웃 증후군

해설 ② 램프 증후군(lamp syndrome) : 일어날 가능성이 거의 없거나 해결할 수 없는 일에 대해 지나치게 걱정하고 불안해 하는 현대인의 성향. 과잉근심이라고도 하며, 〈알라딘과 요술 램프〉에서 유래된 말이다.
① 소중히 여기는 물건이 곁에 없을 때 불안해지는 증상
③ 아내가 임신했을 때 남편도 입덧, 요통, 메스꺼움 등 육체적·심리적 증상을 아내와 똑같이 겪는 현상
④ 한 가지 일에만 몰두하던 사람이 극도의 피로감으로 인해 무기력증, 자기혐오, 직무 거부 등에 빠지는 증상

◢**Answer**   07. ④   08. ④   09. ③   10. ④   11. ③   12. ②

한권으로 다잡는
현대자동차·기아
생산직 필기시험

Part 2

실전모의고사

제 1 회 현대자동차 실전모의고사

• 총 40문항 / 제한시간 30분

» 정답 · 해설 280p

01 다음 밑줄 친 단어와 같은 의미로 사용된 것은?

> 지방 출신인 나는 공식적인 자리에서는 격식을 <u>차려</u> 표준말을 구사하기 위해 무척 노력했다.

① 정신을 바짝 <u>차려</u> 떨어지지 않도록 조심하십시오.
② 그는 체면을 <u>차리려고</u> 그녀를 고급 레스토랑으로 안내했다.
③ 모두들 자기의 잇속만 <u>차려</u> 일이 진행되지 못했다.
④ 정년퇴직을 하고 나면 조그만 가게라도 하나 <u>차려</u> 생계를 유지하려고 합니다.

02 두 단어의 관계가 나머지 셋과 다른 하나는?

① hockey : stick
② golf : buddy
③ baseball : glove
④ tennis : racket

03 다음 중 승합자동차에 대한 설명으로 옳은 것은?

① 1인 또는 2인의 사람을 운송하기에 적합하게 제작된 2륜의 자동차
② 10인 이하를 운송하기에 적합하게 제작된 자동차
③ 주로 화물을 운송하기에 적합하게 제작된 자동차
④ 11인 이상을 운송하기에 적합하게 제작된 자동차

04 〈보기〉도식의 기호들은 규칙에 따라 주어진 문자나 숫자를 변화시킨다. 규칙을 찾아 ?에 알맞은 것을 고르면?

┤ 보기 ├

902N93 * ☆ = 302N99

FDS50 * ◎ = 05SDF

18143 * ▲ = 81431

5794B * ◎ * ▲ = ?

① B4597   ② B4975

③ 5497B   ④ 4975B

05 제시된 도형의 왼쪽과 오른쪽의 관계가 같도록 ?에 들어갈 알맞은 도형을 고르면?

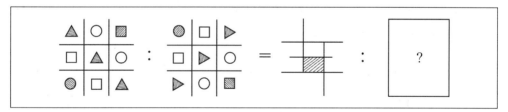

① 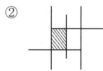   ②

③ 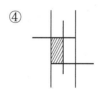   ④

06 다음 밑줄 친 부분에 들어갈 문장으로 가장 적절한 것은?

> 등산을 좋아하는 사람은 민첩하고, 리더십이 있다.
> 키가 작은 사람은 민첩하다.
> 웃음이 많은 사람은 등산을 좋아한다.
> 그러므로, _____

① 민첩한 사람은 리더십이 없다.
② 리더십이 없는 사람은 웃음이 많지 않다.
③ 등산을 좋아하는 사람은 키가 크다.
④ 민첩하지 않은 사람은 웃음이 많다.

07 다음 그림과 같이 지레에서 물체의 무게는 600N, 받침점과 물체 사이의 거리는 0.5m, 받침점과 힘점 사이의 거리는 2.5m이다. 이때 물체를 들어 올리는 데 드는 최소의 힘 F는 몇 N인가? (단, 지레의 무게, 마찰 등은 무시한다.)

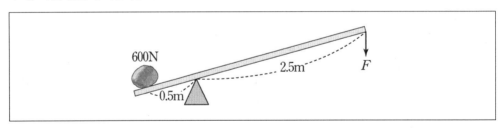

① 100N
② 120N
③ 130N
④ 140N

08 다음은 어떤 입체도형을 세 방향에서 바라본 투상도를 나타낸 것이다. 어떤 입체도형의 투상도인가?

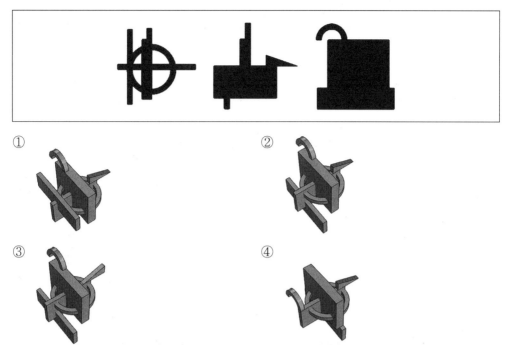

09 하중의 변화에 따른 분류와 그에 대한 설명이 옳은 것은?

① 동하중 – 물체 상에서 이동하는 하중
② 충격하중 – 한쪽 방향으로 같은 하중이 반복되는 하중
③ 정하중 – 크기와 방향이 시간에 따라 변화되는 하중
④ 교번하중 – 크기와 방향이 교대로 변화하면서 작용하는 하중

10 ○○고등학교 하이킹 동아리에서는 3팀으로 나누어 하이킹을 하기로 하였다. A팀은 시속 4km, B팀은 7km, C팀은 8km의 속도로 올라가며 A팀이 출발한 지 1시간 30분이 지났을 때 B팀이, 2시간이 지났을 때 C팀이 출발한다. 하이킹을 하던 도중 A팀과 B팀이 만났을 때 B팀과 C팀의 거리 차는 몇 km인가?

① 2km   ② 2.4km
③ 3km   ④ 3.5km

11 다음 문장들을 순서대로 가장 적절하게 배열한 것은?

> ㉠ 약한 논증에 대해서는 다른 모든 집단의 학생이 훨씬 설득력이 떨어진다고 대답한 반면, 기분은 좋지만 시간은 빠듯한 상황에 있었던 학생은 약한 논증 역시 강한 논증 못지않게 설득력이 있다고 대답했다.
> ㉡ 그러나 생각할 시간이 적고 긍정적 기분이었던 학생들의 경우 둘 사이의 차이가 매우 적었다.
> ㉢ 나아가 이 집단의 경우 다른 집단의 학생에 비해 논증을 제시한 화자의 명성에 큰 비중을 두고 논증을 읽는다는 사실이 밝혀졌다.
> ㉣ 전반적으로 모든 학생이 약한 논증보다는 강한 논증에 더 많은 영향을 받는다.
> ㉤ 시간이 넉넉했을 경우, 기분이 좋았던 학생도 그렇지 않은 상태의 학생과 마찬가지로, 약한 논증을 설득력 없는 것으로 받아들였다는 점은 기분보다는 시간이 중요한 변수라는 사실을 보여 준다.

① ㉠ - ㉡ - ㉣ - ㉤ - ㉢
② ㉠ - ㉣ - ㉡ - ㉤ - ㉢
③ ㉣ - ㉡ - ㉠ - ㉢ - ㉤
④ ㉣ - ㉢ - ㉡ - ㉠ - ㉤

12 다음 숫자의 나열에서 공통된 규칙을 찾아 빈칸에 알맞은 것을 고르면?

> 2   5   6   8   18   11   54   (   )

① 14
② 15
③ 27
④ 31

13 다음 B기어의 회전 방향은 어느 쪽인가?

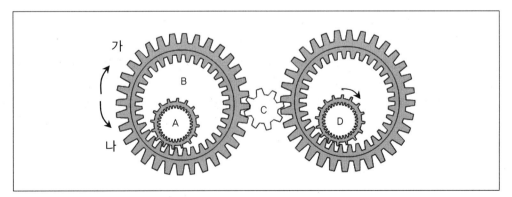

① 가
② 나
③ 기어가 고정된다.
④ 알 수 없다.

14 길이가 200m인 지하철이 시속 80km로 A터널과 B터널을 통과한다. A터널의 길이는 800m, B터널의 길이는 1km이며, 두 터널 사이의 거리는 15km라 할 때 지하철이 A터널에 진입하여 B터널을 완전히 통과하는 데 걸리는 시간은 몇 분인가?

① 12분

② 12.25분

③ 12.5분

④ 12.75분

15 다음 글을 쓴 목적으로 가장 적절한 것은?

> I am writing this letter because of the long delays and the bad service I received from your staff. I was at the emergency room at your hospital yesterday. I had to wait twenty minutes just to get my forms; the nurse was too busy talking to her friend on the phone. After filling out the forms, I had to wait about two hours to meet the doctor. I am upset that I wasted a whole afternoon for simple service. I would like to know what you would do about this.

① 사과하려고

② 항의하려고

③ 문의하려고

④ 취소하려고

16 다음 중 가솔린 기관 본체에 대한 설명으로 옳은 것은?

① 피스톤 링은 실린더를 왕복운동하면서 흡입 공기 및 혼합기를 압축하고 폭발 압력을 받아 출력을 발생하게 한다.

② 피스톤의 왕복운동을 회전운동으로 변환시키는 축을 캠축이라 한다.

③ 실린더 헤드 개스킷은 실린더 헤드와 블록 사이에서 압축과 폭발가스의 기밀 유지, 냉각수의 수밀 유지와 오일 누수를 방지한다.

④ 단행정은 행정과 내경의 비율이 1인 기관이다.

17 다음 그림에서 추 A는 축으로부터 1.5m 떨어져 있으며 무게는 60N이다. 무게가 45N인 추 B를 축으로 부터 몇 m 위치에 놓을 때 수평을 이루는가?

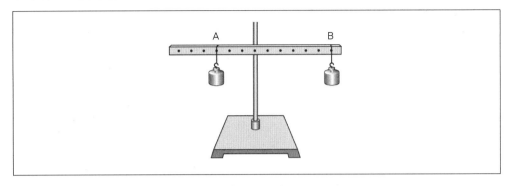

① 1m   ② 1.5m

③ 2m   ④ 2.5m

18 옷가게의 진열장에 옷 A, B, C가 나란히 걸려 있다. 이들 옷이 다음과 같은 조건으로 진열되어 있을 때 다음 중 옳은 것은?

- 옷들의 색은 빨강, 노랑, 파랑이다.
- C는 빨간색이다.
- 파란색 옷은 왼쪽 끝에 걸려 있다.
- B는 A의 오른쪽에 있다.

① C는 가운데에 걸려 있다.

② B는 파란색이다.

③ 걸려 있는 옷의 색은 파랑-빨강-노랑의 순서다.

④ 진열된 옷의 순서는 A-B-C다.

19 제시된 도형과 같은 도형을 고르면?

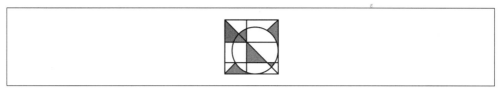

① 　　　　②

③ 　　　　④

20 다음 대화의 밑줄 친 부분에 들어가기에 적절한 표현은?

> A : _____
> B : I can finish it in two hours.

① Can you finish it?

② How soon can you finish it?

③ Did you finish it already?

④ When did you finish it?

21 다음 글의 내용과 일치하지 않는 것은?

> 미국 맥도널드사의 대표 햄버거인 '빅맥'은 오늘날 거의 모든 나라의 사람들이 먹는 음식이 되었다. 이는 세계화의 확산을 단적으로 나타내는 현상이다. 오늘날 세계화의 양상은 크게 두 가지로 표현할 수 있다. 하나는 "모든 나라의 사람들은 빅맥을 먹는다."라는 것이고, 다른 하나는 "그렇다 하더라도 일부는 '김치'를 또한 먹고 있다."라는 것이다.
>
> 일부에서는 지구촌을 '빅맥 국가'와 '비(非) 빅맥 국가' 간의 대립 구조로 규정하려는 움직임도 있다. 하지만 이것은 매우 잘못된 생각이다. 중동 지역의 어느 한 나라는 빅맥 척도에 의하면 세계화가 상당히 진행되어 있지만 이 나라에는 반세계화 투쟁을 주창해 온 세력이 존재한다. 이 같은 양면성은 그 나라의 '김치'를 알아야만 제대로 이해할 수 있다.
>
> 하나로 통합되어 있는 것처럼 보이는 오늘날의 세계 시장에서도 완벽한 시장 원리의 작동은 보장되지 않는다. 우리나라와 같이 세계화에 앞선 국가에서도 때로는 세계화가 민족 감정을 자극하여 정치적 반발을 불러일으키기도 한다. 이는 세계화에서 '김치'의 중요성을 증명해 주는 것이다. 예를 들어, 1990년대 후반에 있었던 마이크로소프트사의 한글과컴퓨터사에 대한 투자 계획은 우리 국민들의 대대적인 반대에 의해 좌절되었다. 한국의 자본 시장은 일반적인 시장 원리가 적용되는 곳이지만 한국 사람들이 지키고자 했던 정체성은 이런 경제적 원리를 무력화시켰던 것이다.
>
> 한 나라의 세계화 과정을 "빅맥을 먹는다."라는 것으로 표현할 수 있으나 세계화 과정에서도 중요한 것은 "김치를 알아야 한다."는 것이다. 즉, 세계화가 진행되고 있는 환경 속에서도 특정 국가 혹은 지역 상황이 국제 사회에 미치는 영향력이 점점 커지고 있는 현실을 직시하여야 한다.

① 세계화가 고도로 진행되어도 지역주의는 여전히 남아있게 될 것이다.
② '빅맥'은 세계화의 확산을 상징하는 음식이다.
③ 한국의 자본 시장은 외환위기 이후 시장 원리가 완벽하게 작동하는 곳이 되었다.
④ 한 나라의 빅맥 척도와 실질적 세계화 진행 정도는 다를 수 있다.

22 다음 숫자의 나열에서 공통된 규칙을 찾아 빈칸에 알맞은 것을 고르면?

> 4　　7　　11　　18　　29　　47　　76　　(　　　)

① 90　　　　　　　　　　　② 104
③ 117　　　　　　　　　　④ 123

23 다음 두 입체도형을 결합했을 때 나올 수 없는 형태는?

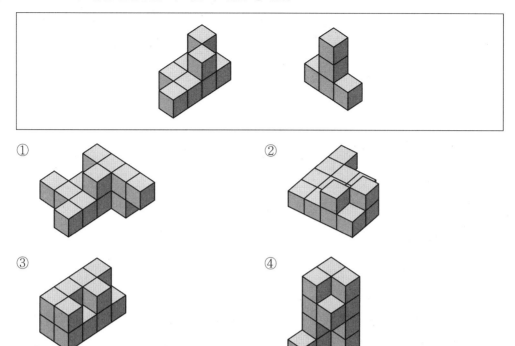

24 다음은 자동차 종류와 관련된 단어이다. 이 중 영어 표기가 잘못된 것은?

① 세단 − sedan
② 해치백 − hatch back
③ 쿠페 − coupe
④ 컨버터블 − conbertible

25 동전을 던졌을 때 뒷면이 나오면 위로 두 계단, 앞면이 나오면 아래로 한 계단 이동하기로 하였다. 동전을 7번 던진 결과 처음 위치보다 한 계단 아래에 있을 확률은?

① $\dfrac{21}{64}$

② $\dfrac{35}{64}$

③ $\dfrac{21}{128}$

④ $\dfrac{35}{128}$

26 다음 기어 배열에서 회전 방향이 다른 기어는?

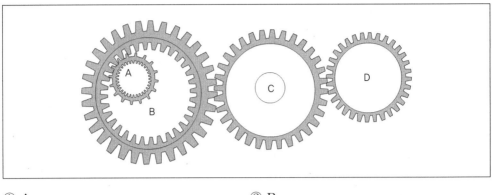

① A

② B

③ C

④ D

27 10%의 설탕물 200g과 15%의 설탕물 1,200g을 섞어 그 절반을 따라버린 후 물을 추가로 넣었더니 12.5%의 설탕물이 되었다. 추가한 물의 양은 몇 g인가?

① 50g

② 100g

③ 200g

④ 300g

28 제시된 단어의 관계와 동일한 것은?

적자 : 흑자

① 단축 : 연장

② 해금 : 해방

③ 손해 : 손실

④ 유보 : 보류

29 다음 문자의 나열에서 공통된 규칙을 찾아 빈칸에 알맞은 것을 고르면?

가 더 마 서 자 커 ( )

① 파

② 퍼

③ 하

④ 허

30 자동차 및 자동차부품의 성능과 기준에 관한 규칙의 내용으로 옳지 않은 것은?

① '차량 총 중량'은 공차상태의 자동차 중량을 말한다.

② '축중'은 자동차가 수평상태에 있을 때 1개의 차축에 연결된 모든 바퀴의 윤중을 합한 것을 말한다.

③ '적차상태'는 공차상태의 자동차에 승차정원의 인원이 승차하고 최대적재량의 물품이 적재된 상태를 말한다.

④ '연료 전지'는 수소를 사용하여 전기에너지를 발생시키는 장치를 말한다.

31 H사는 올해 신입사원을 채용하였다. 여성 지원자 중 8%가 합격하여 36명이 합격하였으며, 남성 지원자 중 11%가 합격하여 전체 지원자 중 10%가 합격하였다. 합격한 남성 지원자 수는?

① 60명

② 89명

③ 90명

④ 99명

32 다음 중 맞춤법에 맞는 문장은?

① 친구 집에 들렸다가 가려고 한다.

② 철수는 내일 소풍 갈 생각에 설래어 잠을 이루지 못했다.

③ 오랫만에 만난 친구가 무척이나 반가웠다.

④ 방을 깨끗이 청소하여 칭찬을 받았다.

33 다음은 크기가 같은 정육면체를 쌓아 만든 블록이다. 정육면체의 개수는?

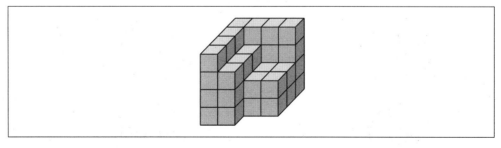

① 41개

② 42개

③ 43개

④ 45개

34 다음 중 영어 표기가 잘못된 것은?

① 리모컨 − remote control
② 와이셔츠 − dress shirts
③ 노트북 − desk computer
④ 애프터서비스 − after sales service

35 다음 중 4기통 엔진의 크랭크축 위상차와 점화순서로 옳은 것은?

① 120°, 1−3−2−4 또는 1−4−2−3
② 180°, 1−3−4−2 또는 1−2−4−3
③ 120°, 1−3−4−2 또는 1−4−2−3
④ 180°, 1−3−2−4 또는 1−2−4−3

36 甲, 乙 두 고등학교의 인문계 학생 수와 자연계 학생 수의 비는 甲학교가 4:5, 乙학교가 5:4이며 甲, 乙 두 학교를 합치면 인문계와 자연계 학생 수의 비는 86:85라고 한다. 乙학교의 전체 학생이 400명에서 500명 사이일 때, 甲학교의 자연계 학생 수는?

① 140명
② 180명
③ 200명
④ 225명

37 다음 그림을 왼쪽으로 90° 회전시킨 모양은?

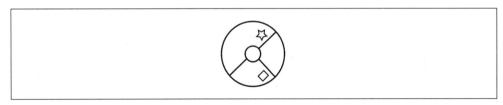

①
②
③
④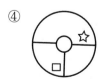

38 다음 중 맞춤법에 맞지 않는 단어는?

① 어렴풋이   ② 달달이

③ 핏기   ④ 웃통

39 A팀과 B팀은 같은 날 400개의 스틱이 들어 있는 믹스커피를 한 박스씩 구매하였다. A팀은 3일마다 5개, B팀은 격일로 x개의 스틱커피를 소비하였더니, 스틱커피를 구매한 지 90일이 되는 날 두 팀의 남은 스틱커피 개수의 차이가 165개였다. B팀이 격일로 소비하는 스틱커피의 개수는 몇 개인가?

① 4개   ② 5개

③ 7개   ④ 9개

40 제시된 전개도를 접었을 때 나올 수 있는 입체도형은?

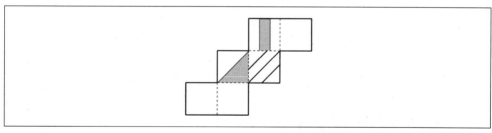

①   ②

③   ④

• 총 40문항 / 제한시간 30분

≫ 정답 · 해설 285p

www.pmg.co.kr

01　다음 중 마찰차 전동의 특징으로 옳지 않은 것은?

① 전달력이 커서 속도비가 중요할 경우 사용한다.

② 회전속도가 커서 보통의 기어를 사용할 수 없는 경우 사용한다.

③ 운전 중 접촉을 분리하지 않고 마찰차를 이동시킬 수 있다.

④ 무단 변속을 하는 경우에 사용할 수 있다.

02　A와 B가 각 면에 1부터 6까지 표시된 주사위를 차례대로 한 번씩 총 세 차례 던져 먼저 1나 2가 나오는 쪽이 이기는 주사위 게임을 하였다. B가 먼저 주사위를 던질 때, B가 이길 확률은?

① $\dfrac{1}{3}$

② $\dfrac{4}{27}$

③ $\dfrac{16}{243}$

④ $\dfrac{133}{243}$

03　다음 밑줄 친 단어와 같은 의미로 사용된 것은?

> 원숭이가 유전학적으로 인간에 <u>가깝다는</u> 진화론은 종교적 관점에서 커다란 비판에 직면해 있다.

① 이 영화는 천만 명에 <u>가까운</u> 관객을 동원하였다.

② 콜럼버스는 땅을 보자 세 척의 배를 대고는 도착한 곳이 인도에 <u>가깝다는</u> 생각을 했다.

③ 나는 그녀와 매우 <u>가깝다는</u> 느낌을 갖는다.

④ A사의 새로운 휴대폰은 완벽에 <u>가깝다는</u> 평가를 받았다.

04 동욱, 소영, 보영, 강우, 태희는 달리기를 한 후 자신의 순위에 대해 다음과 같이 이야기했다. 이들의 달리기 순위를 1위부터 바르게 나열한 것은?

> 보영: 나는 3위나 4위는 아니다.
> 동욱: 나는 1위나 3위는 아니다.
> 태희: 나는 보영이에게는 졌지만 동욱에게는 이겼다.
> 강우: 나는 동욱, 소영이보다 늦게 들어왔다.
> 소영: 나는 1위나 2위로 들어오지 못했다.

① 보영 – 소영 – 태희 – 동욱 – 강우
② 보영 – 태희 – 소영 – 동욱 – 강우
③ 보영 – 태희 – 소영 – 강우 – 동욱
④ 보영 – 동욱 – 강우 – 소영 – 태희

05 제시된 도형 중 나머지와 다른 하나를 고르면?

①

②

③

④

06 다음 밑줄 친 부분에 들어갈 문장으로 가장 적절한 것은?

> 영희의 어머니는 김명숙이다.
> 철수의 아버지는 이동수이다.
> 영희의 아버지는 이동수다.
> 그러므로, _____

① 이동수와 철수는 형제 또는 남매 사이이다.
② 김명숙은 철수의 이모이다.
③ 철수와 영희는 형제 또는 남매 사이이다.
④ 김명숙은 이동수의 어머니다.

07 다음 숫자의 나열에서 공통된 규칙을 찾아 빈칸에 알맞은 것을 고르면?

4 6 12 14 28 ( )

① 30   ② 34
③ 40   ④ 52

08 다음 단어들을 아우를 수 있는 단어는?

Seoul, Paris, London, Beijing, Moscow

① country   ② orient
③ capital   ④ occident

09 다음 중 오버헤드 캠축에 대한 설명으로 옳지 않은 것은?
① SOHC는 실린더 헤드 위에 캠축이 한 개인 형식이다.
② 로커 암 형식은 캠의 회전운동을 로커 암에 의해 밸브를 개폐하는 방식이 있다.
③ 캠축이 밸브를 직접 개폐하는 방식을 스윙 암(Swing Arm)이라 한다.
④ DOHC는 캠축이 두 개인 형식이다.

10 ○○회사 내 A팀과 B팀의 일주일 동안의 수입의 비는 3 : 2이고 지출의 비는 8 : 7이다. 일주일 동안 A팀은 1,000만 원이 남고, B팀은 1,000만 원이 부족하다고 할 때, A팀의 수입과 지출을 각각 구하면?
① 수입 : 7,500만 원, 지출 : 8,500만 원
② 수입 : 8,000만 원, 지출 : 9,000만 원
③ 수입 : 8,500만 원, 지출 : 8,500만 원
④ 수입 : 9,000만 원, 지출 : 8,000만 원

11 다음 밑줄 친 부분에 들어갈 문장으로 가장 적절한 것은?

> 음악을 좋아하는 사람은 미술을 잘한다.
> 미술을 잘하는 사람은 노래를 잘한다.
> 나는 음악을 좋아한다.
> 그러므로, _____

① 나는 음악을 잘한다.
② 나는 노래를 잘한다.
③ 나는 미술을 좋아한다.
④ 나는 노래를 좋아한다.

Part 02 실전모의고사

12 다음 숫자의 나열에서 공통된 규칙을 찾아 빈칸에 알맞은 것을 고르면?

	4.1	4.2	5.4	7.7	11.1	15.6	( )

① 18.3　　　　　　　　② 19.1
③ 20.6　　　　　　　　④ 21.2

13 다음 그림에서 찾아볼 수 없는 조각은?

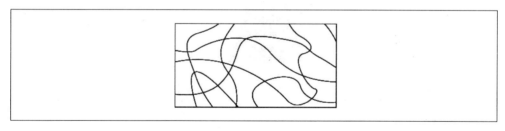

① 　　　　　②

③ 　　　　　④

14 다음 중 가솔린 연료공급 장치에 대한 설명으로 옳지 않은 것은?

① 인젝터를 점검하는 방법으로는 저항 점검, 작동 소음 점검, 분사량 점검 등이 있다.

② 연료 압력 조절기는 흡기 다기관의 진공 부압과의 압력 차를 이용하여 인젝터에 항상 일정한 연료압을 유지하게 해준다.

③ 릴리프밸브는 연료라인 내에 잔압을 형성하여 베이퍼록 현상 방지와 재시동성 향상에 도움을 준다.

④ 인젝터에는 전압 구동형 인젝터와 전류 구동형 인젝터가 있다.

15 병뚜껑을 열기 위해서는 400N의 힘이 필요한데, 전체 길이가 10cm인 병따개를 이용하여 뚜껑을 여는데는 100N의 힘이 들었다. 이때 a의 길이는 얼마인가?

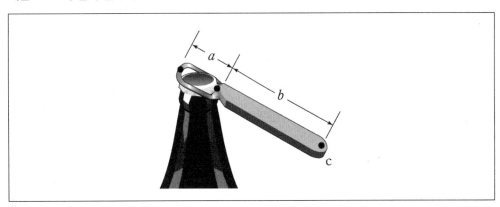

① 1cm

② 2cm

③ 2.5cm

④ 3cm

16 배열되어 있는 도형의 일정한 규칙을 찾아 ?에 들어갈 알맞은 도형을 고르면?

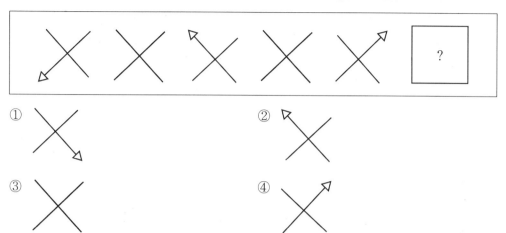

17 제시된 전개도를 접었을 때 나올 수 있는 입체도형은?

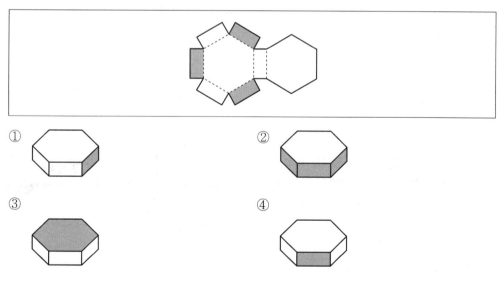

18 다음 그림과 같은 기어 트레인 장치에서 A축과 B축이 만나는 기어의 잇수를 각각 $Z_1 Z'_2$라고 하고, B축과 C축이 만나는 기어의 잇수를 각각 $Z_2 Z'_3$, C축과 D축이 만나는 기어의 잇수를 각각 $Z_3 Z_4$라고 할 때, 그 잇수가 다음 표와 같을 경우 A축의 회전수(N_1)가 1600rpm일 때 D축의 회전수(N_4)는 몇 rpm인가?

축	기어	잇수(개)	기어	잇수(개)
A축	Z_1	45	—	—
B축	Z_2	32	Z'_2	64
C축	Z_3	15	Z'_3	75
D축	Z_4	72	—	—

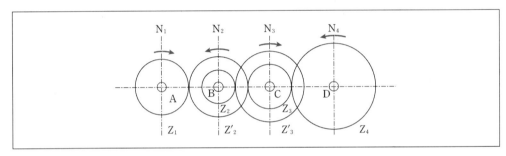

① 90rpm

② 100rpm

③ 110rpm

④ 120rpm

19 두 도시 甲과 乙을 자동차를 타고 왕복하였다. 갈 때는 80km/h의 속력으로 갔고, 돌아올 때는 100km/h의 속력으로 왔더니 총 13시간 30분이 걸렸다고 한다. 이때, 두 도시 甲, 乙 사이의 거리는?

① 400km

② 480km

③ 500km

④ 600km

20 다음 글의 내용과 일치하지 않는 것은?

> 시각이나 청각과는 전혀 다르게 후각이 주는 인상은 말로 기술할 수도 없고 추상화할 수도 없다. 우리 생활에서 직감적인 공감 혹은 반감은 상당 부분 후각의 영역과 연관되어 있다. 후각은 동일한 지역에서 살아가는 두 인종 사이의 관계에 종종 의미 있는 결과를 초래하는데, 지적인 사고나 의지로는 거의 이를 통제할 수 없다. 예를 들어, 20세기 초반까지도 단지 몸에서 냄새가 난다는 이유만으로 흑인들이 북미의 상류 사회로부터 거절당했던 사실을 들 수 있다. 오늘날에는 사회 발전을 위해 지식인과 노동자 사이의 인간적인 접촉이 필요하다는 주장이 자주 제기되기도 한다. 지식인들 또한 이 두 계층 간의 화해가 윤리적 차원에서 반드시 필요하다고 인정하지만, 이 화해의 시도는 후각이 주는 인상들을 극복하지 못해서 결국 수포로 돌아가고 만다. 지식인들은 '노동의 신성한 땀' 냄새 때문에 노동자들과의 직접적 접촉을 기피했다. 즉, 사회문제는 윤리적인 문제일 뿐만 아니라 코의 문제, 후각의 문제이기도 한 것이다.
>
> 문화가 발전하면서 시각이나 후각과 같은 우리의 감각은 근거리에 한정된다. 우리는 근시안이 될 뿐만 아니라 근감각(近感覺)이 되어 가고 있다. 그런데 감각기관을 통한 인지능력의 예민함은 저하되지만, 그것이 제공하는 쾌와 불쾌의 주관적인 느낌은 더 강해진다는 점에 주목해야 한다. 후각의 경우는 더더욱 그러하다. 더 이상 우리는 원시 종족만큼 객관적으로 냄새를 인지할 수 없지만, 후각이 주는 인상들에 대해서는 주관적으로 더 강렬히 반응한다. 예민한 코를 가진 사람은 바로 이러한 강렬함 때문에 즐거움보다는 불쾌함을 훨씬 더 많이 체험하게 된다. 감각이 주는 인상에 대해 우리가 더 강렬하게 반응하게 되면서, 현대인들이 서로 배척하여 결국 고립되는 현상은 다음과 같은 방식으로 설명될 수 있다. 우리는 어떤 냄새를 맡게 되면 그것이 주는 인상이나 그것을 발산하는 객체를 우리 안으로 깊숙이 끌어들인다. 즉, 누군가의 몸에서 나는 냄새를 맡는다는 것은 그를 가장 내밀하게 인지하는 것으로, 타인은 기체의 형식을 통해 가장 감각적이면서 내면적인 존재로 우리에게 들어온다. 그리고 후각이 주는 인상에 대한 예민함이 점차 증가함에 따라 이들 인상에 대해서 선호의 차이가 생겨나게 된다.

① 문화가 발전할수록 감각기관을 통한 인지능력이 떨어지고 있다.

② 현대의 사회문제는 윤리적 문제가 아닌 후각의 문제에서 기인한다.

③ 오늘날 지식인은 지식인과 노동자 사이의 화해가 필요하다고 생각한다.

④ 현대인은 어떤 냄새를 맡게 되면 그 냄새를 발산하는 객체를 내밀하게 인지한다.

21 주어진 글 다음에 이어질 글의 순서로 가장 적절한 것은?

> Natural disasters such as volcanic eruptions, fires, floods and hurricanes happen every year, somewhere in the world.

> (A) Some tsunamis can be 30 meters high; they can hit Japan, Southeast Asia, and Central and South America.
> (B) It is a tsunami, a huge wave that can cause terrible damage and destruction.
> (C) But there is another, and perhaps even more dangerous, natural disaster.

① (A) − (B) − (C)　　　　　② (A) − (C) − (B)
③ (B) − (A) − (C)　　　　　④ (C) − (B) − (A)

22 다음 문자의 나열에서 공통된 규칙을 찾아 빈칸에 알맞은 것을 고르면?

> W　S　O　K　G　(　　)

① C　　　　　② E
③ F　　　　　④ I

23 다음 중 도르래에 대한 설명으로 옳지 않은 것은?

① 고정 도르래는 힘의 작용 방향을 바꾸어 준다.

② 움직 도르래를 사용하면 일을 하는 데 필요한 힘이 물체 무게의 $\frac{1}{2}$ 배로 줄어든다.

③ 어떤 도르래를 사용하더라도 일의 이득은 없다.

④ 고정 도르래는 힘에는 이득이 없으나 이동 거리에 이득이 있다.

24 5%의 설탕물과 12%의 설탕물을 섞어 10%의 설탕물 350g을 만들었다. 이때 12% 설탕물의 양은?

① 100g　　　　　② 150g
③ 200g　　　　　④ 250g

25 A, B, C 세 종류의 블록을 결합하여 〈보기〉에 제시된 육면체 블록을 완성할 수 있다. 이때, C로 적절한 것은?

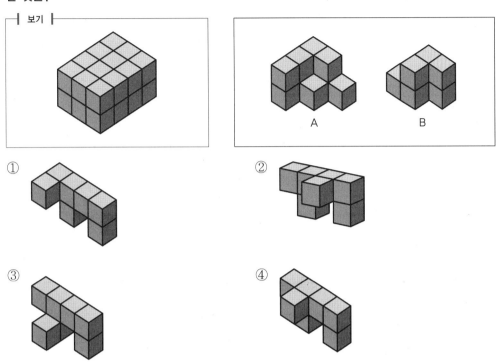

Part
02

실전모의고사

26 다음 중 냉각수와 부동액에 대한 설명으로 옳은 것은?

① 부동액의 종류에는 증류수, 에틸렌글리콜, 글리세린이 있다.

② 냉각수에는 수돗물, 빗물 등의 연수를 사용한다.

③ 냉각수로 천연수와 경수를 사용하면 연수를 사용할 때보다 효과가 좋다.

④ 글리세린은 물에 잘 용해되고 단맛이 있다.

27 다음 그림과 같이 무게가 1000N인 물체를 지레에 올려놓고 250N의 힘을 가해 주었더니 지레가 수평이 되었다. 지레의 받침점에서 작용점까지의 거리는?

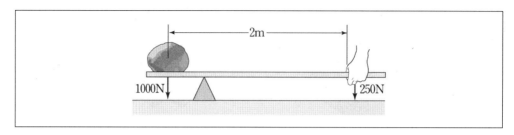

① 10cm   ② 20cm

③ 30cm   ④ 40cm

28 9시와 10시 사이에 시침과 분침이 이루는 각도가 120°가 되는 시각은?

① 9시 $\dfrac{170}{13}$ 분   ② 9시 $\dfrac{49}{15}$ 분

③ 9시 $\dfrac{200}{21}$ 분   ④ 9시 $\dfrac{300}{11}$ 분

29 모양과 크기가 같은 정육면체를 다음 그림과 같이 쌓았다. 8층을 쌓으려면 몇 개의 정육면체가 더 필요한가?

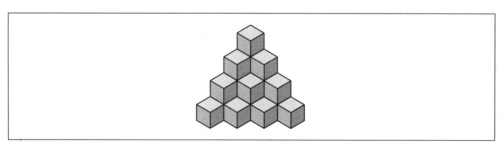

① 96개   ② 99개

③ 100개   ④ 102개

30 다음은 자동차와 관련된 단어이다. 이 중 영어 표기가 잘못된 것은?

① 페달 − pedal
② 엔진 − engine
③ 노즐 − nossle
④ 브레이크 − brake

31 다음 중 윤활장치의 유압이 높아지는 원인으로 옳지 않은 것은?

① 베어링의 오일 간극이 큰 경우
② 윤활회로가 막힌 경우
③ 오일의 점도가 높은 경우
④ 유압 조절 밸브 스프링의 장력이 클 때

32 언니인 설윤이 2걸음을 걸을 때 동생인 윤진은 3걸음을 걷는다. 그런데 걷다 보니 설윤이 5걸음을 걸은 거리가 윤진이 8걸음을 걸은 거리와 같다는 것을 알게 되었다. 설윤이 한 걸음 걸을 때 80cm만큼 앞으로 나간다면, 설윤과 윤진이 동시에 한 방향으로 걷기 시작하였을 때 4km 지점에 먼저 도착한 사람은 다른 사람보다 몇 m 앞서 있는가?

① 160m
② 180m
③ 200m
④ 250m

33 단어 간 관계가 나머지 셋과 다른 것은?

① 전능 : 만능
② 공명 : 공정
③ 시작 : 개시
④ 감소 : 증가

34 다음 도형 안 숫자의 나열에서 공통된 규칙을 찾아 ?에 알맞은 것을 고르면?

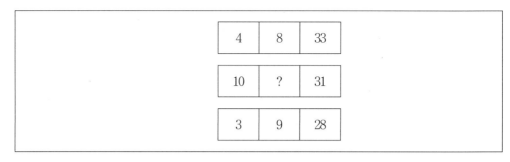

① 3   ② 5
③ 7   ④ 11

35 다음 중 하이브리드 자동차의 영어 표기가 바른 것은?
① Hibrid electric vihicle   ② Hybrid electric vehicle
③ Hibrid electric vehicle   ④ Hybrid electric vihicle

36 다음 중 맞춤법에 맞는 단어끼리 바르게 묶인 것은?
① 어젯밤, 송두리채, 쪽집게, 눈곱
② 어젯밤, 송두리째, 족집게, 눈곱
③ 어제밤, 송두리째, 쪽집게, 눈꼽
④ 어젯밤, 송두리채, 족집게, 눈꼽

37 ○○회사의 올해의 전체 사원 수는 810명이다. 이는 지난해에 비하여 남자 사원은 10% 줄고, 여자 사원은 10명 줄어서 전체 사원 수는 10% 감소하였다. 올해의 여자 사원 수를 구하면?
① 70명   ② 82명
③ 87명   ④ 90명

38 다음 중 발음이 옳지 않은 것은?

① 왕십리[왕심리]　　　　② 꽃길[꼳낄]

③ 솔잎[솔립]　　　　　　④ 신라[실라]

39 제시된 전개도를 접었을 때 나올 수 있는 입체도형은?

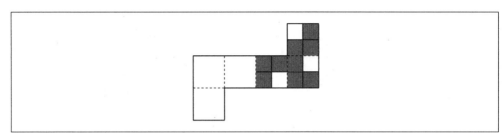

① 　　　　②

③ 　　　　④

40 의미하는 바가 나머지 셋과 다른 것은?

① May I go out for lunch?

② How about going out for lunch?

③ Is it all right if I go out for lunch?

④ Will you let me go out for lunch?

Part
02

실전모의고사

제3회 현대자동차 실전모의고사

• 총 40문항 / 제한시간 30분

≫ 정답·해설 289p

01 다음 기어 배열에서 회전 방향이 다른 기어는?

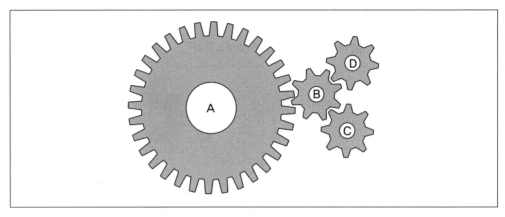

① A
② B
③ C
④ D

02 바퀴를 만드는 A, B 두 종류의 기계가 있다. A기계 2대와 B기계 3대를 동시에 사용하면 5분 동안 바퀴 200개를 만들 수 있고, A기계 1대와 B기계 4대를 동시에 사용하면 4분 동안 바퀴 200개를 만들 수 있다. A기계 3대와 B기계 2대를 동시에 사용할 때, 바퀴 200개를 만드는 데 걸리는 시간을 구하면?

① 5분 40초
② 6분 10초
③ 6분 40초
④ 7분 20초

03 다음 밑줄 친 단어와 같은 의미로 사용된 것은?

> 관중들은 최선을 다해 뛰는 선수들에게 크게 손뼉을 <u>치며</u> 응원의 박수를 보냈다.

① 본부에 무전을 <u>쳐서</u> 사건 상황을 보고했다.
② 그들은 아침마다 공원에 모여 배드민턴을 <u>친다</u>.
③ 그들은 흥겹게 노래를 부르면서 북을 <u>치기</u> 시작했다.
④ 그는 악몽을 꾸면서 몸부림을 <u>쳤다</u>.

04 좋은 나라 사람은 모두 참만을 말하고, 나쁜 나라 사람들은 모두 거짓만 말한다. 이 두 나라로부터 여행 온 A, B, C가 있다. A, B가 다음과 같이 진술하였을 때, 옳은 설명은?

> A: 우리는 모두 나쁜 나라에서 왔다.
> B: 우리 중 오직 한 명만이 좋은 나라에서 왔다.

① A, B 모두 좋은 나라 사람이다.
② A는 좋은 나라 사람이다.
③ B는 좋은 나라 사람이다.
④ C는 좋은 나라 사람이다.

Part
02
실전모의고사

05 제시된 도형 중 나머지와 다른 하나를 고르면?

①
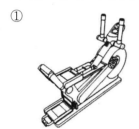

②
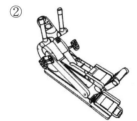

③
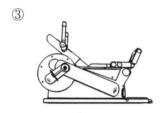

④
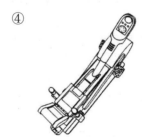

06　종이를 화살표 순서대로 접은 후 구멍을 뚫고 다시 펼쳤을 때의 그림으로 알맞은 것은?

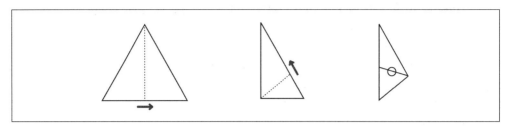

① 　　　②

③ 　　　④

07　다음 문장의 밑줄 친 부분의 의미로 알맞은 것은?

> I'll be working <u>down to the wire</u>. The deadline is tomorrow.

① exactly as planned

② to the very end

③ slowly

④ close to the subject

08 다음과 같이 무게 10kg의 추를 복합 도르래로 잡아당길 때, 추가 움직이지 않으려면 A는 얼마인가?

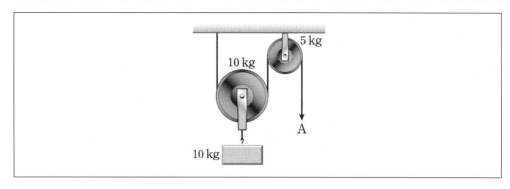

① 5kg

② 10kg

③ 15kg

④ 20kg

09 ○○기업 사원 갑, 을, 병, 정에게 체코, 중국, 미국 중에서 가장 출장을 가고 싶은 한 나라를 선택하도록 하였다. 이 결과 사원들이 선택한 나라에 체코와 중국이 모두 포함되도록 선택하는 방법의 수를 구하면? (단, 모든 사원은 한 개의 나라를 선택하였다.)

① 40가지

② 50가지

③ 60가지

④ 70가지

10 다음 숫자의 나열에서 공통된 규칙을 찾아 빈칸에 알맞은 것을 고르면?

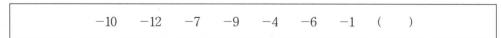

-10   -12   -7   -9   -4   -6   -1   (   )

① 3

② 1

③ -1

④ -3

11 다음 밑줄 친 부분에 들어갈 문장으로 가장 적절한 것은?

> 사과는 배보다 크고, 딸기는 참외보다 작지 않다.
> 포도는 딸기보다 크고, 배보다 작다.
> 그러므로, _____

① 사과는 포도보다 작다.
② 포도는 참외보다 크다.
③ 사과, 딸기, 참외 중에서 가장 큰 것은 딸기이다.
④ 포도, 참외, 배 중에서 가장 작은 것은 포도이다.

12 다음 숫자의 나열에서 공통된 규칙을 찾아 빈칸에 알맞은 것을 고르면?

> 3   5   9   17   33   65   (   )

① 78   ② 81
③ 98   ④ 129

13 다음 중 4WD 구동 방식에 대한 설명으로 옳은 것은?
① 실내 공간이 넓고 조종 성능이 우수하다.
② 주행 성능과 등판능력이 우수하다.
③ 실내 공간 최대 활용이 가능하지만 트렁크 공간 협소하다.
④ 엔진 − 트랜스미션 − 추진축 − 차축 − 바퀴로 동력을 전달한다.

14 다음 그림과 같은 도르래를 이용하여 무게를 모르는 물체를 수직으로 2m 들어 올리는 데 300N의 힘이 들었다. 이때 물체에 한 일은 얼마인가?

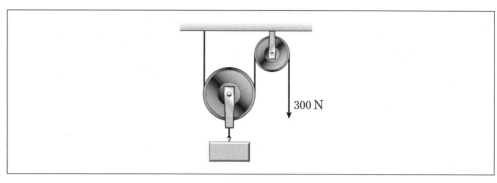

① 600J
② 800J
③ 1000J
④ 1200J

15 두 자리의 자연수가 있다. 십의 자리 숫자의 2배는 일의 자리 숫자보다 1이 크고 십의 자리 수와 일의 자리 수를 바꾼 자연수는 처음 수보다 9가 크다. 이때, 처음 자연수는?

① 10
② 14
③ 23
④ 32

16 다음 그림의 관이음 종류의 명칭으로 옳은 것은?

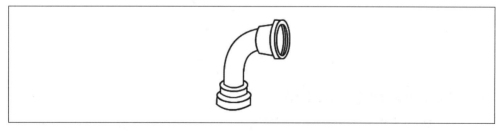

① 엘보
② 암수 소켓
③ 벤드
④ 암수 티

17 A, B, C 세 모둠 학생들에게 사탕을 나누어 주었다. A모둠은 B모둠보다 3명이 더 많고, B모둠은 C모둠보다 3명이 더 많다. A모둠 학생들은 B모둠 학생들보다 한 사람당 사탕을 3개씩 적게 나누어 가졌고, B모둠 학생들은 C모둠 학생들보다 한 사람당 사탕을 2개씩 적게 나누어 가졌다. A모둠에게 준 사탕 수의 합은 B모둠에게 준 사탕 수의 합보다 18개가 적고, B모둠에게 준 사탕 수의 합은 C모둠에게 준 사탕 수의 합보다 5개가 많다면 세 모둠 학생들에게 나누어 준 사탕의 수는 모두 몇 개인가?

① 90개   ② 94개

③ 97개   ④ 100개

18 제시된 도형의 왼쪽과 오른쪽의 관계가 같도록 ?에 들어갈 알맞은 도형을 고르면?

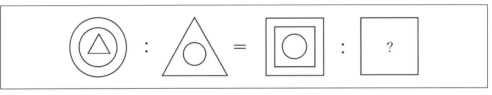

①   ②

③   ④

19 다음 중 맞춤법에 맞지 않는 문장은?

① 분식집에서 라면 곱빼기를 주문했다.

② 삼림욕을 하니 정말 좋구나.

③ 가던지 오던지 네 마음대로 해.

④ 네 잘못이 뭔지 곰곰이 잘 생각해 봐.

20 다음 그림을 오른쪽으로 90° 회전시킨 모양은?

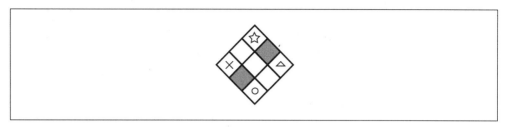

①

②

③

④

21 〈보기〉 도식의 기호들은 규칙에 따라 주어진 문자나 숫자를 변화시킨다. 규칙을 찾아 ?에 알맞은 것을 고르면?

┤ 보기 ├
8167 * ◀ = 1867
D61X * ◩ = D61U
1GLW * ◖ = WLG1

9915 * ◩ * ◖ = ?

① 2199

② 5199

③ 9911

④ 9912

22 제시된 입체도형의 전개도를 알맞은 것은?

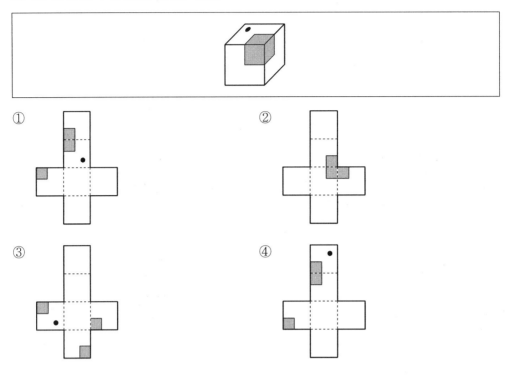

① ② ③ ④

23 제시된 낱말 쌍과 같은 관계가 되도록 빈칸에 들어갈 어휘를 고르면?

pig : cow = pork : (   )

① mutton   ② beef

③ animal   ④ ham

24 다음은 디젤기관의 연소 과정이다. 이에 대한 설명으로 옳은 것은?

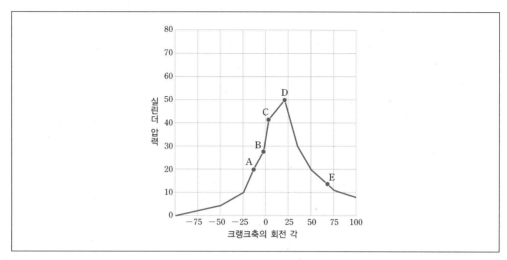

① A−B 구간을 직접연소기간이라 하고 디젤엔진의 연소 과정 중 정상적인 연소를 하는 직접 연소 상태이다.

② B−C 구간을 화염전화기간이라 하고 A−B 구간에서 미연소된 연료가 자연착화되어 일시에 연소되며 압력과 온도가 급격히 상승하고 연소실 체적은 일정 체적 상태인 정적연소를 한다.

③ C−D 구간을 후기연소기간이라 하고 연료의 분사가 끝나는 C 이후 연소가스는 팽창을 하면서 미연소된 가스가 D점까지 지속적으로 연소를 하게 된다.

④ D−E 구간을 착화지연기간이라 하고 연료가 노즐이나 인젝터에서 분사되어 실린더 내에 들어온 후 착화될 때까지 걸린 시간인 착화지연기간이 길어지면 노킹이 발생한다.

25 지민의 나이는 사촌 동생인 정국 나이의 5배보다 17살 적고, 어머니와 지민의 나이의 합은 정국 나이의 10배이다. 25년 후, 정국과 지민의 나이의 합이 어머니 나이와 같다면 현재 정국의 나이는?

① 6살 　　　　　　　　　　　② 7살

③ 8살 　　　　　　　　　　　④ 9살

26 단어 간 관계가 나머지 셋과 다른 것은?

① 단초 : 실마리 　　　　　　　② 겨를 : 틈

③ 공개 : 은폐 　　　　　　　　④ 거론 : 언급

27 다음 글의 주제로 가장 적절한 것은?

> 새말은 민중에 의해서 자연 발생적으로 만들어져 쓰이는 것과 언어 정책상 계획적으로 만들어져 보급되는 것이 있다. 자연 발생적으로 만들어지는 새말들은 새로운 사물을 표현하기 위한 실제적인 필요에 의해 생겨나는 것과 언어 표현이 진부해졌을 때 그것을 신선한 맛을 가진 새 표현으로 바꾸기 위한 대중적 욕구 때문에 생겨나는 것이 있다. 여기에는 고유어, 한자어, 외래어 등이 모두 재료로 쓰인다.
>
> 정책적인 계획 조어의 경우는 대개 국어 순화 운동의 일환으로 진행되기 때문에 주로 고유어가 사용되며, 한자 말일지라도 아주 익어서 고유어처럼 된 것들이 재료로 쓰인다. '한글, 단팥죽, 꼬치안주, 가락국수, 덮밥, 책꽂이, 건널목' 등은 계획 조어로서 생명을 얻은 것들이며, '덧셈, 뺄셈, 모눈종이, 반지름, 지름, 맞선꼴' 등의 용어들은 학교 교육에 도입되면서 자리를 굳혔다. '불고기, 구두닦이, 신문팔이, 아빠, 끈끈이, 맞춤, 병따개, 비옷, 나사돌리개, 사자, 팔자, 코트깃, 사인북, 오버센스' 등 누가 먼저 지어냈는지 모르지만 생명을 얻은 말도 많다. 이렇게 해서 새로 나타난 말들은 민중들의 호응을 받아서 기성 어휘로서의 지위를 굳히는 것과 잠시 쓰이다가 버림을 받는 것, 처음부터 별로 호응을 받지 못하여 일반화되지 못한 것 등이 있다. 잠시 쓰이다가 버림을 받게 되는 말들은 대개 어느 한 사회계층이나 특정 지역에서만 호응을 받았을 뿐 널리 일반화되지 못한 것들이다.

① 새말의 생성 과정
② 새말의 종류와 정착 과정
③ 새말의 개념과 종류
④ 새말에 대한 대중적 욕구

28 다음 문자의 나열에서 공통된 규칙을 찾아 빈칸에 알맞은 것을 고르면?

> C F D H E J F L G N H ( )

① J
② P
③ R
④ U

29 다음 대화의 밑줄 친 부분에 들어가기에 가장 적절한 말은?

> A : Hello, This is Jane Brown. Is Mr. Han in now?
> B : Yes, _____ I'll get him.
> A : All right. Thank you.

① But hold the line, please.

② This is he.

③ But you have the wrong number.

④ You are wanted on the phone.

Part
02

실
전
모
의
고
사

30 다음 중 하이브리드 자동차의 6대 기능으로 옳지 않은 것은?

① 경사로 밀림 방지 기능   ② 엔진 시동 기능

③ 동력보조 기능   ④ H-모드 드라이브 기능

31 다음은 어떤 입체도형을 세 방향에서 바라본 투상도를 나타낸 것이다. 어떤 입체도형의 투상도인가?

32 다음 중 발음이 옳지 않은 것은?

① 깃발[긷빨]

② 밟다[밥따]

③ 맑지[말찌]

④ 나뭇잎[나문닙]

33 다음 중 전기자동차의 특징으로 옳지 않은 것은?

① 배터리에 100% 의존하기 때문에 배터리 용량에 따라 주행거리가 제한된다.

② 전기 모터를 사용하여 구동력을 얻는다.

③ 단순한 변속기를 이용하여 토크를 증대시킨다.

④ 외부 전력을 이용하여 배터리를 충전한다.

34 제시된 단어의 관계와 동일한 것은?

언어 : 한국어

① 출판사 : 책

② 연극 : 배우

③ 유럽 : 프랑스

④ 수학 : 영어

35 다음 블록에서 밑면을 제외하고 페인트를 칠할 때, 칠해지는 면의 수는? (단, 보이지 않는 곳에는 블록이 없다.)

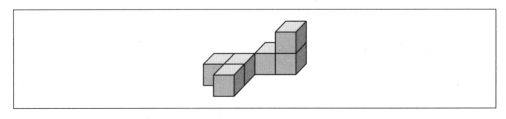

① 22개

② 23개

③ 24개

④ 25개

36 다음 대화에서 B의 말이 의미하는 것은?

> A : This food is really terrible.
> B : You're telling me.

① Really?

② That's what I want to say.

③ How dare you tell me that?

④ Why are you telling me that?

37 다음 그림 (가)~(다)와 같이 도르래를 연결하고 무게가 같은 추가 1m씩 올라오도록 줄을 잡아당겼다. 이때 작용한 힘의 크기와 한 일의 양을 바르게 비교한 것은? (단, 도르래와 줄의 무게 및 마찰은 무시한다.)

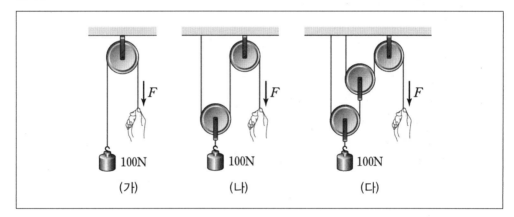

	힘의 크기	한 일의 양
①	(가)>(나)>(다)	(가)>(나)>(다)
②	(가)>(나)>(다)	(가)=(나)=(다)
③	(가)<(나)<(다)	(가)<(나)<(다)
④	(가)<(나)<(다)	(가)=(나)=(다)

38 둘레의 길이가 300m인 호수가 있다. 현진은 뛰고 창빈은 걸어서 이 호수 주위를 돌고 있다. 두 사람이 같은 지점에서 동시에 출발하여 같은 방향으로 호수를 돌면 100초 뒤에 처음으로 다시 만나고, 서로 반대 방향으로 돌면 60초 뒤에 처음으로 다시 만난다. 이때 현진이 1초에 몇 m를 가는지 구하면?

① 4m

② 5m

③ 6m

④ 7m

39 ○○사는 원가가 40,000원인 브레이크에 이윤을 붙여서 정가를 매기려고 한다. 정가의 40%를 할인해서 이 브레이크를 판매하여도 원가의 14% 이상의 이익이 생기도록 하려면, 원가에 몇 % 이상의 이윤을 붙여서 정가를 매겨야 하는가?

① 90%   ② 92.5%

③ 95%   ④ 97.5%

40 다음 대화의 밑줄 친 부분에 들어가기에 가장 적절한 말은?

A: We'd better hurry. Do you think we will be in time for class?
B: _____
A: Why don't you run?
B: Go ahead, but I think it's hopeless.

① Don't worry. We'll get there soon.

② Yes, there's enough time.

③ Sure. We have a lot of time.

④ No, I'm afraid not. It's too late.

제4회 현대자동차 실전모의고사

• 총 40문항 / 제한시간 30분

» 정답 · 해설 294p

01 다음 밑줄 친 단어와 같은 의미로 사용된 것은?

> 그를 본 순간 그녀의 발걸음이 더 나아가지 못하고 땅에 <u>붙고</u> 말았다.

① 그 선수는 일단 지역 예선에 <u>붙었다</u>.
② 종이가 물에 젖어서인지 불이 <u>붙지</u> 않는다.
③ 힘센 장정이 여럿 <u>붙었는데도</u> 트럭은 꿈쩍하지를 않았다.
④ 불법 주차를 하였다고 자동차에 범칙금 스티커가 <u>붙었다</u>.

02 원형 테이블에 A, B, C, D, E, F 여섯 명이 앉아 있다. A의 맞은편에 C가 앉아 있고, C의 왼쪽으로 한 사람 건너 F가 앉아 있다. 또한 C의 오른쪽으로 한 사람 건너 D가 앉아 있고 D의 맞은편에 E가 앉아 있다. A의 왼쪽으로 한 사람 건너 앉아 있는 사람은?

① B
② D
③ E
④ F

03 제시된 도형과 같은 도형을 고르면?

04 다음 단어와 동일한 의미를 가진 어휘를 고르면?

precise

① exact
③ predict

② concept
④ formal

05 다음 중 클러치가 미끄러지는 원인에 대한 설명으로 옳지 않은 것은?

① 클러치 디스크의 오일 부착
② 클러치 자유 간극의 과소
③ 클러치 디스크의 페이드 현상에 의한 마찰계수 감소
④ 클러치 압력 스프링의 장력 강화

06 다음 중 기어에 대한 설명으로 옳지 않은 것은?

① 이뿌리원은 이끝을 지나는 점선을 연결한 원이다.
② 백래시는 한쌍의 기어에서 기어 이와 기어 이 사이의 거리이다.
③ 이폭은 축단면의 이의 길이이다.
④ 피치원은 피치면에서 축에 수직한 단상의 원이다.

07 경진이가 450m를 걷는 동안 은비는 150m를 걷는다. 경진이와 은비가 1200m 떨어진 지점에서 서로 마주 보고 걷다가 10분 만에 만났을 때, 경진이가 1분 동안 걸은 거리는?

① 90m
③ 60m

② 75m
④ 45m

08 종이를 화살표 순서대로 접은 후 구멍을 뚫고 다시 펼쳤을 때의 그림으로 알맞은 것은?

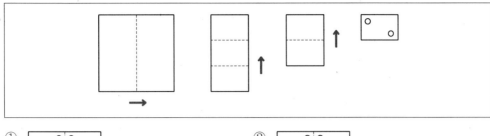

① ② ③ ④

09 다음 대화의 밑줄 친 부분에 들어가기에 가장 적절한 말은?

> A : I'd like to change 1,000 American dollars, please.
> B : Would you _____ in this form, please, madam? We need your address and your passport number.

① put ② send
③ fill ④ take

10 다음 숫자의 나열에서 공통된 규칙을 찾아 빈칸에 알맞은 것을 고르면?

	4	7	11	16	22	29	( )

① 35 ② 36
③ 37 ④ 38

11 다음 밑줄 친 부분에 들어갈 문장으로 가장 적절한 것은?

> 사과 수확량이 감소하면, 사과 가격이 상승한다.
> 사과 소비량이 감소하면, 사과 수확량이 감소한다.
> 사과 수확량이 감소하지 않으면, 사과주스 가격이 상승하지 않는다.
> 그러므로, _____

① 사과 수확량이 감소하지 않으면, 사과 소비량이 감소한다.
② 사과 가격이 상승하지 않으면, 사과주스 가격이 상승한다.
③ 사과주스 가격이 상승하면, 사과 가격이 상승한다.
④ 사과 소비량이 감소하지 않으면, 사과주스 가격이 상승하지 않는다.

12 다음 숫자의 나열에서 공통된 규칙을 찾아 빈칸에 알맞은 것을 고르면?

2	5	6	10	15	24	38	61	98	( )

① 127   ② 158
③ 174   ④ 192

13 E기어가 시계 방향으로 회전할 때 B기어의 회전 방향은 어느 쪽인가?

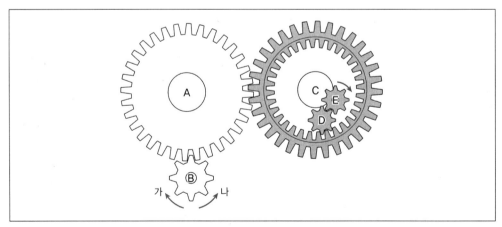

① 가   ② 나
③ 기어가 고정된다.   ④ 알 수 없다.

14 국립공원의 학생 입장료가 800원이다. 그런데 30명 이상일 경우는 단체로 하여 입장료를 15% 할인해 준다고 한다. 학생이 몇 명 이상일 때부터 단체로 하여 표를 사는 것이 유리한가?

① 18명　　　　　　　　　　　　　② 23명

③ 26명　　　　　　　　　　　　　④ 28명

15 다음 그림에서 찾아볼 수 없는 조각은?

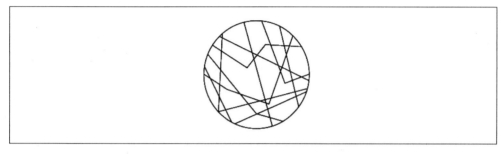

① 　　　　　②

③ 　　　　　④

16 다음 중 게시문이 잘못된 것은?

① 재차 통행금지 : Closed to all vehicles

② 출입금지 : Off Limits

③ 잔디밭에 들어가지 마시오 : Keep to the grass

④ 입장 무료 : Admission free

17 다음 중 자동변속기에 사용되는 센서의 종류와 역할이 바르게 연결된 것은?

① 수온 센서 – 오일의 온도를 측정하여 제어와 댐퍼클러치 작동 시기를 결정한다.

② 유온 센서 – 유온 50℃ 이하에서 댐퍼클러치 작동이 되지 않도록 한다.

③ 스로틀 위치 센서 – 엔진의 부하상태를 점검하는 센서

④ 킥다운 서보 스위치 – P, N단에서만 시동을 걸리게 하며, 각 변속단의 위치를 TCU에 입력시킨다.

18 다음 문장들을 순서대로 가장 적절하게 배열한 것은?

⊙ 그러나 인간은 아직 태양 에너지를 제대로 이용하지 못하고 있다.

⊙ 광합성이 지닌 효율성만 배울 수 있다면 우리도 무한에 가까운 태양 에너지를 이용하여 깨끗하고 풍부한 에너지를 얻을 수 있을 것이기 때문이다.

⊙ 요즘 과학자들은 에너지 문제를 해결하기 위하여 태양 에너지에 주목하고 있다.

⊙ 따라서 깨끗한 에너지를 충분히 얻기 위해서는 광합성에 대한 보다 치밀한 연구가 활성화되어야 할 것이다.

⊙ 물론 여기에서 말하는 에너지는 전기나 연료와 같은, 생활에서 필요로 하는 에너지를 말한다.

⊙ 무한정한 태양 에너지를 이용하는 데 있어 인간의 과학은 식물의 광합성에 비해 그 효율성이 매우 떨어지는 것이다.

① ㉢ – ㉺ – ㉠ – ㉣ – ㉣ – ㉡
② ㉢ – ㉡ – ㉣ – ㉣ – ㉠ – ㉺
③ ㉡ – ㉠ – ㉺ – ㉢ – ㉣ – ㉣
④ ㉡ – ㉢ – ㉣ – ㉺ – ㉣ – ㉠

19 다음 도형 안 숫자의 나열에서 공통된 규칙을 찾아 ?에 알맞은 것을 고르면?

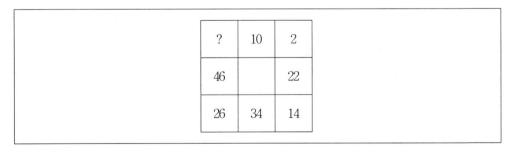

?	10	2
46		22
26	34	14

① 33 ② 38

③ 42 ④ 44

20 현식이는 지난 6월 1일부터 6월 30일까지 30일 동안 매일 우유 한 개씩을 배달시켜 마신 후 12,600원을 지불하였다. 그런데 우유 한 개의 가격이 6월 초에는 400원이었는데 중간에 430원으로 올랐다고 한다. 우유 값이 오른 것은 며칠부터인가?

① 6월 9일   ② 6월 10일
③ 6월 11일   ④ 6월 12일

21 다음 글에서 추론할 수 있는 것은?

> 부시먼은 아프리카의 사막에 사는 종족이다. 사막이라는 환경에서 사냥은 대단히 힘든 일이다. 사막에는 활을 만들 만한 크기의 단단하면서도 탄력 있는 나무가 별로 없기 때문에 그들은 작은 활과 화살을 만들어 사냥을 한다. 그들은 이 화살 끝에다 강력한 독약을 바르기 때문에 영양과 같은 큰 짐승도 화살을 맞으면 하루나 한나절 정도 괴로워하다가 죽는다. 짐승이 화살에 맞아 고통스럽게 죽어 가는 동안 사냥꾼은 몸가짐을 조심한다. 그 짐승의 죽음은 자기네들로 인한 것이고 또 그 짐승의 고기가 자기네들의 음식이 될 것이기 때문이다. 부시먼에게 사냥은 단순한 살육이 아니라 의례 행위다. 이 행위는 목숨을 잃은 동물에게 먹을 것을 준 것에 대해 감사하는 의례이며, 그 동물이 아니었으면 굶을 수밖에 없었음을 인정하는 의례다. 부시먼에게 사냥은 개인적인 충동으로 인한 살육이 아니라 자연의 법칙에 순응하는 행위라는 뜻을 담고 있다. 그들은 사냥을 하나의 의례라 여김으로써 공포나 죄의식을 느끼지 않을 수 있다.

① 인간은 주어진 상황에 맞게 자신의 행위를 합리화한다.
② 문명화된 사회에서는 살육이 일어나지 않는다.
③ 문명이 발달하지 않은 사회가 훨씬 더 인도적이다.
④ 인간이 생존하기 위해 동물을 살육하는 것은 필수적이다.

22 배열되어 있는 도형의 일정한 규칙을 찾아 ?에 들어갈 알맞은 도형을 고르면?

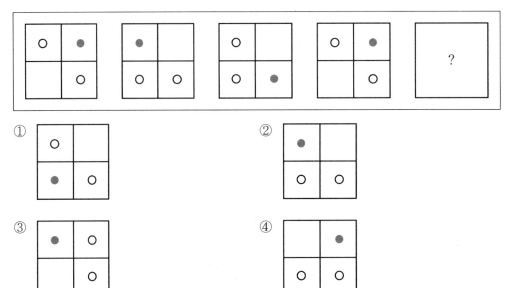

23 바닥에 놓여 있는 무게 10N인 물체를 여러 가지 도구를 사용하여 들어 올렸다. 이때 일을 가장 적게 한 경우는 어떤 것인가? (단, 도르래의 무게와 모든 마찰은 무시한다.)

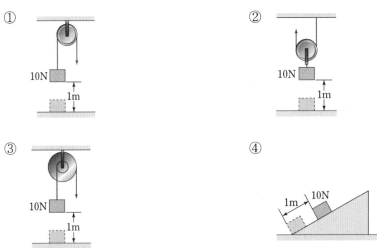

24 어떤 일을 혼자서 하면 A가 x일, B가 y일이 걸리며, 두 사람이 함께 일을 하면 하루에 전체 일의 $\dfrac{3}{20}$을 할 수 있다고 한다. 그 일을 A, B 두 사람이 5일을 함께 하다가 나머지를 A가 혼자서 3일간 하여 완성하였다. 이때, $x+y$의 값을 구하면?

① 12
② 27
③ 36
④ 40

25 다음 통화 내용으로 미루어보아, 식사를 하게 될 인원은 몇 명인가?

W: Blue Dragons. May I help you?
M: I'm calling to make a dinner reservation for tonight. What time do you close today?
W: We close at 10 p.m. What time do you want to have a reservation?
M: At 7:00.
W: How many people are in your party?
M: There'll be six including two children.
W: Under what name do you want the reservation?
M: Kim Min-su.
W: Thank you for calling. We'll see you tonight.

① 2명
② 4명
③ 6명
④ 8명

26 제시된 단어의 관계와 동일하지 않은 것은?

영접 : 찰나

① 작금 : 요즈음
② 치욕 : 영예
③ 촉진 : 억제
④ 반항 : 복종

27 다음의 도형들은 일정한 규칙을 가지고 있다. '?'에 들어가기에 알맞은 도형은?

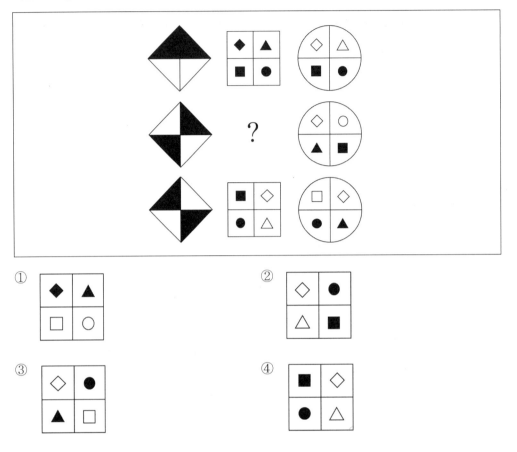

28 다음 중 공기식 현가장치의 특징으로 옳은 것은?

① 저주파진동을 흡수할 수 있어 큰 진동을 흡수하는 효과가 있다.

② 공기스프링을 이용해 공기를 압축하여 탱크로 보낸다.

③ 서지 밸브를 이용해 하중에 의한 차량 높이가 변화되면 압축된 공기를 스프링에 공급한다.

④ 하중이 변화하여도 차체의 높이를 일정하게 유지할 수 있다.

29 다음과 같이 도구를 이용하여 일을 할 때, 도구를 사용하지 않고 사람이 직접 일을 하는 것보다 힘이 더 많이 필요한 경우는?

①

②

③

④

30 10개의 물건 중에서 2개의 불량품이 들어 있는 어느 상품을 A, B, C 세 사람이 차례로 한 개씩 뜯어 볼 때, 세 사람 중에서 한 사람만 불량품을 뜯어 볼 확률은?

① $\dfrac{7}{15}$

② $\dfrac{7}{45}$

③ $\dfrac{8}{45}$

④ $\dfrac{14}{125}$

31 제시된 도형 중 나머지와 다른 하나를 고르면?

①

②

③

④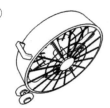

32 제시된 입체도형의 전개도를 알맞은 것은?

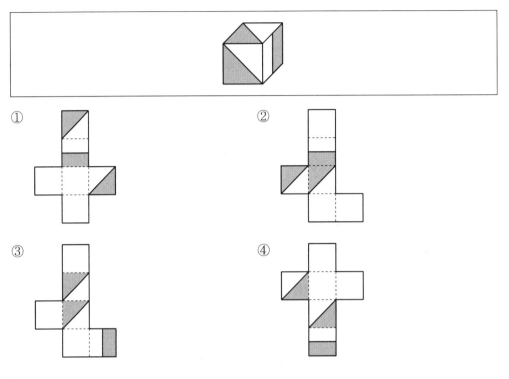

33 다음 그림과 같이 질량 20kg인 추를 낙하시켰더니 밑에 있던 말뚝이 20cm 박혔다. 이때 추의 처음 높이와 낙하 후의 높이 차이가 5m라면 말뚝과 지면 사이의 마찰력은?

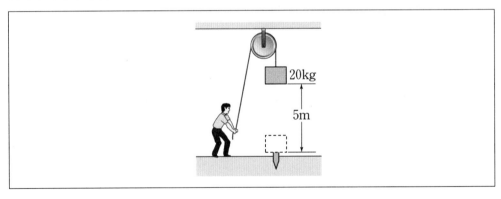

① 1960N

② 2490N

③ 3290N

④ 4900N

34 회장, 부회장을 포함한 학생회 임원 5명이 원탁에 앉아서 회의를 하려고 한다. 이때 회장, 부회장이 항상 이웃하도록 원탁에 앉는 경우의 수를 구하면?

① 9가지
② 10가지
③ 11가지
④ 12가지

35 다음 중 발음이 옳지 않은 것은?

① 깻잎[깬닙]
② 색연필[생년필]
③ 넓지[넙찌]
④ 신바람[신빠람]

36 다음 어휘들을 문장이 되도록 바르게 배열한 것은?

| ⓐ I | ⓑ a mind | ⓒ the project | ⓓ half |
| ⓔ give up | ⓕ to | ⓖ have | |

① ⓐ − ⓔ − ⓓ − ⓒ − ⓕ − ⓖ − ⓑ
② ⓐ − ⓔ − ⓕ − ⓖ − ⓑ − ⓒ − ⓓ
③ ⓐ − ⓖ − ⓓ − ⓑ − ⓕ − ⓔ − ⓒ
④ ⓐ − ⓖ − ⓕ − ⓑ − ⓒ − ⓓ − ⓔ

37 다음 중 종감속장치에 해당하지 않는 것은?

① 래크와 피니언기어
② 스퍼기어
③ 하이포이드 기어
④ 웜과 웜 기어

38 다음 중 맞춤법에 맞지 않는 문장은?

① 첫 출근이라 일찌기 집을 나섰다.
② 고갯길을 따라 걸어 내려가면 돼.
③ 너 정말 부끄럼쟁이구나!
④ 만두를 빚는 솜씨가 보통이 아니네.

39 다음 두 입체도형을 결합했을 때 나올 수 없는 형태는?

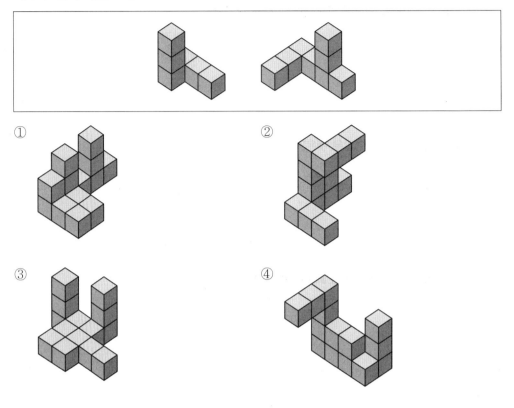

40 다음은 자동차변속기와 관련된 용어이다. 이 중 영어 표기가 잘못된 것은?

① 킥다운 - kick down
② 인히비터 스위치 - inhibiter switch
③ 토크 컨버터 - toke converter
④ 오버드라이브 - over drive

01 다음 주어진 그림은 휠 얼라인먼트에 영향을 주는 각도의 종류 중 하나이다. 이때 해당 종류의 명칭으로 옳은 것은?

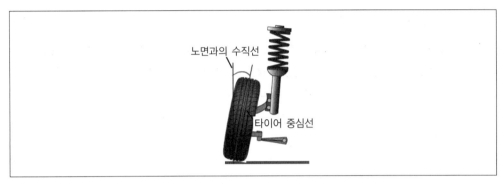

① 캐스터   ② 캠버

③ 토우   ④ 킹핀경사각

02 A기어가 시계방향으로 회전할 때 F기어의 회전 방향은?

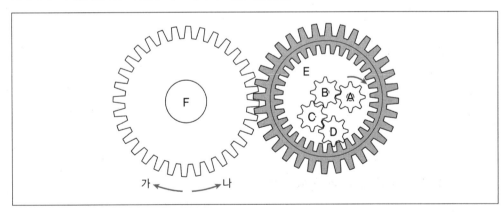

① 가
② 나
③ 기어가 고정된다.
④ 알 수 없다.

03 삼국시대 한강 유역을 중심으로 한 쟁패에서 이 지역에 진출한 순서를 올바르게 나열한 것은?

① 마한 − 백제 − 신라 − 고구려

② 마한 − 백제 − 고구려 − 신라

③ 마한 − 고구려 − 백제 − 신라

④ 마한 − 신라 − 고구려 − 백제

04 기아는 비영리 단체와의 파트너십을 통해 기술을 활용한 해양 플라스틱 쓰레기 수거활동을 지원하며, 수거된 플라스틱을 기아 완성차 생산에 활용하는 자원순환 체계를 구축하려고 한다. 이때 기아가 파트너십을 맺고 있는 단체의 명칭으로 옳은 것은?

① The Climate Group

② LACMA

③ The Ocean Cleanup

④ KOICA

05 제시된 말에 대한 답변이 나머지 셋과 다른 것은?

Would you mind if I close the door?

① Of course not!

② Yes, I would.

③ No, not at all.

④ I don't mind.

06 다음 기아의 차종 중 RV에 속하는 것은?

① 모닝

② 셀토스

③ K3

④ K5

07 다음 대화 중 자연스럽지 못한 것은?

① A : Would you like to play tennis this afternoon?

　 B : I'd love to, but I can't.

② A : How would you like your coffee?

　 B : Yes, please.

③ A : Would you please tell me the way to the station?

　 B : I'm sorry. I'm a stranger here myself.

④ A : When did you go to Jejudo?

　 B : I went there last vacation.

08 다음 그림처럼 무게가 w인 추를 복합 도르래로 당길 때, 들어가는 힘은 얼마인가?

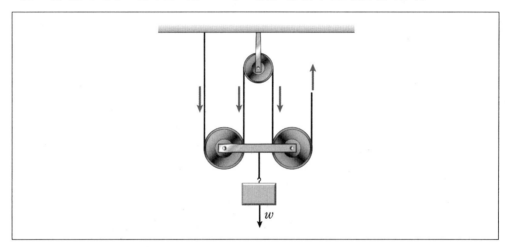

①　$\dfrac{1}{2}w$　　　　　　　　　② $\dfrac{1}{3}w$

③　$\dfrac{1}{4}w$　　　　　　　　　④ $\dfrac{1}{5}w$

09 고려시대의 구빈제도에 대해 잘못 설명한 것은?

① 태조는 빈민 구제를 위해 흑창(黑倉)을 설치하고 춘대추납(春貸秋納) 형식으로 운영하였다.

② 성종은 물가 조절을 위해 상평창(常平倉)을 설치하였다.

③ 문종은 대비원(大悲院)을 설치하여 빈민환자 치료, 의료 및 생활보호를 지원하였다.

④ 예종은 의창(義倉)을 설치하고 진대법을 실시하여 귀족의 고리대금업으로 인한 폐단을 막고, 양민의 노비화를 막았다.

10 다음 중 제동장치에 대한 설명으로 옳지 않은 것은?

① 제동장치는 마스터 실린더, 휠실린더, 캘리퍼 등으로 구성된다.

② 작동장치의 원격제어가 가능하고, 모든 바퀴에 같은 압력을 균일하게 전달한다.

③ 밀폐된 용기 내에 힘을 가하면 모든 면에서 같은 압력이 작용되는 파스칼의 원리를 이용한다.

④ 유압계통의 파손 시 제동력이 상실되며 유압라인 내에 공기가 빠지거나 베이퍼록 현상이 발생하기 쉽다.

11 다음 중 축전지의 연결법에 대한 설명으로 옳지 않은 것은?

① 직렬연결은 축전지 전체 용량은 변함이 없고, 전압이 2배 증가한다.

② 축전지를 차체에서 탈거 시 (+) 절연 케이블을 먼저 탈거하고, (−) 접지 케이블을 나중에 탈거한다.

③ 병렬연결은 전압은 변함이 없고 용량이 2배가 되어 사용시간이 증가한다.

④ 축전지를 차체에 연결 시 (+) 절연 케이블을 먼저 연결하고, (−) 접지 케이블을 나중에 연결한다.

12 다음 그림과 같이 복합도르래를 사용할 때 추를 움직이지 않게 하기 위한 A는 얼마인가?

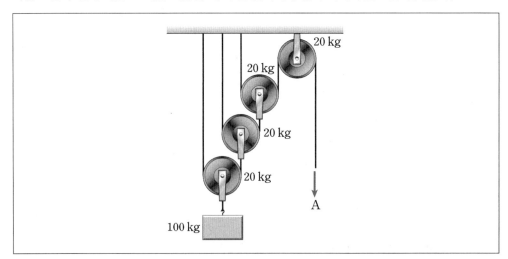

① 40kg

② 35kg

③ 30kg

④ 25kg

13 다음 중 기아의 자율주행 기술에 대한 설명으로 옳지 않은 것은?

① 현대자동차그룹, 미국의 모셔널(Motional)과 개발 협력을 진행하고 있다.

② 2022년 11월 카카오모빌리티와 함께 서울 강남 지역에서 자율운행 카헤일링 시범서비스를 운영한 바 있다.

③ 2024년 2세대 로보택시를 공개하고 미국 주요 도시에서 사업을 런칭할 예정이다.

④ 2026년부터는 출시하는 모든 신차에 자율주행 기술을 적용할 예정이다.

14 다음은 자동차 종류와 관련된 단어이다. 이 중 영어 표기가 잘못된 것은?

① 밴 – ban   ② 리무진 – limousine

③ 보닛 트럭 – bonnet truck   ④ 트레일러 – trailer

15 다음은 우리나라 현대사에 나타났던 정치적 사실들이다. 이로 인해 발생한 사건은?

> • 대통령 직선제를 골자로 하는 발췌 개헌안의 통과
> • 현직 대통령의 중심 제한을 철폐하는 사사오입 개헌안의 통과
> • 국민 전체의 이익보다는 일당의 집권 욕망을 채우기 위해 민주주의 기본 원칙 무시

① 10월 유신   ② 4·19 혁명

③ 10·26 사태   ④ 5·16 군사정변

16 어느 한쪽이 양보하지 않을 경우 양쪽 모두 파국으로 치닫게 된다는 이론은?

① 깨진 유리창이론(broken windows theory)

② 치킨게임(chicken game)

③ 죄수의 딜레마(prisoner's dilemma)

④ 공유지의 비극(tragedy of commons)

17 다음 중 EV6에 대한 설명으로 옳은 것은?

① 전기차 전용 플랫폼 e-GMP로 설계했으며, 99.8kWh의 대용량 배터리를 탑재했다.
② 차량 내부에서 원격으로 주차 및 출차가 가능하다.
③ 18분만에 10%에서 80%까지 초고속 충전이 가능하다.
④ 폐기물 업사이클링 소재를 적용하였다.

18 다음 중 영어 표기가 잘못된 것은?

① 체크 밸브 – check valve
② 릴리프 밸브 – relif valve
③ 센서 – sensor
④ 노킹 – knocking

19 다음 중 키르히호프 법칙에 대한 설명으로 옳지 않은 것은?

① 키르히호프의 1법칙은 전류의 법칙이다.
② 키르히호프의 2법칙은 전압의 법칙이다.
③ 키르히호프의 2법칙은 임의의 폐회로에서 기전력의 총합과 전하에 의한 전압 강하된 전압의 총합이 같다는 법칙이다.
④ 키르히호프 1법칙은 회로 내의 어떤 두 점을 통해 들어오는 전류와 나가는 전류의 총합이 같다는 법칙이다.

20 다음 그림과 같이 4개의 기어로 1200rpm을 100rpm으로 감속하려 한다. 이 감속기의 잇수가 $Z_1=20$, $Z_2=80$, $Z_3=20$일 경우에 Z_4의 잇수는 몇 개인가?

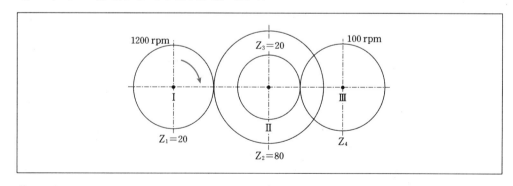

① 20개
② 40개
③ 60개
④ 80개

21 다음 다음 빈칸에 들어갈 단어로 적절한 것은?

> Finding a stranger on our doorstep, but the _____ expression on his face told me not to worry.

① benign   ② arrogant
③ lucrative   ④ mandatory

22 다음 그림과 같은 지레를 이용하여 무게가 600N인 바위를 들어 올리려고 한다. 지레를 아래로 누르는 힘이 120N일 때, a 의 길이는 몇 cm인가?

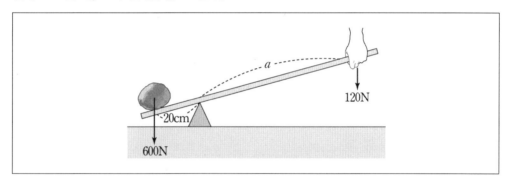

① 50cm   ② 100cm
③ 150cm   ④ 200cm

23 다음 중 통화량을 증가시키기 위한 금융정책은?
① 공개시장에서의 매입정책
② 공개시장에서의 매각정책
③ 지불준비율 인상
④ 재할인율 인상

24 다음 중 공기식 브레이크의 장점으로 옳지 않은 것은?

① 구조가 단순하고 가격이 싸다.

② 차량중량의 제한을 받지 않는다.

③ 베이퍼록 발생 염려가 없다.

④ 페달을 밟는 양에 따라 제동력이 조절된다.

25 다음 중 그린라이트 프로젝트에 대한 설명으로 옳지 않은 것은?

① 저개발국가 지역사회의 자립을 지원하는 기아의 글로벌 대표 사회공헌 활동이다.

② 전동·수동 휠체어 수납은 물론 장애 정도에 따라 직접 운전을 할 수 있는 카니발 이지무브 차량 15대와 레이 1대를 효율적으로 운영하고 있다.

③ 개인과 사회의 지속가능한 성장과 자립을 위해 거점형 인프라 구축, 이동형 인프라 지원, 자립지원 프로그램 운영의 세 가지 영역을 지원하고 있다.

④ 아프리카 8개국, 아시아 1개국 등 총 12개 거점에서 프로젝트를 진행하고 있다.

26 다음 중 스노타이어에 대한 설명으로 옳은 것은?

① 홈 깊이가 일반타이어보다 30~50% 더 깊어 견인력이 매우 우수하다.

② 일반 타이어와 달리 급제동과 급출발을 해도 괜찮다.

③ 접지면적이 일반타이어보다 10~20% 정도 넓다.

④ 70% 이상 마모 시 타이어 기능이 저하되므로 체인과 병행해야 한다.

27 특정 정당에 유리하도록 선거구를 획정하는 것을 가리키는 말은?

① 선거구 법정주의   ② 스케이프고트

③ 로그롤링   ④ 게리맨더링

28 다음 기어 배열에서 회전 방향이 다른 기어는?

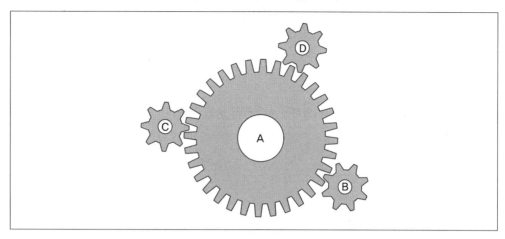

① A   ② B
③ C   ④ D

29 다음 중 밑줄 친 부분과 그 뜻이 가장 가까운 것은?

> You should <u>keep your head</u> in such a turmoil situation.

① get excited   ② become calm
③ inspect   ④ admit

30 다음 중 영어 표기가 잘못된 것은?

① 미터 − meter   ② 암페어 − ampere
③ 칸델라 − candella   ④ 켈빈 − kelvin

제6회 기아 실전모의고사

• 총 30문항 / 제한시간 25분

» 정답 · 해설 303p

01 다음 중 조선 연산군 시기에 발생한 사화끼리 묶은 것은?

① 갑자사화, 기묘사화

② 무오사화, 갑자사화

③ 기묘사화, 을사사화

④ 무오사화, 을사사화

02 다음 중 기아의 스마트 안전 기술에 대한 설명으로 옳은 것은?

① 스팟은 고온, 혹한 등 극한의 환경이나 자연재해 지역, 방사능 오염 지역 등 접근하기 힘든 위험한 곳에서 인간 대신 임무를 수행한다.

② 아틀라스는 근로자들의 근골격계 질환을 줄여주고 작업 효율성을 높여주는 로봇이다.

③ 벡스는 전 세계에서 인간 신체와 가장 유사한 모습을 갖춘 로봇이다.

④ 아틀라스는 최대 2.5kg의 짐을 들 수 있어 인간을 대신해 다양한 역할을 한다.

03 기동 전동기의 고장진단법으로 옳은 것은?

① 기동 전동기 전기자가 회전하면서 피니언이 링기어에 물리지 않는 경우 정류자와 브러시의 마모 및 접촉 불량을 확인한다.

② 기동 전동기의 회전이 느린 경우 오버런닝 클러치의 불량을 확인한다.

③ 기동 전동기가 회전하지 못하는 경우 솔레노이드 스위치의 불량을 확인한다.

④ 기동 전동기의 회전이 느린 경우 브러시와 정류자의 과대한 접촉 불량을 확인한다.

04 다음 그림의 핀의 명칭으로 옳은 것은?

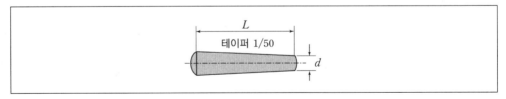

① 분할핀

② 슬롯테이퍼핀

③ 테이퍼핀

④ 스프링핀

05 다음 중 빈칸에 들어갈 말로 옳은 것은?

> Carry on the experiment without _____ to cost.
> = Carry on the experiment no matter how mush it may cost.

① consideration   ② estimation

③ respect   ④ regard

06 다음 중 LPG의 특성에 대한 설명으로 옳은 것은?

① LPG의 주성분은 부탄이며 여름철에는 기화성을 높이기 위해 프로판을 혼합한다.

② 기체의 비중은 공기보다 1.5~2.0배 무겁다.

③ LPG는 기화 시 공기와 환원작용하여 타르가 발생한다.

④ 공기보다 비중이 낮으며, 독한 냄새가 특징이다.

07 다음 그림과 같은 도구를 사용하여 무게가 20N인 물체를 1m 들어올렸다. 이에 대한 설명으로 옳은 것은? (단, 도르래와 줄의 무게 및 마찰은 무시한다.)

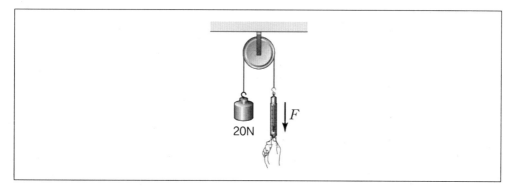

① 힘의 이득이 있다.

② 움직 도르래를 사용하였다.

③ 사람이 한 일의 양은 40J이다.

④ 도르래가 물체에 한 일의 양은 20J이다.

08　다음 대화에서 빈칸에 들어갈 단어로 가장 적절한 것은?

> A: Can you _____ with this desk? I want to move it.
> B: Sure. Where are you going yo put it?

① put up　　　　　　　　　　② give a ring
③ give a ride　　　　　　　　④ give me a hand

09　자금 세탁을 방지하기 위해 가상자산사업자에게 100만 원 이상의 가상자산 이전 시 송수신인의 정보를 의무적으로 제공 · 보관하도록 한 제도는 무엇인가?

① 업틱 룰　　　　　　　　　② 마이데이터
③ 트래블 룰　　　　　　　　④ 그린워싱

10　기아의 폐제품 재활용 생태계 구축과 관련된 내용으로 옳지 않은 것은?

① EV 폐차 업체를 대상으로 재활용률을 높이기 위한 차량해체 매뉴얼을 제공하고 있다.
② 2024년까지 80%의 폐차재활용률 달성이 목표이다.
③ 폐배터리 재사용 스타트업인 앙코르와 폐배터리 납품계약을 체결, 쏘울 EV의 배터리를 공급하기로 하였다.
④ 폐배터리는 테스트를 거쳐 재활용 또는 에너지 저장장치 부품으로 사용된다.

11　다음 중 기아 모델에 적용될 10가지 필수 소재 기준에 속하지 않는 것은?

① Bio PU　　　　　　　　　② Recycled PET fabric net carpet
③ Recycled PET fabric　　　④ BTX free paint

12 다음 중 냉방장치 CCOT 방식에 대한 설명으로 옳지 않은 것은?

① 응축기는 냉매를 고온 고압의 기체로 압축하여 컨덴서로 보낸다.

② 증발기는 팽창밸브를 통하여 증발하기 쉬운 액체 냉매가 증발기를 통과하면서 더운 공기에 의해 액체 냉매가 기화되면서 주변 공기의 온도를 저하시킨다.

③ 어큐뮬레이터는 증발기 내의 증발되지 못한 액체 상태의 냉매를 증기화하여 압축기로 보낸다.

④ 송풍기는 증발기 주변의 차가운 공기를 차 실내로 보내는 역할을 한다.

13 다음 중 내란 및 전쟁이 발생한 순서대로 바르게 나열한 것은?

① 만적의 난 – 계유정난 – 삼별초의 난 – 정묘호란 – 신미양요

② 삼별초의 난 – 만적의 난 – 정묘호란 – 계유정난 – 신미양요

③ 만적의 난 – 삼별초의 난 – 계유정난 – 정묘호란 – 신미양요

④ 삼별초의 난 – 만적의 난 – 계유정난 – 정묘호란 – 신미양요

14 다음 그림과 같은 지레를 사용하여 무게가 100N인 추를 25N의 힘으로 들어 올리려고 한다. 이때 받침점은 어디에 놓아야 하는가? (단, O~E의 각 지점 사이의 거리는 같다.)

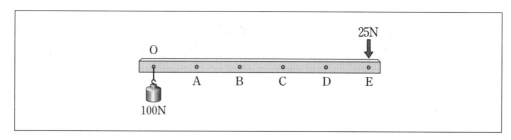

① A

② B

③ C

④ D

15 다음 중 영어 표기가 잘못된 것은?

① 에어백 – air bag

② 압축기 – compressor

③ 응축기 – condenser

④ 증발기 – evaporator

16 영화의 전개와는 무관하지만 관객들의 시선을 집중시켜 의문이나 혼란을 유발하는 극적 장치는?

① 맥거핀   ② 미장센
③ 몽타주   ④ 나라타주

17 다음 중 전자제어 가솔린 연료분사장치의 특성에 대한 설명으로 옳지 않은 것은?

① 연비 감소   ② 엔진의 응답성 향상
③ 출력 향상   ④ 배기가스 저감

18 다음 글의 밑줄 친 부분과 뜻이 가장 가까운 것은?

> The intricate computer requires a skilled operator.

① effective   ② afficient
③ simplified   ④ complicated

19 다음 그림과 같이 추를 높이 들어 올렸다가 떨어뜨리면 말뚝을 박게 된다. 이때 추의 높이를 2배 더 높이 올렸다가 놓는 경우에 다음 중 그 값이 2배가 되지 않는 것은?

① 사람이 추를 들어 올리는 일
② 추의 위치 에너지
③ 추가 말뚝을 박는 일
④ 말뚝에 작용하는 마찰력

20 다음 중 AutoLand 화성에 대한 설명으로 옳은 것은?

① 세계적 규모의 자동차 생산기지로 최신의 첨단설비와 자동화 시설을 갖추고 있다.

② 면적은 17만 평이다.

③ 생산 차종은 스포티지, 봉고트럭, 대형버스, 군용차 등이다.

④ 연간 생산능력은 31.3만 대이다.

21 다음 제시문에서 설명하는 것은?

> 빠른 변화로 인해 기존에 존재하던 것들의 경계가 모호하게 되는 현상을 말한다. 사물인터넷 (IoT), 핀테크, 인공지능(AI), 드론 등 혁신적인 기술이 등장하면서 확산되고 있다. 금융회사 대신 핀테크를 이용해 해외 송금을 하는 것, 온라인으로 신청해 오프라인으로 서비스를 받는 우버(Uber)나 에어비앤비(Airbnb) 등이 대표적인 예이다.

① 빅블러   ② 캐즘
③ 뉴노멀   ④ 티핑포인트

22 협력사와의 동반성장을 위해 기아가 추진하고 있는 전략의 내용이 아닌 것은?

① 중소협력사 스마트공장 구축 지원

② 원자재 가격 연동제 운영

③ 상생협력 5스타 제도 운영

④ 기아플렉스 제도 운영

23 다음 그림과 같이 무게가 각각 200N, 50N인 두 물체가 도르래에 연결되어 있다. 줄을 3m 당겼을 때 사람이 한 일에 대하여 옳게 설명한 것은? (단, 도르래와 줄의 무게 및 마찰은 무시한다.)

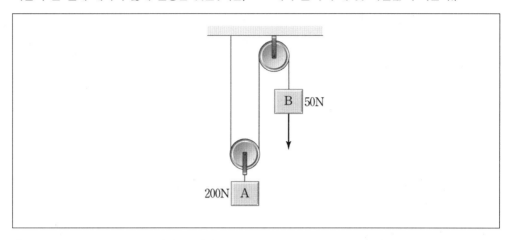

① A 위의 움직 도르래는 힘의 방향을 바꿀 수 있게 해 준다.

② 줄을 3m 당겼을 때 A도 3m 올라간다.

③ 도르래를 이용하면 일의 양을 줄일 수 있다.

④ B가 사람 쪽에 있으므로 힘은 50N만큼 줄어들어, 한 일은 150J이 된다.

24 다음 대화 중 자연스럽지 못한 것은?

① A : Can I help you?

　　B : I'm just looking.

② A : Please make yourself at home.

　　B : Yes, Please.

③ A : What type of room would you like?

　　B : Just the standard one. How much do you charge?

④ A : Would you like to go shopping this afternoon?

　　B : Well, I still have a lot of work to do.

25 다음 설명의 (가)~(다)에 알맞은 것끼리 바르게 짝지은 것은?

> 여러 상품의 (가)을/를 종합하여 평균적으로 나타낸 것을 (나)라고/이라고 한다. 비교적 높은 수준의 (나)가 지속적으로 오르는 현상을 (다)라고/이라고 한다.

	(가)	(나)	(다)
①	물가	인플레이션	가격
②	물가	가격	인플레이션
③	가격	물가	인플레이션
④	가격	인플레이션	물가

26 다음 중 자동차의 제원에 대한 설명으로 옳지 않은 것은?

① 전고는 자동차의 접지면으로부터 가장 높은 곳까지의 높이다.
② 뒤 오버행은 트럭의 리어 액슬의 중심선과 리어 끝단 사이의 거리이다.
③ 축간거리는 자동차의 좌·우의 바퀴가 접하는 수평면에서 바퀴의 중심선과 직각인 바퀴중심 간의 거리이다.
④ 전장은 자동차 앞의 돌출된 부분에서 자동차 뒤의 돌출된 부분까지의 거리이다.

27 다음 중 영어 표기가 잘못된 것은?

① 하이포이드 기어 – hipoid gear
② 웜 기어 – worm gear
③ 스퍼 기어 – spur gear
④ 헬리컬 기어 – helical gear

28 다음 중 윤활장치의 엔진 윤활방식에 대한 설명으로 옳은 것은?

① 비산압력식은 오일 펌프를 장착하고 압력을 형성하여 크랭크 축, 실리던 헤드, 캠축 등에 오일을 공급한다.
② 압력식은 단기통이나 4기통에 주로 사용되며 커넥팅 로드에 부착된 주걱으로 퍼올려 압력시킨다.
③ 비산식은 비산과 압력을 조합하여 크랭크 축 베어링 및 밸브는 압력식, 피스톤 핀 및 벽은 비산식으로 하는 것이다.
④ 혼기식은 2행정 사이클인 경우 연료와 윤활유를 혼합하여 연소실에 공급하는 방식이다.

29 다음 그림과 같은 기어열에서 각 기어의 잇수가 $Z_1=40$, $Z_2=20$, $Z_3=40$일 때 O_1기어를 시계 방향으로 1회전시켰다면 O_3기어는 어느 방향으로 몇 회전하는가?

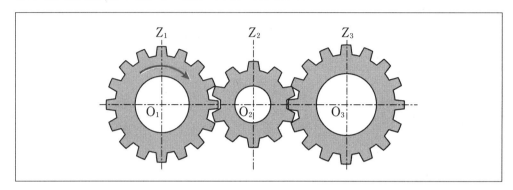

① 시계 방향으로 1회전
② 시계 방향으로 2회전
③ 시계 반대방향으로 1회전
④ 시계 반대방향으로 2회전

30 다음 대화의 빈칸에 들어갈 내용으로 옳은 것은?

> A: Oh, I'm not concerned about the interest. The only thing I'm interested in is convenience.
>
> B: Of course, sir. That should be the primary concern. Now, would you fill out this form, please?
>
> A: Sure. I think I will deposit $4000.
>
> B: _____
>
> A: Here's my driver's license.

① Is this your first time to visit here?
② Are you a tourist?
③ Do you have an account?
④ May I see an I.D.?

기아 실전모의고사

제**7**회

• 총 30문항 / 제한시간 25분

» 정답·해설 308p

01 다음이 설명하는 비석의 이름으로 맞는 것은?

> 최근 중국의 고구려사 왜곡의 정도가 날이 갈수록 심해지고 있는 실정이다. 고구려의 유적과 유물이 밀집되어 있는 집안시에는 고구려 유물의 유네스코 등재를 축하하는 플래카드가 곳곳에 걸려 있고 박물관 입구의 푯말에는 명시적으로 고구려가 자신의 식민 지배국이었다는 사실을 적고 있다. 중국 지린성 지안현 퉁거우에 위치하고 있는 고구려 제19대 왕의 업적을 적고 있는 비석으로 호태왕비라 불리기도 하는 이 비석은 과거 일본학자들에 의해 일본 고대국가 연구와 근대 일본의 한국 침략과 일본에 의한 식민지 지배를 역사적으로 정당화하는 구실이 되기도 하였다.

① 북한산 순수비　　　　　　　　② 중원고구려비

③ 광개토대왕릉비　　　　　　　　④ 신라 진흥왕척경비

02 다음 중 기아의 PBV에 대한 설명으로 옳은 것은?

① 2027년에 첫 전용 PBV인 Mid PBV를 출시할 예정이다.

② 사용자의 목적에 맞게 실내공간을 유연하게 변경할 수 있다.

③ Autoland 광명에 전용 공장을 구축하고 있다.

④ 전문가 참여형 개발 프로세스를 구축한다.

03 다음 하브리드 주행 모드 중 소프트 타입 주행 모드로 옳은 것은?

① 출발(모터)-주행(모터)-가속등판(모터+엔진)-감속(회생제동)-정지(엔진 자동정지)

② 출발(모터)-주행(엔진)-가속등판(엔진+모터)-감속(회생제동)-정지(엔진 자동정지)

③ 출발(엔진+모터)-주행(모터)-가속등판(모터+엔진)-감속(회생제동)-정지(엔지 자동정지)

④ 출발(엔진+모터)-주행(엔진)-가속등판(엔진+모터)-감속(회생제동)-정지(엔진 자동정지)

04 다음 질문에 부정적으로 대답한 것을 고르면?

> Would you lend me some money?

① All right.
② It's a tall order.
③ O.K. I'll give it some thought.
④ I will make an effort for you.

05 A기어의 회전 방향은 어는 쪽인가?

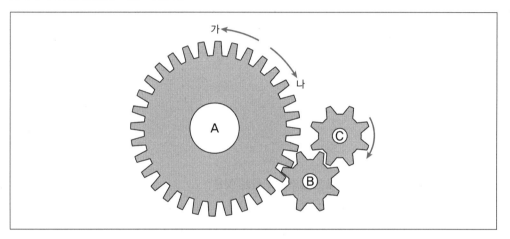

① 가
② 나
③ 기어가 고정된다.
④ 알 수 없다.

06 정치 이벤트에서 승리한 대선후보나 해당 정당의 지지율이 이전에 비해 크게 상승하는 현상을 일컫는 말은?

① 컨벤션 효과
② 터널 효과
③ 칵테일파티 효과
④ 마태 효과

07 다음 중 기아의 기업전략 'Plan S'에 해당하지 않는 것은?

① Planet
② People
③ Philosophy
④ Profit

08 다음 중 영어 표기가 잘못된 것은?

① 클러치 – clutch
② 베어링 – bearing
③ 실린더 – cilinder
④ 푸시 로드 – push rod

09 다음 중 타이어에 대한 설명으로 옳은 것은?

① 고압타이어는 $1.4\sim2.8\text{kgf/cm}^2$ 공기압을 사용하는 타이어로 승용차에 사용된다.
② 카카스는 타이어의 골격공기압을 유지시켜주는 역할을 한다.
③ 트레드는 휠림의 부분에 접촉하는 부분을 말한다.
④ 튜브리스타이어는 카카스를 구성하고 있는 코드가 타이어 주행방향을 중심을 약 $38°$의 각을 이루고 있는 타이어이다.

10 다음 그림과 같이 무게가 100N인 물체를 도르래에 매달고 도르래의 한쪽 끝에 전동기를 연결하여 2m/s의 속력으로 당겼다. 이 전동기의 일률은 몇 W인가? (단, 도르래와 줄의 무게, 마찰은 무시한다.)

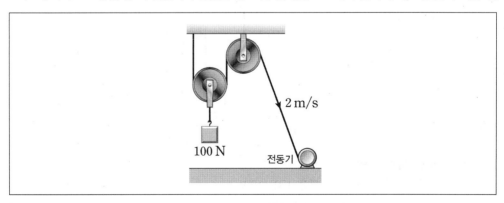

① 100W
② 80W
③ 60W
④ 40W

11 AAM(Advanced Air Mobility)에 대한 내용으로 적절하지 않은 것은?

① 보스턴 다이나믹스(Boston Dynamics)를 인수하며, 모빌리티 산업 혁신을 위한 사업 성장 동력을 확보했다.

② 도심 항공 모빌리티(UAM)와 지역 간 항공 모빌리티(RAM)를 포함하는 개념이다.

③ 2024년에는 데크데모 시험 비행을 목표로 하고 있다.

④ 지상−도심 항공 연계 멀티모달 서비스, 버티포트 연계 모빌리티 허브 비즈니스 등의 신 사업 발굴을 계획하고 있다.

12 다음 중 수소 연료 전지차의 특징으로 옳지 않은 것은?

① 연료 전지 자동차가 유일하게 배출하는 배기가스는 수분이다.

② 연료 전지 시스템은 연료 전지 스택, 운전 장치, 모터, 감속기로 구성된다.

③ 연료 전지에서 생성된 전기는 변속기를 통해 모터로 공급된다.

④ 연료 전지는 공기와 수소 연료를 이용하여 전기를 생성한다.

13 고려 무신집권기의 정치기구와 실권자가 바르게 연결되지 못한 것은?

① 정중부 − 중방   ② 이의민 − 정방

③ 경대승 − 도방   ④ 최충헌 − 교정도감

14 다음 그림처럼 도르래를 이용하여 무게 150N인 물체를 1m 들어 올렸을 때, 옳지 않은 것은? (단, 도르 래와 줄의 무게, 마찰은 무시한다.)

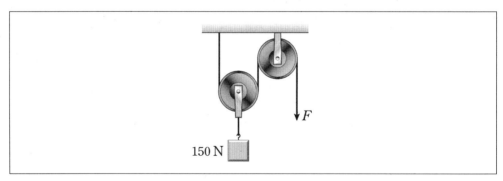

① 줄을 당긴 길이는 2m이다.

② 줄을 당길 때 필요한 힘은 150N이다.

③ 도르래를 이용하여 한 일은 150J이다

④ 사람이 물체에 한 일의 양은 150J이다.

15 다음 중 대화의 밑줄 친 부분에 들어갈 내용으로 가장 적절한 것은?

> A : It's getting late. Turn off the TV, Sally, and go to bed.
> B : Do you mind if I just see this program through? It'll be over in ten minutes.
> A : No problem. _____ It may disturb our neighbors.

① But turn it down.
② Then you won't get enough sleep.
③ But turn it off for a while.
④ But when will you study?

16 기아의 탄소중립에 관한 설명으로 옳지 않은 것은?

① 2022년 4월 기업이 사용하는 전력량의 100%를 재생에너지로 전환하는 것을 목표로 하는 글로벌 이니셔티브인 RE100에 가입했다.
② Autoland 슬로바키아는 2019년부터 100% 재생에너지 전기로 가동 중이다.
③ Autoland 광명에서는 2023년 3월 4.2MW 태양광 발전시설 설치를 시작했다.
④ 2021년 고객과 공동체, 글로벌 사회 발전에 기여하기 위하여 '2045 탄소중립'을 선언했다.

17 다음 중 차동 제한 장치(LSD : Limited Slip Differential)의 특징으로 옳지 않은 것은?

① 웅덩이에 빠졌을 때 탈출이 용이하다.
② 경사로에서의 주정차가 용이하다.
③ 타이어의 수명을 줄어들게 한다.
④ 눈길이나 빗길에서 구동력이 증대된다.

18 유네스코 지정 세계기록유산이 아닌 것은?

① 승정원일기   ② 훈민정음
③ 직지심체요절   ④ 해인사장경판전

19 다음 그림은 병따개를 사용하여 병뚜껑을 따는 모습이다. 이에 대한 설명으로 옳지 않은 것은?

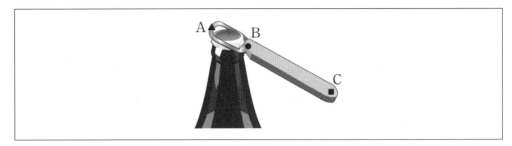

① A는 받침점이다.
② B는 작용점이다.
③ 지레의 원리를 이용한 도구이다.
④ 손잡이의 길이가 길어질수록 한 일의 양은 작아진다.

20 다음 중 밑줄 친 곳에 들어갈 단어로 옳은 것은?

Working people did not have to _____, because they lived within walking distance of their place of work.

① march
② commute
③ process
④ contribute

21 다음 중 등속도 조인트의 종류로 옳지 않은 것은?

① 플렉시블형
② 트랙터형
③ 제파형
④ 파르빌레형

22 다음 그림과 같이 반지름의 비가 1:3인 축바퀴가 있다. 큰 바퀴의 줄을 3m 당겨서 무게가 120N인 추를 들어 올렸을 때, 한 일의 양은 얼마인가? (단, 마찰은 무시한다.)

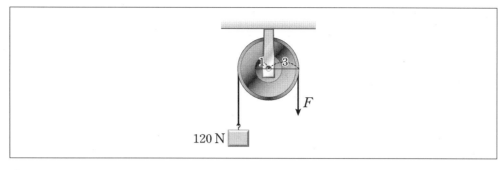

① 120J   ② 100J

③ 80J   ④ 60J

23 다음 중 필립스 곡선에 대한 설명으로 틀린 것은?

① 물가상승률과 실업률 간의 반비례 관계를 나타낸다.

② 완전고용과 물가안정의 동시 달성이 가능함을 시사한다.

③ 장기적으로 수직으로 가까워진다.

④ 필립스 곡선의 상향 이동은 기대 인플레이션의 상승으로 발생한다.

24 다음 중 대화의 빈칸에 들어갈 내용으로 가장 적절한 것은?

A : Well, I'm afraid I've taken up too much of your time. I'd better be going now.
B : Not at all. _____

① Take your time. I'm in no hurry.

② Take your time. I'm in mush rush.

③ Save your time. I'm very busy now.

④ Stay out of my way.

25 다음 중 기아의 안전환경경영 추진체계에서 안전환경 방침으로 옳은 것은?

① 국내 요구수준에 부합하는 안전환경 체계를 갖춘다.

② 보다 안전한 일터를 위해 회사 차원에서 위협 요소를 발굴하여 능동적으로 개선하는 성숙한 안전문화가 정착될 수 있도록 한다.

③ 회사는 임직원들이 즐겁게 일의 가치를 창출할 수 있도록 작업환경을 구축한다.

④ 모든 생산 영역에서 에너지와 자원 투입을 최적화한다.

26 기업의 영업실적이 양호하고 재무구조가 건전하여 주식의 수익성이 높고 위험성이 낮은 우량한 주식을 가리키는 말은?

① 선물주식   ② 옐로칩

③ 세이프티주식   ④ 블루칩

27 다음 중 유체클러치에 대한 설명으로 옳은 것은?

① 펌프임펠러, 터빈러너, 가이드링으로 구성되어 있다.

② 날개는 곡선형이다.

③ 전달 효율은 90~91%이다.

④ 토크 변환율은 2~3 : 1이다.

28 다음 중 영어 표기가 잘못된 것은?

① 트레드 – tread   ② 브레이커 – breaker

③ 카커스 – carcase   ④ 사이드 월 – side wall

29 다음 기어 배열에서 회전 방향이 다른 기어는?

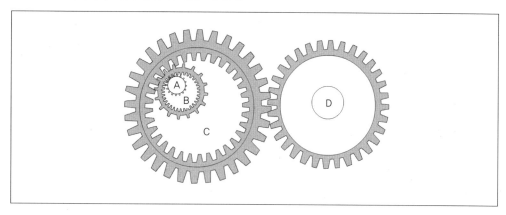

① A
② B
③ C
④ D

30 다음 중 대화의 빈칸에 들어갈 말로 가장 적절한 것은?

A : Hello, Mr. Lee. We have to decide on a date for our company conference.
B : All right. How about Aug 3rd?
A : We already have a monthly meeting planned on that day at 11 o'clock.
B : Really? I didn't recognize that.
A : By the way, _____
B : Well, I think we need a couple more days than that to prepare for it.

① How long does that usually take?
② When do you have to make your decision?
③ Can I see you for a moment?
④ Is everything ready for the conference?

한권으로 다잡는

현대자동차·기아
생산직 필기시험

정답 및
해설

Answer

본문 194~207p

01. ②	02. ②	03. ④	04. ④	05. ②	06. ②	07. ②	08. ②	09. ④	10. ①
11. ③	12. ①	13. ①	14. ④	15. ②	16. ③	17. ③	18. ④	19. ①	20. ②
21. ③	22. ④	23. ③	24. ④	25. ③	26. ③	27. ②	28. ①	29. ①	30. ①
31. ④	32. ④	33. ④	34. ③	35. ②	36. ④	37. ②	38. ②	39. ③	40. ③

01
정답 ≫ ②

제시된 문장에서 '차려'는 '갖추어 겉으로 드러내다'의 의미로 쓰였으며, 격식이나 태도를 겉으로 드러낸다는 의미로 쓰인 ②가 정답이다.
①은 '기운이나 정신을 진정하여 가다듬다'는 의미로, ③은 '욕심을 채우려 하다'의 의미로, ④는 '살림이나 가계 등을 벌이다'는 의미로 사용되었다.

02
정답 ≫ ②

운동과, 운동을 할 때 사용하는 기구를 연결한 관계이다.
②의 '버디(buddy)'는 골프 용어로, 골프에서 기준 타수보다 1타 적은 타수를 의미한다.

03
정답 ≫ ④

승합자동차는 11인 이상을 운송하기에 적합하게 제작된 자동차로 특수한 설비로 인하여 승차인원이 10인 이하로 된 자동차 또는 국토교통부령으로 정하는 경형 자동차로서 전방조종자동차와 캠핑용 트레일러 등을 말한다.

실력을 키우는 Tip
기관용도에 따른 자동차 분류
- 승용자동차 : 10인 이하를 운송하기에 적합하게 제작된 자동차
- 승합자동차 : 11인 이상을 운송하기에 적합하게 제작된 자동차
- 화물자동차 : 주로 화물을 운송하기에 적합하게 제작된 자동차 또는 화물을 운송하는 기능을 갖추고 자체 적하 및 기타 작업을 수행할 수 있는 설비를 함께 갖춘 자동차

- 특수자동차 : 다른 자동차를 견인하거나 구난작업 또는 특수한 작업을 수행하기에 적합하게 제작된 자동차로서 승용자동차·승합자동차 또는 화물자동차가 아닌 자동차
- 이륜자동차 : 1인 또는 2인의 사람을 운송하기에 적합하게 제작된 2륜의 자동차

04
정답 ≫ ④

☆ : 맨 앞과 맨 뒤의 문자·숫자 자리 바꾸기
◎ : 배열을 거꾸로 하기
▲ : 맨 앞자리의 문자·숫자를 맨 뒤로 보내기

5794B * ◎ = B4975
B4975 * ▲ = 4975B

05
정답 ≫ ②

시계 방향으로 90도 회전한다.

06
정답 ≫ ②

등산을 좋아하는 사람은 민첩하고, 리더십이 있다.
(↔민첩하지 않으면 등산을 좋아하지 않는다.
리더십이 없으면 등산을 좋아하지 않는다.)
키가 작은 사람은 민첩하다.
(↔민첩하지 않은 사람은 키가 크다.)
웃음이 많은 사람은 등산을 좋아한다.
(↔등산을 좋아하지 않는 사람은 웃음이 많지 않다.)
따라서, 리더십이 없으면 등산을 좋아하지 않고, 등산을 좋아하지 않는 사람은 웃음이 많지 않다.

07   정답 ≫ ②

지레에서 $F : w = a : b = h : s$이다.
$a = 0.5\text{m}$, $b = 2.5\text{m}$, $w = 600\text{N}$이므로,
$F : 600\text{N} = 0.5\text{m} : 2.5\text{m}$를 풀면 $F = 120\text{N}$이 된다.

08   정답 ≫ ②

제시된 투상도는 ②를 [1], [2], [3] 방향에서 바라본 모습이다.

[1]

↓

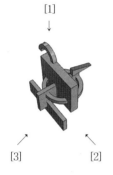

[3]   [2]

09   정답 ≫ ④

① 이동하중에 대한 설명이다.
② 반복하중에 대한 설명이다.
③ 동하중에 대한 설명이다.

> **실력을 키우는 Tip**
>
> **하중의 변화에 따른 분류**
> • 정하중 : 크기와 방향이 시간에 따라 항상 일정한 하중
> • 동하중 : 크기와 방향이 시간에 따라 변화되는 하중
> • 반복하중 : 한쪽 방향으로 같은 하중이 반복되는 하중
> • 교번하중 : 크기와 방향이 교대로 변화하면서 작용하는 하중
> • 충격하중 : 짧은 순간에 집중되는 하중
> • 이동하중 : 물체 상에서 이동하는 하중

10   정답 ≫ ①

A팀이 출발한 지 x시간 후 A팀과 B팀이 만났다면 x시간이 경과하였을 때 두 팀의 이동 거리는 같으므로
$4x = 7\left(x - \dfrac{3}{2}\right)$, $4x = 7x - \dfrac{21}{2}$

$3x = \dfrac{21}{2}$ ∴ $x = 3.5$

즉, A팀이 출발한 지 3시간 30분이 경과하였을 때 A팀과 B팀이 만난다.

B팀은 A팀보다 1시간 30분 늦게 출발하므로 출발한 지 2시간이 경과하여 7×2(시간) $= 14$(km)를 이동하였고, C팀은 A팀보다 2시간 늦게 출발하므로 출발 후 1시간 30분 동안 $8 \times \dfrac{3}{2}$(시간) $= 12$(km)를 이동하였다.
따라서 B팀과 C팀의 거리 차는 14 − 12 = 2(km)이다.

11   정답 ≫ ③

전체 내용 ㉣을 제시한 후 그 반론 ㉡과 그 실험 결과 ㉠과 그 의미 ㉢, ㉤의 순서로 이어지는 것이 자연스럽다.

12   정답 ≫ ①

건너뛰기 수열이다. 홀수 항은 ×3, 짝수 항은 +3의 규칙이다.

13   정답 ≫ ①

14   정답 ≫ ④

지하철이 A터널에 진입하여 B터널의 출구 부분에 당도하기까지의 거리는 0.8km+15km+1km=16.8(km)이다. 이때 지하철이 B터널의 출구 부분에서 지하철의 길이인 200m만큼 더 전진해야 B터널을 완전히 빠져나가므로 지하철이 A터널에 진입하여 B터널을 완전히 빠져나가기 위한 이동 거리는 0.8km+15km+1km+0.2km=17(km)이다.
따라서 시속 80km의 속도로 17km를 이동하는 데 걸리는 시간은 $\dfrac{17}{80} \times 60$(분) $= 12.75$(분)이다.

15   정답 ≫ ②

> 저는 귀 병원 직원들의 늦은 일 처리와 형편없는 서비스 때문에 이 편지를 쓰고 있습니다. 어제 저는 귀 병원의 응급실에 있었습니다. 서류를 받는 데만 20분을 기다려야 했습니다. 간호사는 그녀의 친구와 전화하느라고 너무 바쁘더군요. 서류를 작성한 후 저는 의사를 만나기 위해 두 시간 가까이 기다려야 했습니다. 저는 별 것도 아닌 서비스를 받기 위해 오후 시간을 모두 낭비해서 기분이 나쁩니다. 저는 이에 대해 귀 병원이 어떤 조치를 취할지 알고 싶습니다.

→ 병원 측의 늦은 일 처리와 형편없는 서비스에 항의하기 위해 작성한 글이다.

16
정답 ≫ ③

① 피스톤 링이 아닌 피스톤에 대한 설명이다.
② 캠축이 아닌 크랭크축에 대한 설명이다.
④ 단행정이 아닌 정방행정에 대한 설명이다.

> **실력을 키우는 Tip**
>
> **실린더 블록의 행정과 내경의 비에 따른 분류**
> • 단행정(오버 스퀘어 엔진): 행정(L) < 내경(D)
>   ※ 행정/내경 비율이 1 이하인 기관
> • 정방행정(스퀘어 엔진): 행정(L)＝내경(D)
>   ※ 행정/내경 비율이 1인 기관
> • 장행정(언더 스퀘어 엔진): 행정(L) > 내경(D)
>   ※ 행정/내경 비율이 1 이상인 기관

17
정답 ≫ ③

지레에서 받침점으로부터 거리 × 힘은 같으므로
$1.5\text{m} \times 60\text{N} = L \times 45\text{N}$
$\therefore L = 2\text{m}$

18
정답 ≫ ④

옷 A, B는 A−B의 순서로 걸려 있으므로 A−B−C
또는 C−A−B의 순서로 걸려 있다. 그런데 파란색 옷
이 왼쪽 끝에 있고, C는 빨간색이라 하였으므로 C는
왼쪽 끝에 있을 수 없다. 따라서 옷이 걸려 있는 순서
는 A−B−C이고 옷의 색은 파랑−노랑−빨강 순서다.

19
정답 ≫ ①

20
정답 ≫ ②

B의 대답에 'in two hours(두 시간 이내에)'라는 말이
들어 있으므로, A의 질문은 얼마나 빨리 마칠 수 있느
냐가 되어야 한다.

> A: 얼마나 빨리 그것을 끝마칠 수 있나요?
> B: 두 시간 이내에 마칠 수 있습니다.

① 일을 마칠 수 있나요?
③ 이미 그 일을 마쳤나요?
④ 언제 그 일을 마쳤나요?

21
정답 ≫ ③

한국 자본 시장은 일반적인 시장 원리가 적용되는 곳
이지만, 1990년대 후반 마이크로소프트사의 사례에서
보듯이 민족 감정으로 인해 시장 원리가 무력화되기
도 한다.

22
정답 ≫ ④

앞 두 수의 합이 그다음 항이 되는 피보나치수열이다.

23
정답 ≫ ③

①
②
④

24
정답 ≫ ④

④ 'convertible'이 맞는 표기이다.

25
정답 ≫ ③

동전을 7번 던진 결과 처음 위치보다 한 계단 아래에
있기 위해선 뒷면이 2번, 앞면이 5번 나와야 한다.
$${}_7C_2\left(\frac{1}{2}\right)^2\left(\frac{1}{2}\right)^5 = \frac{21}{128}$$

26
정답 ≫ ③

27
정답 ≫ ②

설탕물 200g과 1,200g을 섞은 후 그 절반을 따라버렸으므로 설탕의 양은 절반이 된다. 또한, 임의로 넣은 물의 양을 xg이라 하면, xg을 채운 후 총 설탕물의 양은 $(200+1200) \times \dfrac{1}{2} + xg = (700+x)$g이 된다.

(설탕의 양) $= \dfrac{1}{2}\left(200 \times \dfrac{10}{100} + 1200 \times \dfrac{15}{100}\right)$

$\qquad\qquad\qquad = (700+x) \times \dfrac{125}{1000}$

$\dfrac{1}{2}(20+180) = \dfrac{175}{2} + \dfrac{1}{8}x$

$\dfrac{1}{8}x = \dfrac{25}{2}$

$\therefore \ x = 100$

즉, 추가로 넣은 물의 양은 100g이다.

28
정답 ≫ ①

'적자'와 '흑자'는 반의어 관계이고, 이와 같은 관계인 것은 ①이다.

29
정답 ≫ ①

가~하가 +2의 규칙으로 배열되어 있고, 모음 'ㅏ'와 'ㅓ'가 반복된다.

30
정답 ≫ ①

차량 총 중량은 공차상태가 아닌 적차상태의 자동차 중량을 말한다.

실력을 키우는 Tip

자동차 및 자동차부품의 성능과 기준에 관한 규칙
- 공차상태 : 자동차에 사람이 승차하지 아니하고 물품을 적재하지 아니한 상태로서 연료·냉각수 및 윤활유를 만재하고 예비타이어를 설치하여 운행할 수 있는 상태를 말한다.
- 적차상태 : 공차상태의 자동차에 승차정원의 인원이 승차하고 최대적재량의 물품이 적재된 상태를 말한다.
- 축중 : 자동차가 수평상태에 있을 때 1개의 차축에 연결된 모든 바퀴의 윤중을 합한 것을 말한다.
- 윤중 : 자동차가 수평상태에 있을 때에 1개의 바퀴가 수직으로 지면을 누르는 중량을 말한다.
- 차량 중심선 : 직진상태의 자동차가 수평상태에 있을 때에 가장 앞의 차축의 중심점과 가장 뒤의 차축의 중심점을 통과하는 직선을 말한다.

- 차량 중량 : 공차상태의 자동차의 중량을 말한다.
- 차량 총 중량 : 적차상태의 자동차의 중량을 말한다.
- 연결자동차 : 견인자동차와 피견인자동차를 연결한 상태의 자동차를 말한다.
- 타이어공기압 경보장치 : 자동차에 장착된 타이어 공기압의 저하를 감지하여 운전자에게 타이어 공기압의 상태를 알려주는 장치를 말한다.
- 연료 전지 자동차 : 수소를 사용하여 발생시킨 전기에너지를 동력원으로 사용하는 자동차를 말한다.
- 연료 전지 : 수소를 사용하여 전기에너지를 발생시키는 장치를 말한다.
- 차로이탈 경고시스템 : 자동차가 주행하는 차로를 운전자의 의도와는 무관하게 벗어나는 것을 운전자에게 경고하는 장치를 말한다.

31
정답 ≫ ④

여성 지원자의 8%가 36명이므로 여성 지원자 수는 $36 \div 0.08 = 450$(명)이다.

이때 남성 지원자 수를 x명이라 하면, 전체 지원자 수는 $(450+x)$명이 된다.

남성 지원자 중 11%의 지원자가 합격하였고, 전체 지원자 중 10%가 합격하였으므로

(전체 합격자 수) $= (450+x) \times \dfrac{10}{100}$

$\qquad\qquad = $ (여성 합격자 수) $+$ (남성 합격자 수)

$\qquad\qquad = 36 + x \times \dfrac{11}{100}$

$(450+x) \times \dfrac{10}{100} = 36 + x \times \dfrac{11}{100}$

$\dfrac{1}{100}x = 9$

$\therefore \ x = 900$

따라서 남성 지원자 수는 총 900명이며 이 중 남성 합격자 수는 $900 \times \dfrac{11}{100} = 99$(명)이다.

32
정답 ≫ ④

① 들렸다가 → 들렀다가
② 설래어 → 설레어
③ 오랫만에 → 오랜만에

33
정답 ≫ ④

좌측부터 $16 + 13 + 8 + 8 = 45$(개)

34
정답 ≫ ③

③ 노트북 – laptop
desk computer는 책상용 컴퓨터를 가리킨다.

35
정답 ≫ ②

4기통 엔진의 크랭크축 위상차는 180°이고, 점화순서는 1–3–4–2 또는 1–2–4–3이다.

> **실력을 키우는 Tip**
>
> **실린더 소와 배열에 따른 분류**
> • 단기통 엔진 : 2륜 자동차나 농기계용 및 소형 발전기 등에 사용한다.
> • 3기통 엔진 : 크랭크축 위상차는 120°, 점화순서는 1–3–2이며 800CC 경차에 사용한다.
> • 4기통 엔진 : 크랭크축 위상차는 180°, 점화순서는 1–3–4–2 또는 1–2–4–3이다.
> • 6기통 엔진 : 크랭크축 위상차는 120°, 점화순서는 1–5–3–6–2–4 또는 1–4–2–6–3–5이다.
> • 6기통 V형 엔진 : 3기통 엔진을 90°각을 두고 V형으로 설치한다.
> • 8기통 엔진 : 크랭크축 위상차는 90°, 점화순서는 1–6–2–5–8–3–7–4 또는 1–5–7–3–8–4–2–6이다.
> • V–8기통 엔진 : 4기통 엔진을 90°각을 두고 V형으로 설치한다.

36
정답 ≫ ④

甲학교의 인문계 학생 수와 자연계 학생 수를 각각 $4x$, $5x$ 명, 乙학교는 $5y$, $4y$ 명이라 하자. 이때 甲학교의 전교생 수는 $9x$ 명, 乙학교의 전교생 수는 $9y$ 명이 되고, x 와 y 값은 자연수여야 하므로 甲학교, 乙학교의 전교생 수는 9의 배수임을 알 수 있다.
또한, A, B 두 학교를 합쳤을 때 인문계, 자연계 학생 수의 비가 86:85이므로 다음과 같은 식이 성립한다.
$(4x + 5y) : (5x + 4y) = 86 : 85$
$340x + 425y = 430x + 344y$
$10x = 9y$
∴ $x : y = 9 : 10$
이때 x 와 y 를 각각 $x = 9k$, $y = 10k$ (단, k 는 자연수)로 가정하자. 乙학교의 전교생 수는 $9y$ 이므로 $9y = 9(10k) = 90k$(명)이다. 즉, 乙학교의 전교생 수는 90의 배수이며, 400명에서 500명 사이인 90의 배수는 450뿐

이므로 乙학교의 전교생 수는 450명이고, $90k = 450$ 이므로 $k = 5$ 가 된다.
따라서 甲학교의 자연계 학생 수는
$5x = 5(9k) = 45k = 45 \times 5 = 225$(명)이다.

37
정답 ≫ ②

① 주어진 그림과 다른 그림이다.
③ 왼쪽으로 135° 회전한 것이다.
④ 오른쪽으로 45° 회전한 것이다.

38
정답 ≫ ②

② 달달이 → 다달이

> **실력을 키우는 Tip**
>
> **'웃'과 '윗'의 구분**
> • '웃~'과 '윗~'은 명사 '위'에 맞추어 '윗~'으로 통일한다.
> 예 윗니, 윗도리, 윗입술, 윗넓이
> • 다만, 된소리나 거센소리 앞에서는 '위~'로 한다.
> 예 위쪽, 위층, 위채
> • '아래(下)'에 대립되는 뜻으로 '위~'가 쓰이지 않을 때는 '웃~'으로 한다.
> 예 웃통('아랫통'이라는 말은 없다.)
> 웃어른('아랫어른'은 없다.)
> 웃돈('아랫돈'은 없다.)

39
정답 ≫ ③

A팀은 3일마다 5개, B팀은 격일로 x 개의 스틱커피를 소비하므로, 90일이 지났을 때 두 팀의 커피 소비량은 각각 150개, $45x$ 개다. 또한 남은 스틱커피 개수의 차가 165개이므로 두 팀 중 한 팀이 다른 팀보다 165개의 커피를 더 마셨음을 알 수 있다.
ⅰ) 90일이 지났을 때 A팀의 커피 소비량이 더 많은 경우
$150 > 45x$ 이고 두 팀의 개수 차가 165이므로
$150 - 45x = 165$ 이다.
이때 $45x = -15$ 이므로 이는 성립되지 않는다.
ⅱ) B팀의 커피 소비량이 더 많은 경우
$150 < 45x$ 이고 두 팀의 개수 차가 165이므로
$45x - 150 = 165$ 이다. $45x = 315$, $x = 7$ 이다.
따라서 B팀이 격일로 소비하는 스틱커피의 개수는 7개다.

40
정답 ≫ ③

Answer

본문 208~221p

01. ①	02. ④	03. ④	04. ②	05. ③	06. ③	07. ①	08. ③	09. ③	10. ④
11. ②	12. ④	13. ④	14. ③	15. ③	16. ③	17. ④	18. ②	19. ④	20. ②
21. ④	22. ①	23. ④	24. ④	25. ④	26. ②	27. ④	28. ④	29. ③	30. ③
31. ①	32. ④	33. ④	34. ①	35. ②	36. ②	37. ④	38. ①	39. ③	40. ②

01 정답 ≫ ①

전달력이 크지 않고 속도비가 중요하지 않은 경우 사용한다.

02 정답 ≫ ④

ⅰ) B가 한 번 던져 이길 확률: $\dfrac{2}{6} = \dfrac{1}{3}$

ⅱ) B가 두 번째 던졌을 때 이길 확률:

$\dfrac{4}{6} \times \dfrac{4}{6} \times \dfrac{2}{6} = \dfrac{4}{27}$

ⅲ) B가 세 번째 던졌을 때 이길 확률:

$\dfrac{4}{6} \times \dfrac{4}{6} \times \dfrac{4}{6} \times \dfrac{4}{6} \times \dfrac{2}{6} = \dfrac{16}{243}$

∴ (B가 이길 확률) $= \dfrac{1}{3} + \dfrac{4}{27} + \dfrac{16}{243} = \dfrac{133}{243}$

03 정답 ≫ ④

제시된 문장에서 '가깝다는'은 '성질이나 특성이 비슷하다'는 의미로 쓰였으며, 이와 같은 의미로 쓰인 것은 ④이다.
①은 '어떤 수치에 근접하다.'는 의미로, ②는 '거리가 짧다.'는 의미로, ③은 '교분이 친밀하다.'는 의미로 사용되었다.

04 정답 ≫ ②

다섯 사람의 이야기를 종합했을 때 확실한 사실은 강우가 마지막으로 들어왔다는 것이다.
강우는 동욱이나 소영이보다 늦게 들어왔고, 태희는 보영이에게는 졌지만 동욱이에게는 이겼다고 했기 때문이다. 따라서 '보영－태희－동욱－강우'이고, '소영－강우'의 순서다. 여기서 소영이의 순위는 알 수 없다. 그런데 소영이는 1위나 2위로 들어오지 못했고, 동욱이는 3위는 아니라고 하였으므로 '보영－태희－소영－동욱－강우'의 순서로 들어왔다.

05 정답 ≫ ③

06 정답 ≫ ③

철수와 영희의 아버지가 모두 이동수이므로 둘은 형제 또는 남매임을 알 수 있다.

07 정답 ≫ ①

+2, ×2가 반복되는 규칙이다.

08 정답 ≫ ③

제시된 도시들은 모두 한 국가의 수도이다. 이에 해당하는 단어는 ③이다.

09 정답 ≫ ③

캠축이 밸브를 직접 개폐하는 방식은 다이렉트이고, 캠의 회전운동을 직선운동으로 변화시켜 밸브를 개폐하는 방식을 스윙 암이라 한다.

오버헤드 캠축(Overhead Camshaft)
- SOHC(Single Overhead Camshaft) : 실린더 헤드 위에 캠축이 한 개인 형식
- DOHC(Duble Overhead Camshaft) : 캠축이 두 개인 형식
- 다이렉트(Direct) : 캠축이 밸브를 직접 개폐하는 방식
- 스윙 암(Swing Arm) : 캠의 회전운동을 직선운동으로 변화시켜 밸브를 개폐하는 방식
- 로커 암(Loker Arm) : 캠의 회전운동을 로커 암(Locker Arm)에 의해 밸브를 개폐하는 방식

10 정답≫④

A팀과 B팀의 일주일 동안의 수입을 각각 $3x$원, $2x$원, 지출을 각각 $8y$원, $7y$원이라 하면
$$\begin{cases} 3x - 8y = 1000 \\ 2x - 7y = -1000 \end{cases}$$
연립하면 $x = 3000$, $y = 1000$
따라서 A팀의 수입은 $3 \times 3000 = 9,000$(만 원), 지출은 $8 \times 1000 = 8,000$(만 원)이다.

11 정답≫②

나는 음악을 좋아한다. 음악을 좋아하는 사람은 미술을 잘하고, 미술을 잘하는 사람은 노래를 잘한다.
따라서, 나는 노래를 잘한다.

12 정답≫④

$+0.1$, $+1.2$, $+2.3$, $+3.4$, $+4.5$, $+5.6$, ······의 규칙이다.

13 정답≫④

①, ②, ③ 조각들의 위치는 아래와 같다.

14 정답≫③

③ 릴리프 밸브가 아닌 체크 밸브에 대한 설명이다. 체크 밸브와 릴리프 밸브 같은 연료 펌프는 가솔린 연료 공급 장치에서 연료탱크의 연료에 압력을 생성·압송시키는 역할을 한다.

연료 펌프
- 체크 밸브(Check Valve) : 연료라인 내에 잔압을 형성하여 베이퍼록 현상 방지와 재시동성 향상에 도움을 준다.
- 릴리프 밸브(Relief Valve) : 연료필터 리턴 포트의 막힘 발생 시 연료라인 내의 압력이 4~6kgf/cm²이면 릴리프 밸브가 개방되어 연료 펌프 및 연료라인 내의 파손을 방지하는 역할을 한다.

15 정답≫③

병따개에서는 받침점이 왼쪽 끝에 해당한다. $\frac{1}{4}$의 힘으로 뚜껑을 따기 위해서는 $a : 10$이 $100 : 400$이 되어야 하므로 $a = 2.5$이다.

16 정답≫③

화살표가 있는 ×와 화살표가 없는 ×가 번갈아 나오고 화살 모양이 시계 방향으로 이동하는 규칙이다.

17 정답≫④

18 정답≫②

$$N_4 = \frac{Z_1}{Z_2'} \times \frac{Z_2}{Z_3'} \times \frac{Z_3}{Z_4} \times N_1$$
$$= \frac{45}{64} \times \frac{32}{75} \times \frac{15}{72} \times 1600 = 100 \, (\text{rpm})$$

19 정답≫④

두 도시 甲과 乙 사이의 거리를 $x$km라 하면, 두 도시를 왕복하는 데 걸리는 총 시간이 13시간 30분이므로
$$\frac{x}{80} + \frac{x}{100} = 13.5$$
$$\therefore \ x = 600 \, (\text{km})$$

20 정답 ≫ ②

이 글에서 '사회문제는 윤리적인 문제일 뿐만 아니라 코의 문제, 후각의 문제이기도 한 것이다.'고 언급하고 있다. 현대 사회의 문제가 코의 문제, 즉 후각의 문제이기도 하다고 주장하고 있지만, 윤리적인 문제가 전혀 없다고 말하는 것은 아니다.

21 정답 ≫ ④

> 화산 폭발, 화재, 홍수, 허리케인 등과 같은 자연재해는 세계 어디서든 매년 일어난다.
> (C) 그러나 또 다른, 그리고 아마도 더 위험한 자연재해가 있다.
> (B) 그것은 쓰나미, 심각한 손실과 파괴를 일으키는 높은 파도이다.
> (A) 높이가 30미터나 되는 쓰나미도 있는데, 일본, 동남 아시아, 중남미를 강타할 수 있다.

→ 화산 폭발과 홍수 등 자연재해에 관해 제시되고 있고, 이보다 더 위험한 재해로 쓰나미에 대해 말하고 있는 글이다.

22 정답 ≫ ①

알파벳 순서에서 −4가 반복되는 규칙이다.

23 정답 ≫ ④

고정 도르래는 방향의 이득만 있다.

24 정답 ≫ ④

5% 설탕물의 양을 $x(\mathrm{g})$, 12% 설탕물의 양을 $y(\mathrm{g})$라 하면

$$\begin{cases} \dfrac{5}{100}x + \dfrac{12}{100}y = 350 \times \dfrac{10}{100} \\ x + y = 350 \end{cases}$$

$\therefore x = 100, \ y = 250$

따라서 12% 설탕물의 양은 250g이다.

25 정답 ≫ ④

26 정답 ≫ ②

① 증류수는 부동액이 아니고 냉각수에 사용되는 것이다.

③ 냉각수로 천연수와 경수를 사용하면 부식이나 물때가 발생한다.

④ 글리세린은 반영구 부동액이다. 물에 잘 용해되고 단맛이 나는 것은 에틸렌글리콜이다.

부동액의 종류
- 메탄올(methanol) : 비등점이 80℃, 빙점은 −30℃이며 낮은 온도에서는 유리하지만 비등점이 낮아 증발되기 쉽다.
- 에틸렌글리콜(ethylene glycol) : 비등점이 197℃, 비점은 −50℃이고 물에 잘 용해되고 단맛이 있고 비등점이 높아 증발되지 않으나 금속의 부식과 열팽창계수가 큰 것이 단점이다.
- 글리세린(glycerin) : 반영구 부동액이다.

27 정답 ≫ ④

힘의 비가 4 : 1이므로, 받침점에서 작용점까지의 거리의 비는 1 : 4가 된다. 2 m를 1 : 4의 비율로 나누면 받침점에서 작용점까지의 거리는 40 cm가 된다.

28 정답 ≫ ④

시침은 1분당 $\dfrac{30}{60} = 0.5°$, 분침은 1분당 $\dfrac{360}{60} = 6°$씩 이동한다.

시침과 분침이 이루는 각도가 120°일 때의 시각을 9시 x분이라 하면, 정각 9시일 때 시침의 각도는 $30° \times 9 = 270°$만큼 이동한 상태이므로

9시 x분일 때의 시침의 각도는 $\left(270 + \dfrac{1}{2}x\right)°$, 분침의 각도는 $6x°$이다.

(시침의 각도) − (분침의 각도) $= \left(270 + \dfrac{1}{2}x\right) - 6x$
$$= 120$$

$\dfrac{11}{2}x = 150, \ x = \dfrac{300}{11}$

따라서 시침과 분침이 이루는 각도가 120°가 되는 시각은 9시 $\dfrac{300}{11}$분이다.

29 정답 ≫ ③

8층까지 쌓기 위해 필요한 정육면체 수는
$(1+3+6+10+15+21+28+36) - (1+3+6+10) = 100$(개)

30 정답 》 ③

③ 'nozzle'이 맞는 표기이다.

31 정답 》 ①

베어링의 오일 간극이 큰 것은 윤활장치의 유압이 낮아지는 원인이다.

실력을 키우는 **Tip**

윤활장치의 유압

높아지는 원인	낮아지는 원인
• 윤활유의 점도가 높은 경우 • 윤활회로가 막힌 경우 • 유압 조절 밸브 스프링의 장력이 클 때 • 오일의 점도가 높은 경우	• 베어링의 오일 간극이 큰 경우 • 오일펌프가 마모 또는 오일이 누출될 때 • 오일의 양이 적을 경우 • 유압 조절 밸브 스프링의 장력이 작거나 절손될 때 • 윤활유의 점도가 낮은 경우

32 정답 》 ④

설윤이 5걸음을 걸은 거리가 윤진이 8걸음을 걸은 거리와 같으므로, 설윤과 윤진의 보폭의 비는 $8:5$임을 알 수 있다. 따라서 설윤의 보폭이 80cm이므로 윤진의 보폭은 50cm이다. 또한, 설윤이 2걸음 걸을 때 윤진이 3걸음을 걸으므로 같은 시간에 설윤은 80cm의 보폭으로 2걸음을, 윤진은 50cm의 보폭으로 3걸음을 걷는 셈이다. 따라서 설윤이와 윤진이의 빠르기의 비는 $8 \times 2 : 5 \times 3 = 16 : 15$이다.

설윤이 먼저 4km 지점에 도착하였을 때 윤진의 위치를 $x$km라 하면

$4 : x = 16 : 15$

$16x = 60$

$\therefore \ x = \dfrac{15}{4}$

즉, 윤진은 설윤이 4km 지점에 도착하였을 때, $\dfrac{15}{4} = 3.75 \,(\text{km})$ 지점에 있다.

따라서 설윤이 4km 지점에 먼저 도착하며, 250m($= 0.25$km) 앞서 있다.

33 정답 》 ④

①, ②, ③은 서로 의미가 같은 동의어 관계이다.
④ '감소'와 '증가'는 반의어 관계이다.

34 정답 》 ①

x	y	$xy + 1$

35 정답 》 ②

'Hybrid electric vehicle'이 바른 표기이다.

36 정답 》 ②

실력을 키우는 **Tip**

째 : 전체 **예** 통째로 먹다
채 : 이미 있는 상태 그대로 **예** 옷을 입은 채 잠이 들었다.
체 : 그럴듯하게 꾸미는 거짓 태도. '~체하다'로만 쓰임
　　 예 모르는 사람이 아는 체하다.

37 정답 》 ④

지난해 남자 사원 수와 여자 사원 수를 각각 x명, y명이라 하면

$\begin{cases} (x+y) - \dfrac{10}{100}(x+y) = 810 \\ -\dfrac{10}{100}x - 10 = -\dfrac{10}{100}(x+y) \end{cases}$에서

$\begin{cases} x + y = 900 \cdots\cdots \text{㉠} \\ y = 100 \quad\ \cdots\cdots \text{㉡} \end{cases}$

㉡에서 $y = 100$이고 이를 ㉠에 대입하면 $x = 800$
따라서 올해의 여자 사원 수는 $100 - 10 = 90$(명)이다.

38 정답 》 ①

① 왕십리[왕심니]

39 정답 》 ②

40 정답 》 ②

①, ③, ④ 점심 먹으러 나가도 될까요?(허락을 구함)
② 점심 먹으러 나가는 게 어때요?(권유의 의미)

제3회 현대자동차 실전모의고사

본문 222~236p

Answer

01. ②	02. ③	03. ③	04. ③	05. ④	06. ①	07. ②	08. ②	09. ②	10. ④
11. ②	12. ④	13. ②	14. ④	15. ③	16. ③	17. ③	18. ④	19. ③	20. ②
21. ①	22. ①	23. ②	24. ②	25. ④	26. ③	27. ②	28. ②	29. ①	30. ④
31. ③	32. ③	33. ③	34. ③	35. ②	36. ②	37. ②	38. ①	39. ①	40. ④

01   정답 ≫ ②

02   정답 ≫ ③

A, B 기계가 1분 동안 만들 수 있는 바퀴의 개수를 각
각 x개, y개라 하면

$\begin{cases} (2x+3y) \times 5 = 200 \\ (x+4y) \times 4 = 200 \end{cases}$ 에서 $\begin{cases} 2x+3y = 40 \\ x+4y = 50 \end{cases}$

$\therefore x=2, \ y=12$

이때 A기계 3대와 B기계 2대를 동시에 사용하면
$(3 \times 2) + (2 \times 12) = 30$으로 1분에 30개를 만들 수 있다.
바퀴 200개를 만드는 데 걸리는 시간을 a분이라 하면
$(3 \times 2 + 2 \times 12) \times a = 200$

$\therefore a = \dfrac{20}{3}$

따라서 $\dfrac{20}{3}\left(=6\dfrac{2}{3}\right)$분, 즉 6분 40초가 걸린다.

03   정답 ≫ ③

제시문의 '쳤다'는 '손이나 물건을 부딪쳐 소리나게 하
다.'의 의미를 가지고 있으며, 같은 의미로 쓰인 문장
은 ③이다.
① 일정한 장치를 손으로 눌러 글자를 찍거나 신호를
보내다.
② 손이나 손에 든 물건으로 물체를 부딪게 하는 놀이
나 운동을 하다.
④ 몸을 떨거나 움직이다.

04   정답 ≫ ③

A의 말이 참이면, 세 명 모두 나쁜 나라에서 왔다. 그
런데 나쁜 나라 사람 A가 참을 말한 것이므로 나쁜 나
라 사람은 모두 거짓을 말한다는 조건과 모순이 된다.
A는 거짓을 말했고, 나쁜 나라에서 왔다.
B의 말이 참이면, B는 좋은 나라에서 온 것이고, 좋은
나라에서 온 사람은 한 명뿐이므로 C는 나쁜 나라에
서 왔다.
B의 말이 거짓이라면 B는 나쁜 나라 사람이다. 그런
데 여기서 C가 좋은 나라 사람이라면 B의 말이 참이
되어 모순이 되므로 C도 나쁜 나라 사람이 되어 세 명
모두 나쁜 나라 사람이 된다. 그런데 이는 문제의 전제
에 위배되므로 모순이다.
따라서, A와 C는 나쁜 나라, B는 좋은 나라 사람이다.

05   정답 ≫ ④

표기된 곳이 다르다.

06   정답 ≫ ①

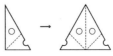

07 정답 ≫ ②

마지막까지 일을 해야 해. 내일이 마감이야.

① 계획된 대로
② 끝까지
③ 느리게
④ 주제에 가까워진

08 정답 ≫ ②

움직 도르래와 추의 무게의 합인 20kg을 2개의 끈이 잡아당기는 힘과 같으므로 10kg이다.

09 정답 ≫ ②

서로 다른 3개의 나라에서 중복을 허락하여 4개를 택하여 일렬로 배열하는 수와 같으므로
$3 \times 3 \times 3 \times 3 = 81$이다.
체코를 제외한 2개의 나라에서 선택하는 방법의 수는
$2 \times 2 \times 2 \times 2 = 16$이다.
중국을 제외한 2개의 나라에서 선택하는 방법의 수는
$2 \times 2 \times 2 \times 2 = 16$이다.
체코, 중국을 제외한 1개의 나라에서 선택하는 방법의 수는 1이다.
따라서 구하는 방법의 수는 $81 - (16 + 16 - 1) = 50$이다.

10 정답 ≫ ④

-2, $+5$가 반복되는 규칙이다.

11 정답 ≫ ②

사과 > 배, 딸기 ≥ 참외, 배 > 포도 > 딸기이므로,
사과 > 배 > 포도 > 딸기 ≥ 참외로 정리할 수 있다.
따라서 밑줄 친 부분에 들어가기에 적절한 것은 ②이다.

12 정답 ≫ ④

$+2^1$, $+2^2$, $+2^3$, $+2^4$, $+2^5$, $+2^6$, ……의 규칙이다.

13 정답 ≫ ②

① FF 구동 방식에 대한 설명이다.
③ RR 구동 방식에 대한 설명이다.
④ FR 구동 방식에 대한 설명이다.

14 정답 ≫ ④

물체의 무게는 600N이다.
일은 힘과 거리의 곱이므로 $600 \times 2 = 1200$(J)이다.

15 정답 ≫ ③

두 자리의 자연수를 $10x + y$라 하면
$$\begin{cases} 2x = y + 1 \\ 10y + x = 10x + y + 9 \end{cases}$$
$x = 2$, $y = 3$
따라서 처음 자연수는 23이다.

16 정답 ≫ ③

① 　　② 　　③

17 정답 ≫ ③

C모둠의 학생 수를 x명, 한 사람당 나누어 가진 사탕 수를 y개라 하면 B모둠의 학생 수는 $(x+3)$명, 한 사람당 나누어 가진 사탕 수는 $(y-2)$개, A모둠의 학생 수는 $(x+6)$명, 한 사람당 나누어 가진 사탕 수는 $(y-5)$개이다.
$$\begin{cases} (x+6)(y-5) = (x+3)(y-2) - 18 \\ (x+3)(y-2) = xy + 5 \end{cases}$$ 에서
$$\begin{cases} 3x - 3y = -6 & \cdots\cdots \text{㉠} \\ -2x + 3y = 11 & \cdots\cdots \text{㉡} \end{cases}$$
㉠, ㉡을 연립하여 풀면 $x = 5$, $y = 7$
세 모둠 학생들에게 나누어 준 사탕 수는
$(x+6)(y-5) + (x+3)(y-2) + xy$이므로
$11 \times 2 + 8 \times 5 + 35 = 97$(개)이다.

18 정답 ≫ ④

오른쪽 도형은 왼쪽 도형의 내부 도형 두 개의 위치를 바꾸고 가장 바깥에 있는 도형은 삭제한 것이다.

19 정답 》③

③ 가던지 오던지→ 가든지 오든지
선택의 경우를 말하는 것이므로 '~든지'로 쓴다.

실력을 키우는 Tip

'~던'과 '든'
과거의 사실을 말할 때는 '~던', 선택의 경우를 말할 때는
'~든'으로 쓴다.
~던 : 과거의 사실 예 얼마나 울었던지 눈이 퉁퉁 부었다.
~든 : 선택의 경우 예 그 일을 하든지 말든지 네 뜻대로 해.

20 정답 》②

① 왼쪽으로 135° 회전한 것이다.
③ 주어진 그림과 같은 그림이다.
④ 오른쪽으로 135° 회전한 것이다.

21 정답 》①

◀ : 첫 번째 자리와 두 번째 자리 바꾸기
◨ : 네 번째 자리 문자·숫자 −3
◗ : 배열을 거꾸로 바꾸기

9915 ＊ ◨ = 9912
9912 ＊ ◗ = 2199

22 정답 》①

23 정답 》②

돼지 : 소 = 돼지고기 : ( )의 관계이다. 빈칸에 쇠
고기의 의미를 가진 'beef'가 들어가는 것이 적절하다.

24 정답 》②

A−B 구간은 착화지연기간, B−C 구간은 화염전화
기간, C−D 구간은 직접연소기간, D−E 구간은 후기
연소기간이라 한다.

25 정답 》④

현재 정국의 나이를 x, 지민의 나이를 y, 어머니 나이
를 z라 하면
$$\begin{cases} y = 5x - 17 \\ y + z = 10x \\ (x+25) + (y+25) = z + 25 \end{cases}$$
이를 정리하면
$$\begin{cases} 5x - z = -17 \\ 6x - z = -8 \end{cases}$$
위 식을 연립하면
$$\therefore x = 9, \ y = 28, \ z = 62$$
따라서 현재 정국의 나이는 9살이다.

26 정답 》③

③ '공개'는 어떤 사실이나 내용을 널리 터놓는다는 의
미를, '은폐'는 덮어서 감추거나 가리어 숨긴다는 의미
를 가지므로 반의어 관계이다.
①, ②, ④는 동의어 관계이다.

27 정답 》②

글의 전반부에서는 새말의 유형에 대해, 후반부에서는
새말의 정착 과정에 대해서 말하고 있다.

28 정답 》②

홀수 항은 알파벳 순서대로 배열되고, 짝수 항은 알파
벳 순서에 하나씩 +1되어 배열되었다. 따라서 짝수
항 N 다음 +1되어 나올 알파벳은 P이다.

29 정답 》①

A : 안녕하세요, Jane Brown입니다. 미스터 한 지금
  계신가요?
B : 네, 잠시만 끊지 말고 기다려주세요. 바꿔드리겠습
  니다.
A : 네, 고맙습니다.

② 전화 바꿨습니다.
③ 전화 잘못 거셨습니다.
③ 당신에게 전화가 왔습니다.

30

④ H-모드 드라이브 기능이 아닌 E-모드 드라이브 기능이다.

E-모드 드라이브 기능은 에코 드라이브 모드라고도 하며 연료소비를 줄이는 모드를 말한다.

실력을 키우는 Tip

하이브리드 자동차의 6대 기능
- 엔진 시동 기능 : 소프트 방식과 하드 방식이 있다.
- 동력보조 기능 : 출발, 가속, 급가속의 경우 모터 작동으로 엔진 동력을 보조한다.
- 회생제동 기능 : 감속 시 차량의 관성에너지를 이용 모터가 발전기로 변환하여 배터리를 충전한다.
- 경사로 밀림 방지 기능 : 오토스톱에 의한 엔진 정지 시 오르막길 또는 내리막길에서 브레이크 패달을 떼어도 약 3초 동안 브레이크 유압을 유지하여 차량 밀림방지를 하는 장치이다.
- 오토스톱(auto stop) 기능 : 배기가스 저감 및 연비감소를 위해 신호대기, 정차 시 엔진이 자동으로 정지되고 브레이크 패달에서 발을 떼면 시동이 걸리는 기능이다.
- E-모드 드라이브 기능 : 연료소비를 줄이는 모드를 말한다. 운전자가 급가속을 하더라도 완만한 가속으로 자동 제어되며 가속 및 언덕길 주행 시에도 모터를 최대한 활용하여 연료소비를 줄여주고, 감속 시 회생제동량을 최대한 증가시켜 고압 배터리의 충전량을 확보하게 된다.

31

제시된 투상도는 ③을 [1], [2], [3] 방향에서 바라본 모습이다.

[1]
↓

[3] ↗   ↖ [2]

32

맑지[막찌]

33

전기자동차에는 변속기가 필요 없다.

실력을 키우는 Tip

전기자동차의 특징
- 대용량 고전압 배터리를 탑재한다.
- 전기 모터를 사용하여 구동력을 얻는다.
- 변속기가 필요 없으며, 단순한 감속기를 이용하여 토크를 증대시킨다.
- 외부 전력을 이용하여 배터리를 충전한다.
- 전기를 동력원으로 사용하기 때문에 주행 시 배출가스가 없다.
- 배터리에 100% 의존하기 때문에 배터리 용량에 따라 주행거리가 제한된다.

34

한국어는 언어에 속하고, 프랑스는 유럽에 속하는 포함관계이다.

35

$(4+5+5) \times 2 - 5 = 23$(개)

36

A : 이 음식 정말 형편없네.
B : 내가 말하고 싶은 바야.

→ ②와 의미가 같다.

① 정말?
③ 어떻게 나한테 그렇게 말하니?
④ 왜 그렇게 얘기하는 거야?

37

고정 도르래를 사용할 때 도르래의 줄을 당기는 힘은 물체의 무게와 같고, 움직 도르래를 사용할 때 도르래의 줄을 당기는 힘은 물체의 무게의 $\frac{1}{2}$배가 된다.

(다)의 도르래는 줄을 당기는 힘이 물체의 무게의 $\frac{1}{4}$배가 된다. 그러나 같은 물체를 같은 높이만큼 들어 올릴 때 한 일의 양은 모두 같다.

38
정답 ≫ ①

현진의 속력을 초속 xm, 창빈의 속력을 초속 ym라 하면

$$\begin{cases} 100(x-y)=300 \\ 60(x+y)=300 \end{cases} \text{에서} \begin{cases} x-y=3 \\ x+y=5 \end{cases}$$

$$\therefore \ x=4, \ y=1$$

따라서 현진은 1초에 4m를 간다.

39
정답 ≫ ①

원가에 붙일 이윤을 $x\%$라 하면

$$(\text{정가})=40000+40000\times\frac{x}{100}=40000+400x$$

$$(\text{판매가})=(40000+400x)-(40000+400x)\times\frac{40}{100}$$

$$=40000+400x-16000-160x$$

$$=240x+24000$$

이때, 정가의 40%를 할인해도 원가의 14% 이상의 이익이 생겨야 하므로

$$240x+24000-40000 \geq 40000\times\frac{14}{100}$$

$$240x-16000 \geq 5600$$

$$240x \geq 21600$$

$$x \geq 90$$

따라서 원가에 90% 이상의 이윤을 붙여야 한다.

40
정답 ≫ ④

A : 우리 서두르는 게 좋겠다. 우리 제시간에 수업에 들어갈 수 있을까?
B : <u>아니, 안 될 것 같아. 너무 늦었어.</u>
A : 우리 뛸까?
B : 그래. 하지만 그것도 소용없을 것 같아.

→ 마지막 문장에서 뛰어도 늦어서 소용없을 것 같다는 말로 보아, 제시간에 수업에 들어갈 수 있을지 묻는 A의 말에 대한 답변으로 그렇지 못하고 늦을 것 같다는 말이 적절하다.
① 걱정하지 마, 곧 도착할 거야.
② 응, 시간이 충분히 있어.
③ 그럼, 우린 시간 여유가 많아.

제4회 현대자동차 실전모의고사

📄 본문 237~250p

Answer

01. ④	02. ①	03. ④	04. ①	05. ④	06. ①	07. ①	08. ①	09. ③	10. ③
11. ③	12. ②	13. ②	14. ③	15. ②	16. ③	17. ③	18. ①	19. ②	20. ③
21. ①	22. ②	23. ④	24. ②	25. ①	26. ①	27. ②	28. ④	29. ④	30. ①
31. ③	32. ①	33. ④	34. ④	35. ③	36. ③	37. ①	38. ①	39. ①	40. ③

01 정답 ≫ ④

제시문의 '붙었다'는 '맞닿아 떨어지지 아니하다'의 의미를 가지고 있으며, 같은 의미로 쓰인 문장은 ④이다.
① 시험 따위에 합격하다/뽑히다.
② 불이 옮아 타기 시작하다.
③ 어떤 일에 나서다. 또는 어떤 일에 매달리다.

02 정답 ≫ ①

6명이 앉은 방법은 다음과 같다.

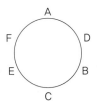

A의 왼쪽으로 한 사람 건너 앉아 있는 사람은 B다.

03 정답 ≫ ④

04 정답 ≫ ①

precise : 정확한
① 정확한 ② 개념 ③ 예언하다 ④ 정식의

05 정답 ≫ ④

클러치 압력스프링의 장력이 약화되면 클러치가 미끄러지게 된다.

실력을 키우는 Tip

클러치가 미끄러지는 원인
• 클러치 디스크의 마모
• 클러치 디스크의 오일 부착
• 클러치 압력 스프링의 장력 약화
• 클러치 디스크의 페이드 현상에 의한 마찰계수 감소
• 클러치 자유 간극의 과소
• 페이드 현상 : 마찰을 일으키는 라이닝이 마찰열에 의해 마찰계수가 작아져 미끄러지는 현상을 말한다.

06 정답 ≫ ①

이뿌리원은 이밑을 지나는 원이다.

실력을 키우는 Tip

기어 각 부위의 명칭
• 이끝원 : 이끝을 지나는 점선을 연결한 원
• 피치원 : 피치면의 축에 수직한 단상의 원
• 이뿌리원 : 이밑을 지나는 원
• 이끝 높이 : 피치원에서 이끝원까지의 거리
• 이폭(이나비) : 축단면의 이의 길이
• 백래시 : 한쌍의 기어에서 기어 이와 기어 이 사이의 거리

07 정답 ≫ ①

은비가 1분 동안 걸은 거리 : $x\,\mathrm{m}$
경진이가 1분 동안 걸은 거리 : $3x\,\mathrm{m}$
$10 \times (x + 3x) = 1200$, $4x = 120$
$\therefore\ x = 30(\mathrm{m})$
따라서 경진이가 1분 동안 걸은 거리는
$3 \times 30 = 90(\mathrm{m})$

08

정답 ≫ ①

09

정답 ≫ ③

A : 1,000 미국 달러를 바꾸고 싶은데요.
B : 이 서류를 좀 작성해 주시겠어요? 당신의 주소와
　 여권번호가 필요해요.

* fill in : 서류를 작성하다

10

정답 ≫ ③

+3, +4, +5, +6, +7, +8 …의 규칙이다.

11

정답 ≫ ③

사과주스 가격이 상승하면 사과 수확량이 감소하며
(세 번째 문장의 대우명제), 사과 수확량이 감소하면
사과 가격이 상승한다(첫 번째 문장).

12

정답 ≫ ②

앞의 두 수를 합한 값에서 1을 뺀 값이 다음 항이다.

13

정답 ≫ ②

14

정답 ≫ ③

학생 수를 x 명이라 하면 30명 단체 요금은

$30 \times 800 \times \dfrac{85}{100} = 20,400$ (원)

개별 요금보다 단체 요금이 유리한 경우는

$800x > 20400$

$x > 25.5$

따라서 26명 이상일 때부터 단체로 표를 사는 것이
유리하다.

15

정답 ≫ ②

①, ③, ④ 조각들의 위치는 아래와 같다.

①　　　　　　　　　③

④

16

정답 ≫ ③

③ '잔디밭에 들어가지 마시오'는 'Keep off the grass'
이다.

17

정답 ≫ ③

① 유온센서에 대한 설명이다.
② 수온센서에 대한 설명이다.
④ 인히비터 스위치에 대한 설명이다.

실력을 키우는 Tip

자동변속기에 사용되는 센서의 종류와 역할
- 스로틀 위치 센서 : 엔진의 부하상태를 점검하는 센서
- 차속 센서 : 차량의 속도를 감지하는 센서
- 유온 센서 : 오일의 온도를 측정하여 유압을 제어와 댐
  퍼클러치 작동 시기를 결정한다.
- 펄스 제너레이터 A/B : 입력축 속도감지(A), 출력축의
  속도감지(B)
- 인히비터 스위치 : P, N단에서만 시동을 걸리게 하며,
  각 변속단의 위치를 TCU에 입력시킨다.
- 오버드라이브 스위치 : ON 시 1단에서 4단까지 변속이
  가능, OFF 시 1단에서 3단까지만 변속된다.
- 수온 센서 : 유온 50℃ 이하에서 댐퍼클러치 작동이 되
  지 않도록 한다.
- 킥다운 서보 스위치 : 킥다운 시점을 검출하여 킥다운
  시 변속 충격을 완화한다.

18   정답 ≫ ①

ⓒ에서 과학자들이 태양 에너지에 주목하고 있다고 화제를 제시하였고, ⑩에서 이 에너지에 대해 설명하였다. ㉠에서 태양 에너지를 제대로 이용하지 못하고 있다고 지적한 뒤 ⑭에서 그 이유를 인간의 과학이 광합성에 비해 효율성이 떨어지기 때문이라고 말하고 있다. ㉣에서 광합성에 대한 연구가 필요하다고 한 뒤 ㉡에서 그 이유를 설명하고 있다.

19   정답 ≫ ②

10부터 시계방향으로 -8, $+20$이 반복되는 규칙이다.

20   정답 ≫ ③

우유 값이 오르기 전까지의 날 수를 x일, 우유 값이 오른 날 수를 y일이라 하면

$$\begin{cases} x + y = 30 \\ 400x + 430y = 12600 \end{cases}$$

$x = 10$, $y = 20$

10일까지는 오르지 않고, 그 다음날부터 우유 값이 올랐으므로 우유 값이 오른 것은 6월 11일부터이다.

21   정답 ≫ ①

제시문은 부시먼 종족의 사냥행위를 설명하며, 이들이 사냥을 의례 행위로 승화시키고 있으며 이는 자연에 순응하는 행위라는 글을 강조하고 있다. 이러한 의례화를 통해 부시먼들이 공포나 죄의식을 느끼지 않게 된다는 것이 최종적 결론이다. 이 내용을 추상화한다면 인간은 자신의 행동을 다르게 해석하여 그 상황에 수반되는 결과들을 회피할 수 있다는 내용으로 정리할 수 있게 된다. 이것은 심리적인 상황으로, 자기 합리화라고 볼 수 있다.

22   정답 ≫ ②

앞의 도형 3개가 반복되고 있는 규칙이다. 따라서, 두 번째 도형이 다시 나와야 한다.

23   정답 ≫ ④

도구를 사용하더라도 같은 물체가 같은 높이만큼 이동하면 일의 양은 같게 된다.
빗면의 경우, 도르래로 들어올리는 것보다 수직 높이는 낮아지게 되므로 빗면을 사용한 일이 가장 작다.

24   정답 ≫ ②

A, B가 하루에 전체 일의 $\dfrac{3}{20}$을 할 수 있으므로

$$\dfrac{1}{x} + \dfrac{1}{y} = \dfrac{3}{20} \ \cdots\cdots\ ㉠$$

또한 두 사람이 함께 5일을 일하고 나머지를 A가 혼자서 3일 일하여 완성하였으므로

$$\dfrac{5}{x} + \dfrac{5}{y} + \dfrac{3}{x} = 1, \ \dfrac{8}{x} + \dfrac{5}{y} = 1 \ \cdots\cdots\ ㉡$$

㉠, ㉡을 연립하여 풀면
$x = 12$, $y = 15$
$\therefore\ x + y = 12 + 15 = 27$

25   정답 ≫ ③

> W: Blue Dragons입니다. 무엇을 도와드릴까요?
> M: 오늘 저녁식사를 예약하려고 합니다. 식당이 몇 시까지 영업하나요?
> W: 저희 오후 10시까지 합니다. 몇 시에 예약하시겠어요?
> M: 저녁 7시요.
> W: 몇 분이시죠?
> M: 아이 둘 포함해 6명입니다.
> W: 어느 분 성함으로 예약하시겠어요?
> M: 김민수입니다.
> W: 감사합니다. 오늘 저녁에 뵙겠습니다.

→ 예약 인원은 아이를 포함해 6명이다.

26   정답 ≫ ①

'영겁'은 영원한 세월을, '찰나'는 짧은 순간을 의미하는 말로, 이 두 단어는 의미가 반대되는 반의어 관계이다. ②, ③ ④는 이와 같은 반의어 관계이다.
①의 두 단어 '요즈음'과 '작금'은 바로 얼마 전부터 이제까지의 무렵을 뜻하는 동의어 관계이다.

27   정답 ≫ ②

우측 도형의 내부도형이 가운데 도형의 내부도형으로 위치한다. 좌측 혹은 우측 도형 중 한 쪽에서만 검은색 음영으로 표시된 부분은 검은 색 도형이 되고, 좌측과 우측 모두 흰색 음영으로 표시된 부분은 흰색 도형이 된다. 그리고 좌측과 우측 도형에서 검은 색 음영으로 표시된 부분이 겹치는 경우 흰색 도형이 된다.

28
정답 ≫ ④

① 공기식 현가장치는 고주파진동을 흡수할 수 있어 작은 진동을 흡수하는 효과가 있다.
② 공기스프링은 신축 정도에 따라 내부의 압력이 변화되어 스프링 작용을 한다.
③ 서지 밸브가 아니고 레벨링 밸브이다.

> **실력을 키우는 Tip**
> **공기식 현가장치의 장점**
> • 하중이 변화하여도 차체의 높이를 일정하게 유지할 수 있다.
> • 하중의 변화에 따라 공기스프링의 정수가 자동으로 변화되므로 승차감이 좋고 차체의 기울어짐을 방지할 수 있다.
> • 고주파진동을 흡수할 수 있어 작은 진동을 흡수하는 효과가 있다.

29
정답 ≫ ④

지레를 사용할 때 $F = w \times \dfrac{a}{b}$ 이므로 받침점에서 힘점까지의 거리(b)가 받침점에서 작용점까지의 거리(a)보다 작으면 오히려 직접 일을 할 때보다 필요한 힘의 크기가 커진다.

30
정답 ≫ ①

세 사람 중에서 한 사람만 불량품일 확률은 A, B, C가 뽑은 상품이 불량품일 확률을 각각 더하면 된다.

$$\frac{2}{10} \times \frac{8}{9} \times \frac{7}{8} + \frac{8}{10} \times \frac{2}{9} \times \frac{7}{8} + \frac{8}{10} \times \frac{7}{9} \times \frac{2}{8} = \frac{7}{15}$$

31
정답 ≫ ③

표기된 곳이 다르다. (바퀴 위치가 나머지와 다름)

32
정답 ≫ ①

33
정답 ≫ ④

'추의 위치 에너지＝말뚝이 이동한 일'이다.
$9.8\text{N} \times 20\text{kg} \times 5\text{m} =$ 마찰력 $\times 0.2\text{m}$
∴ 마찰력 ＝ 4900(N)

34
정답 ≫ ④

회장과 부회장은 이웃하여 앉아야 하므로 둘 사이의 순서만 고려하면 2!
회장과 부회장은 하나의 그룹으로 움직이므로
네 그룹을 원탁에 앉히는 경우의 수는 $\dfrac{4!}{4} = 3!$(∵ 원순열)
∴ $2! \times 3! = 12$가지

35
정답 ≫ ③

③ 넓지[널찌]

36
정답 ≫ ③

'I have half a mind to give up the project.(나는 그 계획을 포기할까 말까 생각 중이다.)'로 배열하는 것이 적절하다.

37
정답 ≫ ①

종감속장치의 종류는 다음과 같다.

웜과 웜 기어　　　　스퍼 기어

스파이럴 베벨기어　　　하이포이드 기어

38
정답 ≫ ①

① 일찌기→ 일찍이

> **실력을 키우는 Tip**
> **'장이'와 '쟁이'**
> 장이 : 기술을 가진 사람 예 미장이, 유기장이, 대장장이
> 쟁이 : 기술을 가진 것이 아닌 사람
> 　　　 예 개구쟁이, 욕심쟁이, 고집쟁이

39   정답 ≫ ①

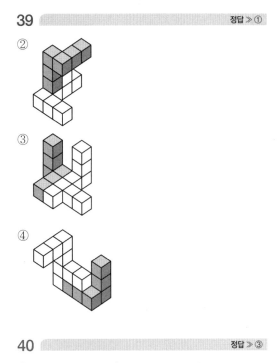

40   정답 ≫ ③

③ 'torgue converter'가 맞는 표기이다.

제**5**회 기아 실전모의고사

Answer

📑 본문 251~259p

01. ②	02. ①	03. ②	04. ③	05. ②	06. ②	07. ②	08. ③	09. ④	10. ④
11. ②	12. ③	13. ③	14. ①	15. ②	16. ②	17. ③	18. ②	19. ④	20. ③
21. ①	22. ②	23. ①	24. ①	25. ②	26. ③	27. ④	28. ①	29. ②	30. ③

01
정답 》 ②

캠버는 자동차를 앞에서 보았을 때 노면 수직선과 타이어의 중심선이 이루는 각도이다.

실력을 키우는 Tip

휠 얼라인먼트에 영향을 주는 각도의 종류
- 캠버(Camber) : 자동차를 앞에서 보았을 때 노면 수직선과 타이어의 중심선이 이루는 각도
- 캐스터(Caster) : 자동차를 옆에서 보았을 때 노면 수직선과 조향축(킹핀 중심선)의 중심선이 이루는 각
- 토우(toe) : 바퀴를 위에서 보았을 때 뒤쪽의 타이어 중심거리보다 앞쪽의 타이어 중심거리가 짧은 상태
- 킹핀 경사각(Kingpin angle) : 자동차를 앞에서 보았을 대 노면 수직선과 조향 축(킹핀 중심선)이 이루는 각도

02
정답 》 ①

03
정답 》 ②

마한(백제에 병합되기 전 한강 토착국) – 백제(3세기 고이왕) – 고구려(5세기 광개토대왕, 장수왕) – 신라(6세기 진흥왕)

04
정답 》 ③

기아가 파트너십을 맺고 있는 단체는 오션클린업이다. 오션클린업은 강에서 유입되는 플라스틱을 차단하고, 이미 바다에 축적된 플라스틱을 제거하는 기술을 연구하고 이를 실제로 수행하는 비영리 단체로 태평양 쓰레기 섬에서 떠다니는 플라스틱을 수거하는 시스템과 강을 통해 유입되는 플라스틱을 차단하는 인터셉터 솔루션을 개발한 곳이다.

05
정답 》 ②

'문을 닫아도 괜찮을까요?(Would you mind if I close the door?)'에 대한 답변으로 ①, ③ ④는 모두 긍정적인 답변, 즉 문을 닫아도 좋다는 답변을 하고 있다. 반면 ② 'Yes, I would.'는 거절, 즉 부정의 답변이다.

실력을 키우는 Tip

'Would you mind~?'나 'Do you mind~?' 형식의 질문을 받았을 때, 'I don't mind.', 'Of course not!', 'No, not at all', 'Certainly not!' 등으로 답변하면 상대방의 부탁을 들어주겠다는 의미가 된다.
반대로 부탁을 거절하고 싶은 경우는 'Yes, I would'와 같이 긍정형으로 답해야 한다.

06
정답 》 ②

RV는 Recreational Vehicle로, 레저용 차량을 뜻한다. 기아의 RV는 셀토스 외에도 스포티지, 쏘렌토, 모하비, 카니발, 쏘넷, 텔루라이드 등이 있다.

07
정답 》 ②

② 'How would you like your coffee?'는 '커피 어떻게 드릴까요?'의 의미이므로, 'With cream and sugar, please.(설탕하고 크림 모두 넣어주세요)'와 같이 어떻게 해달라고 요청하는 내용으로 답변하는 것이 알맞다.
① A : 오후에 테니스 치러 갈래?
　　B : 그러고 싶은데, 안 돼.
③ A : 역까지 가는 길을 알려주실 수 있을까요?
　　B : 죄송해요. 저도 초행입니다.
④ A : 제주도에 언제 갔었어?
　　B : 지난 방학 때 갔어.

08
정답 ≫ ③

4가닥의 줄이 물체를 당기는 힘과 물체의 무게가 같으므로 한 줄이 잡아당기는 힘은 물체 무게의 1/4이다.

09
정답 ≫ ④

의창은 고려 성종 때에 흑창을 개칭한 농민보호기구이다. 진대법을 실시한 것은 고구려 고국천왕이다. 고국천왕 16년(194)에 을파소 등을 기용하여 실시하였고, 고려의 의창제도, 조선의 환곡제도의 선구가 되었다.

실력을 키우는 Tip

진대법
춘궁기에 가난한 백성에게 관곡을 빌려 주었다가 추수기인 10월에 관에 환납하게 하는 제도이다. 이것은 귀족의 고리대금업으로 인한 폐단을 막고, 양민들의 노비화를 막으려는 목적으로 실시한 제도였다.

10
정답 ≫ ④

제동장치의 단점은 유압계통의 파손 시 제동력이 상실되며 유압라인 내에 공기가 차거나 베이퍼록 현상이 발생하기 쉽다는 것이다.

실력을 키우는 Tip

제동장치의 구조
• 마스터 실린더 : 브레이크 패달의 압력에 의해 유압이 발생하는 곳이다.
• 브레이크 파이프 : 강철제 파이프로 마스터 실린더에서 발생한 브레이크 액을 휠실린더 또는 캘리퍼에 공급하는 역할을 한다.
• 휠 실린더(wheel cylinder) : 뒷바퀴의 드럼식 브레이크에서 라이닝을 확장시켜 라이닝을 드럼에 밀착시키는 역할을 한다.
• 캘리퍼(caliper) : 실린더에 공급된 오일 압력에 의해 피스톤이 작동하여 패드를 디스크에 밀착시키는 역할을 한다.
• 체크 밸브(check valvle) : 브레이크 파이프 내의 잔압(0.6~0.8kgf/cm²)을 형성하여 베이퍼록을 방지하고 제동성 향상을 돕는다.

11
정답 ≫ ②

축전지를 차체에서 탈거 시 (+)가 아닌 (−)를 먼저 탈거해야 한다.

12
정답 ≫ ③

도르래 무게까지 감안해야 하므로 맨 아래 도르래에서 $\frac{100+20}{2}=60$, 두 번째 도르래에서 $\frac{60+20}{2}=40$, 세 번째 도르래에서 $\frac{40+20}{2}=30$ 이다.

13
정답 ≫ ③

③ 2021년 2세대 로보택시를 공개하고 미국 주요 도시에서 사업을 런칭하였다.

14
정답 ≫ ①

① 'Van'이 맞는 표기이다.

15
정답 ≫ ②

제시된 사실들 및 3 · 15 부정 선거를 계기로, 4 · 19 혁명이 일어나게 되었다.

실력을 키우는 Tip

4 · 19 혁명
1960년 4월 19일에 절정을 이룬 한국 학생 일련의 반부정 · 반정부 항쟁으로, 이승만 정권을 무너뜨리고 제2공화국을 출범시킨 역사적 전환점이 됐다. 당시 이승만의 장기 집권과 정부의 부정부패에 대한 국민들의 불만이 높아져 있는 상태에서 1960년 3월 15일 자유당이 치밀한 사전 계획 아래 부정 선거를 감행, 17일 이승만과 이기붕이 각각 정 · 부통령으로 당선됐다고 발표하자, 격분한 학생 · 시민들이 독재 정권 타도와 부정 선거를 규탄하면서 발생했다. 마산에서 부정 선거 규탄 시위가 일어나면서 시작됐는데 이때 경찰은 시위 군중에 발포해 많은 희생자를 냈고, 김주열 학생 사건으로 시위는 더욱 격렬해졌다. 자유당 정권은 마산사건 배후에 공산주의 세력이 개입했다고 발표해 사태를 수습하려 했지만 곧 진상이 밝혀져 국민들의 항의가 전국적으로 확대돼 마침내 4월 19일 고교 · 대학생을 중심으로 대규모 시위가 일어났다. 결국 4월 26일 이승만은 하야 성명을 발표하고 29일 하와이로 망명했다. 또한 이기붕 일가는 자살하고, 자유당 정권은 붕괴됐다.

16 정답 ≫ ②

② 치킨게임(chicken game) : 두 명의 경쟁자가 도로 양끝에서 각각 자신의 차를 몰고 서로 정면을 향해 돌진하다가 충돌 직전 핸들을 먼저 꺾는 사람이 지는 경기이다. 그러나 겁쟁이(치킨)라는 낙인을 피하기 위해 어느 한쪽도 핸들을 꺾지 않을 경우 게임에서는 둘 다 승자가 되지만, 결국 충돌함으로써 양쪽 모두 파국으로 치닫게 된다.
① 경미한 범죄를 방치하면 큰 범죄로 이어진다는 이론
③ 공범이 분리돼 취조를 당할 경우 범행을 부인하지도 자백하지도 못하는 심리적 모순 상태에 빠지는 것
④ 공공자원을 구성원의 자율에 맡길 경우 자원이 고갈될 위험에 처할 수 있다는 것을 설명하는 이론

17 정답 ≫ ③

① EV6는 77.4kWh의 대용량 배터리를 탑재했다.
② 차량 외부에서 원격으로 가능하다.
④ EV9에 대한 설명이다.

> **실력을 키우는 Tip**
>
> **EV6**
> • 18분 초고속 충전 : 18분 만에 10%에서 80%까지 초고속 충전이 가능하다.
> • I-PEDAL 모드 : 차세대 일체형 PE(Power Electric) 시스템을 이용하여 긴 주행거리를 구현하고, 저중심 설계 및 후륜 구동 기반으로 뛰어난 주행성능을 제공한다.
> • 단 한번의 충전으로 475km 주행 : EV6의 77.4kWh 대용량 배터리를 통해 충전 스트레스를 최소화했다.
> • 원격 스마트 주차 보조(직각주차 및 평행 주차, 출차 기능 포함) : 차량 외부에서 원격으로 주차 및 출차가 가능하다.
> • 파노라믹 커브드 디스플레이 : 12.3인치 클러스터와 내비게이션이 통합된 커브드 디스플레이를 적용하여 와이드하면서도 고급스러운 실내 인테리어를 구현했다.

18 정답 ≫ ②

② 'relief'가 맞는 표기이다.

19 정답 ≫ ④

키르히호프의 1법칙은 회로 내의 어떤 한 점을 통해 들어오는 전류와 나가는 전류의 총합이 같다는 법칙이다.

20 정답 ≫ ③

$$i = \frac{N_2}{N_1} = \frac{Z_1 \times Z_3}{Z_2 \times Z_4}$$

$$\frac{100}{1200} = \frac{20 \times 20}{80 \times Z_4}$$

$$Z_4 = \frac{1200 \times 20 \times 20}{80 \times 100} = 60$$

21 정답 ≫ ①

but을 통해 stranger의 반대 개념을 추론할 수 있다.
① benign − 상냥한
② arrogant − 거만한
③ lucrative − 유리한
④ mandatory − 명령의, 강제의

22 정답 ≫ ②

지레에서 $F : w = a : b = h : s$ 이다.
$120\text{N} : 600\text{N} = 20\text{cm} : a$ 이므로 $a = 100\text{cm}$ 가 된다.

23 정답 ≫ ①

공개시장운영 : 중앙은행이 증권시장에서 유가증권을 매입하면 본원통화가 증가해 통화량이 증대하게 되고, 반대로 유가증권을 팔면 통화량이 감소한다.
②, ③, ④는 통화량 감소 정책

24 정답 ≫ ①

공기식 브레이크는 구조가 복잡하고 가격이 비싸다.

> **실력을 키우는 Tip**
>
> **공기식 브레이크의 장점**
> • 차량중량의 제한을 받지 않는다.
> • 공기가 다소 누출되어도 제동 성능이 현저하게 저하되지 않는다.
> • 베이퍼록 발생 염려가 없다.
> • 페달을 밟는 양에 따라 제동력이 조절된다.

25
정답 》②

② 초록여행은 장애인 고객들이 안전한 이동 환경을 통해 자유로운 여행을 경험할 수 있도록 기아에서 실천하는 국내 대표 사회공헌 활동으로, 전동·수동 휠체어 수납은 물론 장애 정도에 따라 직접 운전을 할 수 있는 카니발 이지무브 차량 15대와 레이 1대를 효율적으로 운영하고 있다.

26
정답 》③

① 홈 깊이가 일반타이어보다 50~70% 더 깊어 견인력이 매우 우수하다.
② 급제동과 급출발은 삼가는 것이 좋다.
④ 스노타이어는 50% 이상 마모 시 타이어 기능이 저하된다.

27
정답 》④

④ 게리맨더링(gerrymandering) : 특정 정당 또는 입후보자에게 유리하도록 선거구를 변경하는 것을 말한다. 1812년 미국 매사추세츠 주의 주지사 게리가 그리스 신화에 나오는 괴물 샐리맨더와 닮은 선거구를 만든 것을 반대파 평론가들이 비꼬아 호칭함으로써 생긴 말이다.
① 공정한 선거를 위해 선거구를 법률로 규정하는 제도이다.
② 정부가 가상의 적을 설정해 국민의 불만을 다른 곳으로 돌려 증오나 반감을 해소시키는 정책
③ 선거운동을 도와주고 그 대가를 받거나 이권을 얻는 행위

실력을 키우는 Tip

선거 관련 용어
- 스윙보터(swing voter) : 선거 등 투표행위에서 어떤 후보에게 투표할지 결정하지 못한 부동층 유권자들을 지칭하는 말. 한국에서는 지역적 중간지대, 이념적 중도층, 무당파(정치적 중립층), 중간소득층 등의 유권자를 스윙보터로 규정한다.
- 포크배럴(pork barrel) : 로그롤링과 함께 이권법안을 속칭하는 의회 용어로, 특정 지역구를 위한 선심성 사업 혹은 정치자금 후원자를 위한 낭비성 사업을 지칭한다.
- 오픈 프라이머리(open primary) : 정당에서 대통령 후보 등 공직후보를 당원이 아닌 일반 국민이 직접 참여해 뽑는 방식으로 개방형 국민경선제, 국민참여경선제라고 한다.
- 매니페스토(manifesto movement) : 정당이나 후보자가 선거공약을 제시할 때 상대방에 대한 정치적 모함이나 인신공격이 아닌 정책으로 승부하자는 운동. 즉, 구체적인 예산과 추진 일정을 갖춘 공약을 말한다.

28
정답 》①

29
정답 》②

'keep your head'는 '침착하다'라는 뜻이다.
② become calm - 침착하다
① get excited - 흥분하다
③ inspect - 화가 나다
④ admit - 낙심하다

30
정답 》③

③ 'candela'가 맞는 표기이다.

Answer

본문 260~268p

01. ②	02. ①	03. ③	04. ②	05. ④	06. ②	07. ④	08. ④	09. ③	10. ②
11. ②	12. ①	13. ③	14. ①	15. ③	16. ①	17. ①	18. ④	19. ④	20. ①
21. ①	22. ④	23. ④	24. ②	25. ③	26. ③	27. ①	28. ④	29. ③	30. ④

01
정답 ≫ ②

무오사화, 갑자사화는 연산군 때 발생했으며, 기묘사화는 중종 때, 을미사화는 명종 때 일어났다.

실력을 키우는 Tip

조선 시대 4대 사화

사화	발생 시기	내용
무오사화 (戊午士禍)	1498년 (연산군 4년)	세조를 비방한 김종직의 조의제문(弔義帝文)을 사초에 기록한 것을 빌미로 훈구파가 사림파를 제거
갑자사화 (甲子士禍)	1504년 (연산군 10년)	윤비 폐출사건을 들추어서 훈구파가 사림파의 잔존 세력 제거
기묘사화 (己卯士禍)	1519년 (중종 14년)	남곤, 홍경주 등의 훈구파에 의해 조광조 등 신진 사류가 축출된 사건
을사사화 (乙巳士禍)	1545년 (명종 1년)	왕실 외척 간의 대립 때문에 일어난 사화

02
정답 ≫ ①

② 아틀라스가 아닌 벡스에 대한 설명이다.
③ 벡스가 아닌 아틀라스에 대한 설명이다.
④ 아틀라스는 약 11kg의 짐을 들 수 있다.

03
정답 ≫ ③

① 정류자와 브러시의 마모 및 접촉 불량 확인은 기동전동기의 회전이 느린 경우이다.
② 오버런닝 클러치의 불량 확인은 기동전동기 전기자가 회전하면서 피니언이 링기어에 물리지 않는 경우이다.

④ 브러시와 정류자의 과대한 접촉 불량 확인은 기동전동기가 회전하지 못하는 경우이다.

실력을 키우는 Tip

기동 전동기 고장진단
1. 기동전동기의 회전이 느린 경우
   - 축전지 불량
   - 축전지 케이블의 접속 불량
   - 전기자 코일의 접지
   - 정류자와 브러시의 마모 및 접촉 불량
   - 계자코일의 단락 및 브러시스프링의 장력 약화
   - 전기자축의 베어링의 고착
2. 기동전동기 전기자가 회전하면서 피니언이 링기어에 물리지 않는 경우
   - 피니언과 링기어의 심한 마모
   - 마크넷 솔레노이드 스위치 작동 불량
   - 오버런닝 클러치의 불량
   - 시프트레버의 작동 불량
3. 기동전동기가 회전하지 못하는 경우
   - 축전지의 완전 방전
   - 솔레노이드 스위치의 불량
   - 전기자 코일 및 계자코일의 단선
   - 브러시와 정류자의 과대한 접촉 불량

04
정답 ≫ ②

슬롯테이퍼핀으로 미끄럼방지 용도로 사용된다.

05
정답 ≫ ④

비용에 상관없이 실험을 계속하시오.

→ 따라서 빈칸에는 'regard'를 사용해야 한다.
'without regard to~'는 '~을 돌보지 않고, ~에 상관없이'라는 의미이다.

06   정답 ≫ ②

① LPG의 주성분은 부탄이며 겨울철에는 기화성을 높이기 위해 프로판을 혼합한다.

③ LPG는 기화 시 공기와 산화작용하여 타르가 발생한다.

④ 무색·무취이지만 공기보다 비중이 높아 가스가 새어 나올 경우 위험하여 독한 냄새가 나도록 하였다.

실력을 키우는 Tip

LPG의 특성

- LPG의 주성분은 부탄이며 겨울철에는 기화성을 높이기 위해 부탄과 프로판을 혼합하여 사용하고 나머지 계절에는 100% 부탄을 사용한다.
- 냄새와 색깔: 무색·무취이지만 공기보다 비중이 높아 가스가 새어 나올 경우 위험성을 보안하기 위해 고압가스관리법에 의해 독한 냄새가 나도록 하고 있다.
- 비중: 기체의 비중은 공기보다 1.5~2.0배 무겁다.
- 착화점: 유 350~450°C, 가솔린 500~550°C, 프로판 450~550°C, 부탄 470~540°C이다.
- 팽창: 1ℓ의 액화가스의 압력을 제거하면 250ℓ의 부피가 늘어나므로 연료저장 공간에는 온도에 의한 팽창력을 고려하여 일정한 공간을 두어야 하며 용기의 약 85%로만 충전하고 있다.
- 화학적 성질: 천연고무나 페인트를 용해시키는 성질이 있어 LPG전용 씰을 사용해야 하며 기화 시 공기와의 산화 작용으로 타르가 발생하는 특성이 있어 타르 배출구가 필요하다.

07   정답 ≫ ④

제시된 도르래는 고정 도르래로, 고정 도르래는 힘의 이득이 없다.

08   정답 ≫ ④

> A: 저 좀 도와주시겠어요? 이 책상을 옮기고 싶은데요.
> B: 물론이죠. 어디에 놓을 건데요?

④ give ~ a hand - 도와주다

① put up - 올리다, 내걸다, 저장하다, 투숙하다

② give ~ a ring - ~에게 전화를 걸다

③ give ~ a ride - ~를 태워주다

09   정답 ≫ ③

트래블 룰(travel rule)에 대한 설명이다.

① 주식을 공매도할 때에 매도호가를 직전 거래가격 이상으로 제시하도록 제한한 규정

② 개인이 자신의 정보를 적극적으로 관리·통제하는 것은 물론 이러한 정보를 신용이나 자산관리 등에 능동적으로 활용하는 일련의 과정

④ 친환경 경영과 거리가 있는 기업이 녹색경영을 표방하는 것처럼 홍보하는 위장환경주의

10   정답 ≫ ②

② 2024년까지 95%의 폐차재활용률 달성이 목표이다.

11   정답 ≫ ②

② Recycled PET fishing net carpet이다.

12   정답 ≫ ①

응축기가 아닌 압축기에 대한 설명이다.

실력을 키우는 Tip

냉방장치 CCOT 방식

- 압축기: 냉매를 고온 고압의 기체로 압축하여 컨덴서로 보낸다.
- 응축기: 고온 고압의 기체를 냉각시켜 고온 고압의 액체로 상태변화시킨다.
- 오리피스튜브: 고온고압 상태인 응축기의 냉매를 증발기 쪽으로 공급하고 저온 저압의 습증기 냉매의 흐름을 제어한다.
- 증발기: 팽창밸브를 통하여 증발하기 쉬운 액체 냉매가 증발기를 통과하면서 더운 공기에 의해 액체 냉매가 기화되면서 주변 공기의 온도를 저하시킨다.
- 어큐뮬레이터: 증발기 내의 증발되지 못한 액체 상태의 냉매를 증기화하여 압축기로 보낸다.
- 송풍기: 증발기 주변의 차가운 공기를 차 실내로 보내는 역할을 한다.

13 정답 ≫ ③

만적의 난 : 1198년(고려 신종 1년) 만적이 중심이 된 노비해방운동으로 미수에 그침
삼별초의 난 : 강화도의 삼별초가 몽골 세력에 반항하여 일으킨 싸움(1270~1273)
계유정난 : 1453년(단종 1년) 수양대군이 왕위를 빼앗기 위하여 반대파를 숙청한 사건
정묘호란 : 1627년(인조 5년) 만주에 본거지를 둔 후금의 침입으로 일어난 조선과 후금 사이의 싸움
신미양요 : 1871년(고종 8년) 미국이 1866년의 제너럴셔먼호 사건을 빌미로 조선을 개항시키려고 무력 침략한 사건. 미국은 뜻을 이루지 못한 채 철수하였고, 이를 계기로 흥선대원군은 전국에 척화비를 세워 쇄국정책을 더욱 강화함

14 정답 ≫ ①

지레에서 $F : w = a : b$이다.
여기서 $F = 25$N이고, $w = 100$N이므로,
$a : b = 25 : 100 = 1 : 4$이다.
따라서 받침점에서 힘점까지의 거리가 받침점에서 물체까지의 거리의 4배가 되어야 하므로, 받침점은 A가 되어야 한다.

15 정답 ≫ ③

③ 'condensor'가 맞는 표기이다.

16 정답 ≫ ①

① 맥거핀(macguffin) : 영화의 전개와는 무관하지만 관객들의 시선을 집중시켜 의문이나 혼란을 유발하는 장치로, 연극이나 극에서의 복선과 반대되는 의미이다. 감독은 맥거핀에 해당하는 소재들을 미리 보여주고 관객의 자발적인 추리 행태를 통해 서스펜스를 유도한다. 히치콕 감독이 <싸이코> 등의 영화에서 사용하면서 보편화됐다.
② 카메라 앞에 놓이는 모든 요소들, 즉 연기·분장·무대장치·의상 등이 조화된 상태로 화면 내의 모든 것이 연기한다는 관점에서 영화적 미학을 추구하는 공간연출을 말한다.
③ 일련의 짧은 장면이나 영화 필름의 단순한 편집을 인상적이고 극적인 효과를 위해 병치 배열로 편집하는 기법이다.

④ 영화에서 장면을 이중 화면으로 표현하면서 해설을 화면에 하는 기법이다.

17 정답 ≫ ①

전자제어 가솔린 연료분사장치는 연비를 향상시킨다.

18 정답 ≫ ④

④ intricate의 뜻은 '복잡한'이다. 이와 뜻이 가장 가까운 것은 complicated이다.

19 정답 ≫ ④

도르래를 당기는 사람의 일이 추의 위치 에너지가 되고, 이 위치 에너지만큼 아래의 말뚝을 박는 일을 하게 된다. 그러나 말뚝과 지면 사이의 마찰력은 일정하다.

20 정답 ≫ ①

② 면적은 100만 평이다.
③ 생산 차종은 K3, 니로, K5, K7 등이다.
④ 연간 생산능력은 53.1만 대이다.

> **실력을 키우는 Tip**
>
> **AutoLand**
> 1. AutoLand 광명
>   - 국내 최초 종합 자동차 공장
>   - 면적 : 17만 평
>   - 연간 생산능력 : 31.3만 대
>   - 생산 차종 : 카니발, K9, 스팅어
> 2. AutoLand 화성
>   - 최신의 첨단설비와 자동화 시설을 갖춘 종합 자동차 생산 공장
>   - 면적 : 100만 평
>   - 연간 생산능력 : 53.1만 대
>   - 생산 차종 : K3, 니로, K5, K7, 쏘렌토, 모하비, EV6
> 3. AutoLand 광주
>   - 호남 자동차 산업의 요람, 수출 전략 기지
>   - 면적 : 36만 평
>   - 연간 생산능력 : 47.7만 대
>   - 생산 차종 : 스포티지, 봉고트럭, 대형버스, 군용차, 셀토스

21 　　　　　　　　　　정답 ≫ ①

제시문은 변화의 속도가 빨라지면서 기존에 존재하던 것들의 경계가 뒤섞이는 현상을 뜻하는 '빅블러(big blur)'에 관한 설명이다.

② 새롭게 개발된 제품이 시장 진입 초기에서 대중화로 시장에 보급되기 전까지 일시적으로 수요가 정체되는 현상

③ 시대 변화에 따라 새롭게 떠오르는 기준 또는 표준

④ 어떤 상품이나 아이디어가 마치 전염되는 것처럼 폭발적으로 번지는 순간을 가리키는 말로, 1969년 노벨경제학상 수상자인 토머스 셸링의 논문에서 처음 소개된 개념

22 　　　　　　　　　　정답 ≫ ④

④ '기아플렉스'는 고객이 원하는 기아의 프리미엄 라인업 풀옵션 차량을 구독하여 경험할 수 있는 서비스이다. 협력사와의 동반성장을 위한 제도가 아닌, 고객만족을 위한 서비스이다.

① 중소협력사 스마트공장 구축 지원 : 2019~2022년 4년간 총 200억 원을 출연해 803개 사를 지원하였다.

② 원자재 가격 연동제 운영 : 원자재 변동분을 분기 단위로 부품 단가에 반영하는 제도로, 이를 통해 지속 성장의 기반을 다졌다.

③ 상생협력 5스타 제도 운영 : 1차 협력사의 2차 협력사에 대한 상생협력 수준을 평가한 후 업체에 인센티브를 부여하는 제도이다.

23 　　　　　　　　　　정답 ≫ ④

움직 도르래를 한 개 사용했으므로 당겨야 하는 힘의 크기는 물체 무게의 $\frac{1}{2}$인 100N이지만, B가 50N의 힘으로 당겨 주고 있으므로 사람은 50N의 힘만 더 주면 된다.

24 　　　　　　　　　　정답 ≫ ②

② make yourself at home은 '편히 하십시오'라는 뜻이다. 여기에 대한 답변으로는 'Thank you.'가 적절하다.

① A : 무엇을 도와드릴까요?
　　B : 그냥 둘러보는 중이에요.

③ A : 어떤 타입의 룸을 원하세요?
　　B : 그냥 스탠다드 룸으로요. 요금은 얼마인가요?

④ A : 오늘 오후에 쇼핑가는 거 어때?
　　B : 아, 나는 아직 할 일이 남아 있어.

25 　　　　　　　　　　정답 ≫ ③

(가)~(다)에 알맞은 것은 ③이다.

26 　　　　　　　　　　정답 ≫ ③

축간거리가 아닌 윤간거리에 대한 설명이다.

실력을 키우는 Tip

자동차의 제원
- 전장(overall length) : 자동차 앞의 돌출된 부분에서 자동차 뒤의 돌출된 부분까지의 거리
- 전폭(overall width) : 자동차의 옆면에서 돌출된 부분 사이의 폭
- 전고(overall height) : 자동차의 접지면으로부터 가장 높은 곳까지의 높이
- 축간거리(wheel base) : 직진 상태로 정차 중인 자동차의 1개의 차축에서 좌·우 타이어 접지면 중심 간의 거리
- 윤간거리(tread) : 자동차의 좌·우의 바퀴가 접하는 수평면에서 바퀴의 중심선과 직각인 바퀴중심 간의 거리
- 앞 오버행(front overhang) : 트럭의 프런트 액슬의 중심선과 프런트 끝단 사이의 거리
- 뒤 오버행(rear overhang) : 트럭의 리어 액슬의 중심선과 리어 끝단 사이의 거리

27 　　　　　　　　　　정답 ≫ ①

① 'hypoid gear'가 맞는 표기이다.

28 　　　　　　　　　　정답 ≫ ④

① 압력식에 대한 설명이다.

② 윤활장치 엔진 윤활방식 중 해당되는 것이 없다.

③ 비산 압력식에 대한 설명이다.

실력을 키우는 Tip

윤활장치의 엔진 윤활방식
- 비산식 : 단기통이나 2기통에 주로 사용되며 커넥팅 로드에 부착된 주걱으로 퍼올려 비산시킨다.
- 압력식(압송식) : 오일 펌프를 장착하고 압력을 형성하여 크랭크 축, 실린더 헤드, 캠축 등에 오일을 공급한다.
- 비산 압력식 : 비산과 압력을 조합하여 크랭크 축 베어링 및 밸브는 압력식, 피스톤핀 및 벽은 비산식이다.
- 혼기식 : 2행정 사이클인 경우 연료와 윤활유를 혼합하여 연소실에 공급하는 방식

29   정답 ≫ ③

30   정답 ≫ ④

> A : 저는 이자에는 관심이 없습니다. 저는 오직 얼마나
>   편리한가에만 관심이 있습니다.
> B : 물론입니다. 그것이 첫 번째 관심사가 되어야지요.
>   이 서류에 기재를 좀 해 주시겠습니까?
> A : 그러죠, 저는 4000달러를 예금할까 합니다.
> B : <u>신분증 좀 보여주시겠습니까?</u>
> A : 여기 제 운전면허증이 있습니다.

① 이곳에는 처음 방문이신가요?

② 여행객이세요?

③ 계좌를 갖고 계신가요?

제7회 기아 실전모의고사

📑 본문 269~277p

Answer

01. ③	02. ②	03. ④	04. ②	05. ②	06. ①	07. ③	08. ③	09. ②	10. ①
11. ①	12. ③	13. ②	14. ②	15. ①	16. ③	17. ③	18. ④	19. ④	20. ②
21. ①	22. ①	23. ②	24. ①	25. ④	26. ④	27. ①	28. ③	29. ④	30. ④

01 정답 ≫ ③

광개토대왕릉비는 아들인 장수왕에 의해 건립되었다. 비석면에 유려한 육조(六朝)의 예서체가 가미된 고구려 특유의 서체로 4면에 모두 1800여 자가 새겨져 있다. 내용은 고구려의 건국, 광개토왕의 즉위, 대외 진출 업적, 능묘의 관리 문제 등 세 부분으로 요약된다.

02 정답 ≫ ②

PBV(Purpose Built Vehicle)는 여객수송, 물류, 레저 등 사용자의 목적에 맞게 실내공간을 유연하게 변경할 수 있는 미래 맞춤형 모빌리티다.
① 2025년에 첫 전용 PBV인 Mid PBV가 출시될 예정이다.
③ 2023년 4월에 보다 본격적이고 다양한 형태의 PBV 생산을 위해 Autoland 화성 내에 PBV 전용 공장을 건설하기 위한 기공식을 개최했다.
④ 전문가 맞춤이 아닌 고객 맞춤이다. 고객이 상품 구성 단계부터 직접 참여해 사양을 제안하고, 이를 개발 과정에 반영한다.

03 정답 ≫ ④

소프트 타입 주행 모드는 '출발(엔진+모터) - 주행(엔진) - 가속등판(엔진+모터) - 감속(회생제동) - 정지(엔진 자동정지)'이다.

실력을 키우는 Tip

하드 타입 주행 모드
출발(모터) - 주행(모터) - 가속등판(모터+엔진) - 감속(회생제동) - 정지(엔진 자동정지)

04 정답 ≫ ②

'돈 좀 빌려줄 수 있어?'라는 질문에 대해 '그건 무리한 요구야(It's a tall order.)'라고 답하는 ②가 부정적인 대답이다. 나머지는 모두 긍정적인 대답이다.

05 정답 ≫ ②

06 정답 ≫ ①

① 컨벤션 효과(convention effect): 전당대회나 경선 행사와 같은 정치 이벤트에서 승리한 대선후보나 해당 정당의 지지율이 이전에 비해 크게 상승하는 현상을 말한다.
② 경제 발전 초기에는 소득불평등을 용인하지만, 경제 발전 이후에도 소득불평등이 지속된다면 사회적 불안감이 조성돼 경제 발전의 원동력을 상실할 수 있다는 이론
③ 여러 사람이 모여 이야기해도 관심 갖는 이야기만 골라 듣는 현상
④ 부자는 더욱 부자가 되고 가난한 자는 더욱 가난해지는 부익부 빈익빈 현상

07 정답 ≫ ③

기아의 기업전략 Plan S는 Planet, People, Profit이다.

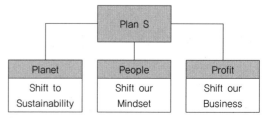

08
정답 ≫ ③

'cylinder'가 맞는 표기이다.

09
정답 ≫ ②

① 저압타이어에 대한 설명이다.
③ 비드에 대한 설명이다.
④ 바이어스타이어에 대한 설명이다.

실력을 키우는 Tip

타이어의 구조와 명칭
- 트레드(Tread) : 노면과 접촉되는 두꺼운 고무층을 말한다.
- 브레이커(Breaker) : 트레드와 카카스 사이에 있는 코드 층이며 외부의 충격을 흡수한다.
- 카카스(Carcass) : 타이어의 골격공기압을 유지시켜주는 역할을 한다.
- 사이드월(Side Wall) : 비드와 트레드 사이의 옆부분을 말한다.
- 비드(Bead) : 휠림의 부분에 접촉하는 부분을 말한다.
- 숄더(shoulder) : 타이어의 어깨 부분을 말한다.

10
정답 ≫ ①

전동기로 줄을 당기는 힘은 50N이다. 전동기가 1초에 2m의 줄을 당기므로 1초 동안에 한 일은
$50N \times 2m = 100(J)$이다.
따라서 일률은 100J/s=100W이다.

11
정답 ≫ ①

① 로보틱스 사업과 관련된 내용이다.
AAM은 도심 항공 모빌리티(UAM)와 지역 간 항공 모빌리티(RAM)까지를 포함하는 개념으로, 항공 모빌리티를 보다 보편적인 이동 수단으로 확장하기 위한 사업이다. 기아가 2022년 미래 먹거리로 선정한 '2040 핵심 사업'에 포함되어 있다. 기아는 2040년 매출비중이 자동차 50%, AAM 30%, 로보틱스 20%가 될 것으로 예상하고 있다.

12
정답 ≫ ③

연료 전지에서 생성된 전기는 인버터를 통해 모터로 공급된다.

13
정답 ≫ ②

② 김보당의 난 때 의종을 제거한 공으로 정계에 진출한 천민 출신 이의민은 경대승이 죽자 정권을 장악하였으나 명종 26년(1196) 최충헌에게 피살되었다. 이의민은 중방을 중심정치기구로 삼았다. 정방(政房)은 고려 무신정치시대에 문무백관의 인사행정 담당기구로, 최충헌 때부터 정부 인사의 사적 처리를 담당하던 것을 최우가 공식 기구화하였다.
① 중방 : 무신 최고 합의기구
③ 도방 : 무신집권기의 사병집단
④ 교정도감 : 최충헌 이래 무신집권기의 최고 정치기관

14
정답 ≫ ②

움직도르래 1개를 사용하였으므로 줄을 당길 때 필요한 힘은 $\frac{1}{2}$배, 이동거리는 2배가 된다. 따라서 필요한 힘은 $150 \times \frac{1}{2} = 75(N)$이다.

15
정답 ≫ ①

A : 늦었구나, Sally. TV 끄고 가서 자거라.
B : 이 프로그램 끝까지 보면 안 될까요? 10분이면 끝날 텐데요.
A : 좋아. 하지만, 볼륨을 줄이렴. 이웃에게 방해가 될지 모르니.

→ 이웃에게 방해가 될지 모른다는 마지막 말로 보아, 볼륨을 줄이라는 ①의 내용이 들어가는 것이 적절하다.

16
정답 ≫ ③

③ Autoland 화성에서 2023년 3월 4.2MW 태양광 발전시설 설치를 시작했다.

17
정답 ≫ ③

차동 제한 장치는 타이어의 수명을 연장한다.

18 정답 ≫ ④

④ 해인사장경판전은 세계기록유산인 고려대장경판(팔만대장경)을 보존하는 보고(寶庫)로, 유네스코 세계문화유산이다.

실력을 키우는 Tip

세계기록유산

유네스코(UNESCO)가 세계적 가치가 있다고 인정한 기록유산을 말한다. 유네스코는 전 세계의 귀중한 기록물의 효과적 보존 및 이용을 위해 1995년에 선정기준 등을 마련, 1997년부터 2년마다 국제자문위원회(IAC)의 심의·추천을 통해 세계기록유산을 선정해 왔다.

한국의 세계기록유산: 훈민정음·조선왕조실록(1997), 직지심체요절·승정원일기(2001), 해인사 고려대장경판 및 제경판·조선왕조의궤(2007), 동의보감(2009), 일성록(2011), 5·18민주화운동기록물(2011), 난중일기·새마을운동 기록물(2013), 한국의 유교책판·KBS 특별생방송 '이산가족을 찾습니다' 기록물(2015), 조선왕실 어보와 어책·국채보상운동 기록물·조선통신사에 관한 기록(2017)

※ 한국의 유네스코 세계유산 등록 현황

문화 유산(13)	종묘(1995), 해인사 장경판전(1995), 불국사·석굴암(1995), 창덕궁(1997), 수원 화성(1997), 경주역사유적지구(2000), 고창·화순·강화 고인돌유적(2000), 조선 왕릉 40기(2009), 하회·양동마을(2010), 남한산성(2014), 백제역사유적지구(2015), 산사·한국의 산지 승원(2018), 한국의 서원(2019)
자연 유산(2)	제주도 화산섬 및 용암동굴(2007), 한국의 갯벌(2021)

19 정답 ≫ ④

A는 받침점, B는 작용점, C는 힘점이다. 이때 받침점에서 힘점까지의 거리가 길수록 필요한 힘의 크기는 작아진다. 그러나 한 일의 양은 같다.

20 정답 ≫ ②

근로자들은 그들의 일터에서 걸어서 이동할 수 있는 거리에 살았기 때문에 <u>통근을 할</u> 필요가 없었다.

→ ② commute는 탈 것을 타고 이동하는 경우에 쓰이는 표현으로 '통근하다'라는 뜻이다.
① marh - 행군하다
③ process - 진행하다
④ contribute - 기여하다

21 정답 ≫ ①

등속도 조인트에는 트랙터형, 벤딕스 와이스형, 제파형, 파르빌레형, 트러니언 자재 이음이 있다.

실력을 키우는 Tip

등속도 조인트의 종류

• 트랙터형(Tracter type): 요크 사이에 두 개의 섭동부가 있으며 완전한 등속도는 얻을 수 없고 각도도 비교적 작다.
• 벤딕스 와이스형(Bendix weiss type): 동력전달을 위해 4개의 볼과 중심 잡기용 센터 볼이 있으며 안내 홈을 따라 볼이 이동하면서 동력을 전달한다.
• 제파형(Zeppa type): 중심잡기용 센터볼이 있으며 축이 만나는 각도에 따라 볼 리테이너가 움직여 볼의 위치를 잡는다.
• 파르빌레형(Parville type): 제파형의 개량형이다. 중심 볼을 두지 않아도 되고 구조도 비교적 간단하며 전달 용량이 커서 앞바퀴 구동 차량에 많이 이용된다.
• 트러니언 자재 이음(Trunnion joint): 회전 토크를 전달함과 동시에 축 방향으로 신축(伸縮)이 가능한 형식이다.

22 정답 ≫ ①

$120 \times 1 = F \times 3$
$F = 40\text{N}$
$W = 40 \times 3 = 120\text{J}$

23 정답 ≫ ②

필립스 곡선: 실업률과 임금상승률 사이의 상반되는 관계를 그림으로 나타낸 것으로, 각국은 자국의 고유한 필립스 곡선을 갖는다. 실업률과 임금상승률은 상충관계(trade-off)에 있으므로 실업률이 낮으면 임금상승률이 높아지고, 실업률이 높으면 임금상승률이 낮아진다. ②와 같은 완전고용의 상태에서는 임금상승률이 높아져 물가가 상승하게 된다.

24 정답 ≫ ①

A: 글쎄, 너의 시간을 너무 많이 빼앗은 거 아니니. 지금 가는 편이 낫겠지.
B: 괜찮아. <u>천천히 해. 바쁘지 않아.</u>

25 　　　　　　　　　　정답 ≫ ④

① 국내가 아닌 글로벌 요구수준에 부합해야 한다.
② 회사 차원이 아닌 임직원 스스로가 위협 요소를 발굴해야 한다.
③ 회사가 아닌 임직원들이 즐겁게 일의 가치를 창조하며, 고객에게 행복한 경험을 제공할 수 있도록 안전하고 쾌적한 작업환경을 구축해야 한다.

실력을 키우는 Tip
안전환경 방침
• 안전환경 관련 법규 준수 : 글로벌 요구수준에 부합하는 안전환경 체계를 갖추며, 법규 준수 및 이해관계자의 요구를 최우선적으로 충족시킨다.
• 안전환경 리스크 최소화 : 임직원들이 즐겁게 일의 가치를 창조하며, 고객에게 행복한 경험을 제공할 수 있도록 안전하고 쾌적한 작업환경을 구축한다.
• 환경오염물질 배출 최소화 : 모든 생산 영역에서 에너지와 자원 투입을 최적화 하고, 친환경 기술을 적극 도입하여 환경오염 배출이 최소화되도록 노력한다.
• 안전에 내재화된 조직문화 : 보다 안전한 일터를 위해 임직원 스스로 위협 요소를 발굴하여 능동적으로 개선하는 성숙한 안전문화가 정착될 수 있도록 노력한다.

26 　　　　　　　　　　정답 ≫ ④

블루 칩(blue chip)이란 기업의 영업실적이 양호하고 재무구조가 건전하여 주식의 수익성이 높고 위험성이 낮은 우량한 주식을 말한다. 반면 옐로칩(yellow chip)은 수익성이나 안정성 등에서 블루칩에 미치지 못하지만 경영 상태나 재무구조가 우량하여 업종을 대표할 수 있는 종목을 말한다.

27 　　　　　　　　　　정답 ≫ ①

②, ④는 토크컨버터에 대한 설명이다.

실력을 키우는 Tip
유체클러치와 토크컨버터의 비교

구분	유체클러치	토크컨버터
구성 부품	펌프임펠러, 터빈런너, 가이드링	펌프임펠러, 터빈런너, 스테이터
작용	가이드링 – 와류 감소	스테이터 – 유체흐름 방향전환
날개	방사선형	곡선형
토크 변환율	1:1	2~3 : 1
전달 효율	97~98%	97~98%

28 　　　　　　　　　　정답 ≫ ③

'carcass'가 맞는 표기이다.

29 　　　　　　　　　　정답 ≫ ④

30 　　　　　　　　　　정답 ≫ ④

A : 안녕하세요. 이 대리님. 우리는 회의 날짜를 결정해야 합니다.
B : 맞아요. 8월 3일 어때요?
A : 우리는 그날 11시에 월간 회의가 이미 잡혀 있어요.
B : 정말요? 전 모르고 있었네요.
A : 그런데, 회의준비는 다 되었나요?
B : 음.. 제 생각에는 준비 기간이 며칠 더 필요할 것 같아요.

① 그렇게 하는 데 시간이 얼마나 걸리나요?
② 언제까지 결정해야 하는데요?
③ 잠깐 만날 수 있을까요?

한권으로 다잡는

현대자동차·기아
생산직 필기시험

초판 인쇄 | 2023. 10. 5. **초판 발행** | 2023. 10. 10. **편저자** | 박문각 취업연구소
발행인 | 박 용 **발행처** | (주)박문각출판 **등록** | 2015년 4월 29일 제2015-000104호
주소 | 06654 서울시 서초구 효령로 283 서경 B/D 4층 **팩스** | (02)584-2927
전화 | 교재 문의 (02)6466-7202

판 권
본 사
소 유

정가 20,000원
ISBN 979-11-6987-537-0